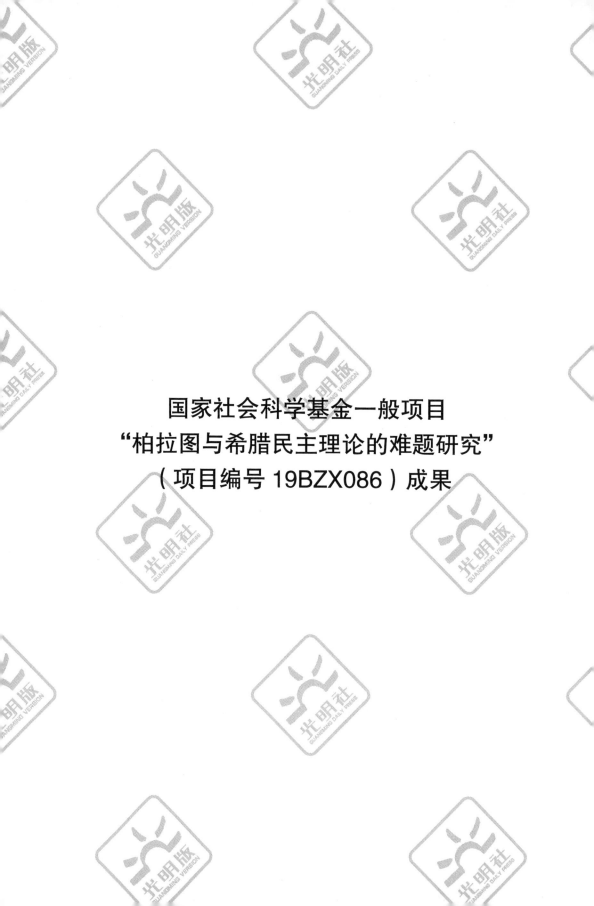

国家社会科学基金一般项目
"柏拉图与希腊民主理论的难题研究"
（项目编号 19BZX086）成果

伦理与秩序的重建"中道"

米南德喜剧《古怪人》中的伦理学问题

陈彦 李亚男——著

光明日报出版社

图书在版编目（CIP）数据

"中道"伦理与秩序的重建：米南德喜剧《古怪人》
中的伦理学问题／陈彦，李亚男著． —— 北京：光明
日报出版社，2024.6． —— ISBN 978-7-5194-8059-2

Ⅰ．B82

中国国家版本馆 CIP 数据核字第 2024TK6206 号

"中道"伦理与秩序的重建：米南德喜剧《古怪人》中的伦理学问题
"ZHONGDAO" LUNLI YU ZHIXU DE CHONGJIAN: MINANDE XIJU《GUGUAIREN》
ZHONG DE LUNLIXUE WENTI

著　　者：陈　彦　李亚男	
责任编辑：陆希宇	责任校对：曹美娜
封面设计：小宝工作室	责任印制：曹　净

出版发行：光明日报出版社
地　　址：北京市西城区永安路 106 号，100050
电　　话：010-63169890（咨询），63131930（邮购）
传　　真：010-63131930
网　　址：http://book.gmw.cn
E-mail：gmcbs@gmw.cn
法律顾问：北京市兰台律师事务所龚柳方律师
印　　刷：天津画中画印刷有限公司
装　　订：天津画中画印刷有限公司
本书如有破损、缺页、装订错误，请与本社联系调换，电话：010-63131930

开　　本：170mm×240mm			
字　　数：307 千字		印　　张：17.5	
版　　次：2024 年 6 月第 1 版		印　　次：2024 年 6 月第 1 次印刷	
书　　号：ISBN 978-7-5194-8059-2			
定　　价：88.00 元			

CONTENTS 目 录

中篇　希腊秩序与"中道"的诞生

下篇 米南德的喜剧伦理与希腊化早期的秩序重建

上 篇

作为"净化"的"中道"伦理
—— 以米南德喜剧《古怪人》为例

第一章

绪　论

一、概　述

米南德（Μένανδρος/Menandros，公元前 342/341—前 290），希腊化时期著名的戏剧家。据说其生前曾创作了 100 多部戏剧作品，然而留到今天皆为残篇，而其中《古怪人》（Δύσκολος 或 Dyskolos，又名《恨世者》）乃其中保存相对最为完整的作品。

米南德主要生活在我们今天所谓的"希腊化"时期，该时期以我们众所周知的公元前 322 年雅典在反抗马其顿统治的战争中失败为始，而这一开端时限，也是古代亚历山大里亚的文法学家——以拜占庭的阿里斯托芬（Aristophanes of Byzantium）为代表——所划定的希腊喜剧"三分法"中的最后阶段新喜剧的伊始（Mastromarco，1994），因此，米南德也被广泛地看作希腊新喜剧的代表人物，当然，这也与今天我们所掌握的关于这一时段喜剧的传世文稿状况有关。

而戏剧，尤其是"喜剧"（或译为"谐剧"），在古代希腊作为一种产生于"民主时代"的"表演"（或译为"模仿"）文化（亚里士多德《诗学》卷 5），并作为一种更高种类的"诗"，在当时承担着重要的政制和社会"教化"功能，这种"教化"甚至延续为一种节日习俗，比如，勒奈亚（Lenaia）节的戏剧竞赛，而米南德的喜剧正是在这一重要的公民教化舞台上大放光彩的（据说获得了 8 次戏剧竞赛的胜利）。随着诸如我们熟知的阿里斯托芬以来的希腊喜剧的不断推陈出新，作为有别于索福克勒斯悲剧所代表的更为传统的希腊"部族"时代的希腊民主的不断崛起，更倾向于"表现普通人"的喜剧在人们生活中占据了越来越重要的文化比重。而随着希腊民主的衰落，到了米南德所处的希腊帝国晚期，也即希腊化时期的早期，喜剧不仅作为亚里士多德口中的希腊悲剧的对立面，即用更诙谐的方式，模仿或表现"更低贱的人"，更是扛起了当时希腊文明战败后的自我重塑和文化认同的重要功能。在这个意义上，对喜剧的认知必然要与对当时希腊化时期早期的文明认知、政制伦理认知联系在一起，而这也是笔者认为米南德戏剧具有重要理论研究价值之所在：因为，充分理解米南德喜剧的理论含义，有助于我们更完整地理解希腊化初期的雅典文明及其艰难处境，有助于我们更深入地理解与戏剧"教化"功能息息相关的希腊政制、道德伦理本身（尤其是希腊的"美德"伦理），从而反思和比勘"文明衰落"的深层要义。

而米南德的《古怪人》，正是这样一部希腊化早期的雅典政制文明的批判性产物。在这部精巧的作品中，希腊政制呈现了一种奇特的平民阶层和贵族阶层（或富人阶层）的阶级伦理的倒转：作为富人代表的贵族青年索斯特拉托斯（Sostratos）一反希腊家庭森严的阶级壁垒，转而热烈追求并迎娶平民阶层的少女，并试图谋求来自平民阶层的身份认同，尤其是美德伦理的认同。而作为平民阶级的代表、"古怪人"克涅蒙（Cnemon）则被米南德刻画为一种似乎具有伊壁鸠鲁（Epicurus）式的伦理自足的美德代表（今天我们知道米南德和伊壁鸠鲁同时代，且关系密切）。而喜剧的结尾，更是以平民"屈就"贵族的"双重联姻"为结局的"圆满"，展现了作者极具颠覆且寓意深刻的喜剧伦理的设计意图。

更有甚者，在该戏剧中，我们还看到诸神信仰在经历希腊文明的战败后已出现的严重松动，在其中，被笔者称为持有"强命定论"与"弱命定论"（借鉴自基督教的"预定论"和"半预定论"）、"机运"与"勇敢"行动的各方，纷纷围绕"求爱"而铺陈展开各自的行动，在严格的希腊戏剧"三一律"（围绕同一事件、在几乎同一场所、发生于一天之内）的紧致约束中，呈现出一种极强的人性伦理"竞赛"的张力。而对这些不同伦理及其张力的揭示，都有助于我们更完整地认知那个"文明衰落"时代的雅典政制文明。

二、文献综述

（一）原始文献

首先是米南德的原始文献。米南德虽然生前获过八次戏剧大奖，但据说其生前并没有得到同时代观众的充分认可，而在他去世后，其声名鹊起，人们称引他的作品，甚至把他的地位放在荷马之后。不仅罗马喜剧作家曾模仿米南德的创作，如他曾深刻影响泰伦提乌斯，而且此后直到公元7世纪，无论是在东方希腊化地区，还是在罗马帝国，人们都在阅读他的作品。但后来他的剧本逐渐佚失，甚至被人遗忘，米南德的作品流传只能依靠一些称引片段，以及被命名为《米南德箴言录》的称引集。而19世纪末到20世纪初，考古上的一些重大发现，才逐渐弥补了米南德原始文献的不足，比如，1905年法国学者古斯塔夫·勒费尔在埃及内陆的一处拜占庭住所内发现的希腊抄本，并于1907年公布了《仲裁者》（*Epitrepontes*）三分之二的文本、《萨摩斯女人》（*Samia*）三分之一的文本、《割发》（*Perikeiromene*）二分之一的文本等；而到了1956年，瑞士收藏家M.波德梅尔在亚历山大市场收获的一卷属于公元3世纪末到4世纪初的纸莎草纸抄本，从中收获了《古怪人》全剧、《萨摩斯女人》五分之四的文本、《盾牌》（*Aspis*）不足一半的篇幅，此外在埃及和奥克西林库斯还发现了一些喜剧残篇，这些构成了今天我们对米南德喜剧原始文献掌握的规模。

而对应米南德原始文献的相关版本，希腊文版本首先当属1998年卡塞尔（Rudolf Kassel）和奥斯丁（Colin Austin）共同编辑出版的《希腊喜剧诗人》（*Poetarum Comicorum Graecorum* VI.2），此为米南德作品保存最完善的版本。此外，最常使用的还有阿诺特（Arnott）编辑的Loeb两卷本（1996），桑德巴赫（Harry Sandbach）编辑出版的OCT（牛津古典文本）中的米南德作品集（1972，1990），也是米南德原著参考的重要资料。而至于米南德作品的英文译本，由于种类繁多、各有千秋，此处不一一介绍。

（二）国外研究

米南德去世后，其喜剧中的修辞学被昆体良在《雄辩术原理》

（*Institutio Oratoria*）中加以引用，而普鲁塔克（Plutarch）在《伦语》（*Moralia*，853—854）中也专门将他和阿里斯托芬对勘，并强调了米南德修辞的精妙以及阿里斯托芬修辞的粗糙。而米南德作品的评注较早的来自普色努斯（Michael Psellus），而这些评注作品在 11 世纪康斯坦提诺普（Constantinople）时代依然可以见到。而在罗马帝国晚期，以米南德为名的格言集（Menander's One-Verse Maxims）也曾一度盛行，而到了中世纪，米南德的作品出于未知的原因，没有得到很好的保存，经过如博尔基亚（Cesare Borgia）战役后，存放米南德作品的图书馆遭到洗劫和搬迁，后去向不明。直到 19 世纪，米南德作品的辑佚工作（包含 1650 条左右的诗歌片段，以及由古代词典编纂者辑录下来的数量可观的片语）由梅尼科（Augustus Meineke）和科克（Theodor Kock）于 1888 年完成，并收入《阿提卡喜剧残篇》（*Comicorum Atticorum Fragmenta*）中。直到 20 世纪，随着米南德作品在考古发现中的突破性进展［比如，1907 年开罗手抄本（Cairo Codex）的重大发现以及 1952 年博德默纸莎草纸（Bodmer Papyrus）中《古怪人》等作品，即本文所译读《古怪人》的重新发现］，米南德终于有了一些相对完整的原始作品重现于世，而与米南德相关的研究也开始逐渐展开。

　　而具体到对《古怪人》的研究，自 1952 年的重新发现，到 1953 年和 1955 年的两次编辑发布，到 1959 年整部博德默手稿的正式出版，首先对《古怪人》进行文本重建、翻译和注释的是马丁（V. Martin）于 1958 年在 *Bibliotheca Bodmeriana series* 丛书中完成的。而英语界的研究，笔者所能查阅到最早的研究文章也是从 1958 年始：首先是佛迪亚德斯（Penelope J. Photiades）对《古怪人》第一幕或序幕中潘神一长段"独白"的研究，以及对整个《古怪人》手稿的初步文本解读，作者认为潘神在序幕中的独白补足了"古怪人"这个看上去有点荒诞奇怪的角色设定，让整部剧通过神施加的影响，呈现出一种快乐和道德的喜剧效果，而非荒诞不经，甚至惹人讨厌的角色效果。

　　而到了 1959 年博德默手稿出版后，当年米南德的研究就呈现出井喷式的效果，而从 1959—1970 年的十多年间，米南德及《古怪人》的研究占据了迄今总研究量的 2/3 以上，而截至 2019 年，《古怪人》的研究以每一到两年一篇的速度缓慢增长，呈现出对这一文本研究的学术暂停的情况，因此对该文本进行总结梳理式的研究或属正当其时。而由于本文尚处于写作准备的初期，在此按照笔者初步的阅读认知和尚欠充分的文献阅读，暂从如下几方面简要梳理一下国外研究的现状。

首先，从文本的"语境"（context）展开的研究。该领域最早的研究当属 1874 年（后又有 1877 年、1879 年、1883 年、1888 年版）马哈非（J. P. Mahaffy）编著的《希腊的社会生活：从荷马到米南德》（*Social Life In Greece:From Homer To Menander*）。当然本书并非米南德写作语境的专门论述，而是从荷马史诗到希腊抒情诗，再到广义的"阿提卡时期"（Attic Age）的希腊社会的整体考察。如作者所言，该书试图从希腊古代的作家和经典当中寻找到希腊社会的日常生活（common life）概况，因为作者认为伟大的作家往往极端化了社会场景，而需要我们剥离掉这些极端状况，回到希腊经典当中那些更为"平实"的论述中去。但是，本书也可看作对米南德时期的社会研究的开山之作。而该领域近年来重头的研究当属萨默斯坦（Alan H. Sommerstein）编辑的《语境中的米南德》（*Menander in Contexts*，2014），该文集收录了 16 篇 2012 年诺丁汉大学名为"语境中的米南德"的国际会议的相关论文，分别从希腊化早期社会、希腊戏剧传统、希腊化时期的哲学与医学思想、米南德在罗马帝国时代的接受史及其对现代文学与戏剧舞台影响等多方面，为我们贡献了米南德语境的最新而全面的论述。此外，苏珊·勒普（Susan Lape）的《重塑雅典：米南德的喜剧、民主文化与希腊化城邦》（*Reproducing Athens: Menandesr 'Comedy, Democratic Culture, and the Hellenistic City*, 2004），堪称对"希腊化的民主转型"这一语境的当下最全面的"米南德语境"研究。其中不仅对希腊化时期雅典"寡头民主"的现状进行了描绘，强调雅典民主根基的脆弱性，以及迫切需要重建一种更牢固的民主伦理，而且专章撰写了《古怪人》所涉及的"民主伦理"（the Ethics of Democracy）问题，其中对政治爱欲、喜剧的民主逻辑、两性关系背后的政治阶级问题，以及所谓的政治"平均主义"（egalitarianism）都有所揭示，反映了作者对《古怪人》的如下解读：该剧乃是米南德为治愈雅典战败后的民主创伤，试图重新通过贵族和平民的平等联合而重塑政治文明的努力。①

其次，从伦理学或者哲学层面展开的研究。由于历史上的米南德不仅和伊壁鸠鲁同时代且关系密切，再加上据说曾在吕克昂（Lyceum）受教于亚里士多德的继承人泰奥弗拉斯托斯（Theophrastus），故而在米南德的戏剧伦理学或哲学阐发层面，不可避免地需要同亚里士多德学院派及伊壁鸠鲁学派、斯多亚学派进行比较。首先是同亚里士多德学派的比较，该领域笔者查到的近年来最重要的作品是辛纳格利亚（Valeria Cinaglia）所著的《亚里士多德与米南德的伦理学认知》（*Aristotle and Menanderon on the Ethics of Understanding*，2014）。该作品为作者的博士论文修改稿，正如作者所言乃是看到米南德和亚里士多德及泰奥弗拉斯托斯（Theophrastus）在伦理阐发上的相似性，或者说同"漫步学派"（Peripatetic School）哲学的深刻关联（这也是1900年左右，西方米南德伦理学研究的主要关注点），比如，作者认为《古怪人》中对克涅蒙（Knemon）的塑造恰恰是站在亚里士多德《政治学》卷一的伦理对立面，其呈现出的"古怪"效果，恰恰起到了赞赏亚里士多德伦理的反衬效果，而在米南德另外两部喜剧《萨摩斯女人》和《割发》中，德米阿斯（Demeas）和波勒蒙（Polemon）两个角色的塑造，则提供了另一面对亚里士多德《尼各马可伦理学》卷七的呼应，或者，按作者的话来说，我们可以看作米南德在试图重建或修订漫步学派的伦理观。当然本书除了将漫步学派的哲学同米南德进行对勘，还采用了心理学（psychology）的大量分析成果，也可以看作米南德戏剧研究中的伦理学和心理学的交叉研究。此外我们需要提到著名法国古典学家雅克利娜·德·罗米伊（Jacqueline de Romilly）的《古希腊思想中的柔和》。这也是屈指可数的米南德相关研究的中文译本，根据该书的主旨，即发现希腊世界以降的强调暴力、坚硬和残酷的伦理世界之外的一个往往被忽略的更柔和（douceur，包括仁慈、宽容、宽

① 此外，还有一些如下作品是米南德语境研究的重要参考：KONSTAN D. Greek Comedy and Ideology［M］. Oxford:Oxford University Press, 1995.; SCAFURO A. The Forensic Stage: Settling Disputes in Graeco-Roman New Comedy［M］. Cambridge:Cambridge University Press, 1997.; LAPE S. Reproducing Athens: Menander's Comedy, Democratic Culture and the Hellenistic City［M］. Princeton:Princeton University Press, 2004.; BASSET S.The Late Antique Image of Menander［J］. 2008:201-225.; NERVEGNA S. Menander in Antiquity, The Contexts of Reception［M］. Cambridge:Cambridge University Press, 2013.

厚、爱德、节制等）的伦理面向。而在这种主旨下，米南德的《古怪人》成了一种反讽的教材，通过讽刺排他孤独的个人生活，而提倡城邦的"整体性"，"它被一些有细微差异的心理反应所表达，这些反应包括从谦恭到温情、从人的切身利益到人类高尚的友爱。在松散的城邦里，它建立起了全新的私人关系，这些关系既值得称赞又很让人愉快，并且明确反映着一种生活风尚。社会不仅仅是公民的，也是家庭的、亲密的、随和的"①。罗米伊也强调，这种柔和的伦理出自米南德对漫步学派的继承，值得注意的是，罗米伊提到了此一时期犬儒主义、伊壁鸠鲁主义、斯多亚主义都对这一柔和思想有所贡献，但也有所抵触，比如，犬儒主义那种智者的泰然和无欲无求的心态。因此，她认为如斯多亚主义和亚里士多德的柔和理论是存在继承关系的，这也提醒我们米南德思想中可能蕴含的漫步学派之外的其他学派的理论成分。②

再次，从"爱欲"（eros）或者两性（gender）问题展开的研究。由于整部《古怪人》是由潘神所设计的"爱欲"所推动的，作品开始于爱欲，也以爱欲的双重圆满（促成了富人和平民之间的两桩婚姻）为结局，如果考虑到其城邦政制的教育意义，故而《古怪人》也可以看作以"爱欲和城邦"（eros and polis）为主旨的戏剧类型。而其中对于爱欲、两性甚至单一性别本身的研究，都成为当代学术对于米南德戏剧理解的切入点。比如，在较近的一本性别研究作品《米南德中的妇女与喜剧情节》（*Women and the Comic Plot in Menander*，2008）中，作者特莱欧（A. Traill）以一个夺人眼球的由普鲁塔克在《伦语》中提出的关于米南德笔下"良善的妓女"（bona meretrix）的近乎背叛的"女性"性别伦理发问出发，引导我们进入米南德据说那背景更为复杂，且塑造得更为开放和多样的希腊化的道德伦理世界，"他的喜剧不仅用其基本的喜剧场景和设置，丰富了西方的传统，而且也打开了一扇窗，朝向

---

① 雅克利娜·德·罗米伊. 古希腊思想中的柔和［M］. 陈元，译. 上海：华东师范大学出版社，2016：317.

② 除了上述伦理研究作品，米南德和亚里士多德伦理之间的其他研究文献还大概包括：MUNTEANU D. Types of Anagnorisis: Aristotleand Menander［J］. A Self-Defining Comedy, 2002: 111-126.; SCAFURO A. When a Gesture Wasmisinterpreted: Didonai titthion in Menander's Samia［J］. Gestures: Essays in Ancient History Literature and Philosophy, 2003: 113-135.; BELARDINELLI A M. Filosofia e Scienza Nella Commedia nuova［J］. Seminari Romani di cultura greca, 2008: 77-106.; CINAGLIA V. Aristotle and Menander on How People Go Wrong［J］. 2012: 553-566.

公元前4世纪晚期的法律、习俗和社会更多的内容"。在其中，特莱欧不仅考察了《古怪人》，也考察了米南德的其他相关戏剧文本，她认为米南德往往在戏剧中通过有别常理或习俗、法律的女性身份设计、婚姻和恋爱设计，从而既带来了戏剧观念层面的张力，也挑战了旧有的法律和习俗，重新树立了在传统甚至政治生活中曾被错误对待的女性性别身份的认同。但是她也承认米南德对女性的认同虽然可以娱悦观众，但很难对保守的现实统治造成根本性的性别承认的影响。而克里特斯（Stavroula Kiritsi）在2014年的一篇米南德"爱欲"问题研究中，从亚里士多德的"爱欲"理论出发，考察了《古怪人》和《萨摩斯女人》两部典型的米南德爱欲题材的作品——尽管她也认为亚里士多德的伦理学远不能概括米南德的伦理复杂性——通过对两部剧中的三个不同陷入爱欲中的人物的细致考察，作者认为米南德并没有让自己的角色完全彻底地被爱欲中的情感或欲望所支配，而是依然拥有理性的成分，且做出判断时既通过自身爱欲的缺点也包含爱欲的优点，因此一定程度上能够反思自己的处境、个体的境遇。故而在这个意义上，米南德通过引导观众一起感知和体验角色本身，从而完成了一场对观众的爱欲的教化、政制的教化：让观众懂得合理地、得体地对待自己的欲求和欲望，该文最精彩的地方就是对友爱（philia）、家庭（oikos）、城邦（polis）等概念相互内在包含、转换的论述。[1]

　　米南德戏剧心理学的研究及其他。从心理学路径解读米南德戏剧无疑是一种当代研究的特殊方法[2]，有别于从古典的或传统政制伦理的进路，而这类研究往往从心理学的诸如情感（emotion）、欲望（desire）、嫉妒（envy）、妒忌（jealousy）等内心情感出发，以揭示米南德戏剧设计的机制，戏剧情节的张力如何形成等问题。[3] 此外，国外米南德的研究还包括对戏剧传统、舞台表

---

[1] 此外，有关米南德戏剧的"两性"研究还包括：HENRY M M. Menander's Courtesans and the Greek Comic Tradition［M］. Berlin:Peter Lang Gmb H, 1985.；ROSIVACH V J. When a Young Man Falls in Love: The Sexual Exploitation of Women in New Comedy［M］. London:Routledge, 1998.

[2] KONSTAR D. The Emotions［M］. London: Routledge, 1998.

[3] 相关研究包括:KONSTAN D. The Emotions of the Ancient Greeks［M］. Toronto:University of Toronto Press, 2006.；HALLIWELL S. Greek Laughter［M］. Cambridge: Cambridge University Press, 2008.；MUNTEANU D. Emotion, Genre and Gender in Classical Antiquity［M］. London: Bristol Classical Press, 2011.；SANDER E. Envy and Jealousy in Classical Athens［M］. Oxford: Oxford University Press, 2014.

演、古典语文学等方面的研究，由于这些研究和本文的政制伦理或政治哲学、思想史研究进路关系不大，虽然笔者会在论文中尽量参考这些研究成果，以呈现米南德研究的整体性，但这些领域的相关研究概况，在此先暂时略过。

（三）国内研究

国内的米南德原著翻译，首先得益于罗念生先生对《古怪人》的翻译，参见《古希腊戏剧选》（人民文学出版社，1998）；此后王焕生先生于 2015 年翻译了《古希腊悲剧喜剧全集：米南德喜剧》，此书根据 Loeb 本翻译，基本囊括了已知的米南德相对完整的戏剧著作及残篇。至于国内研究，除了王焕生先生为《古希腊悲剧喜剧全集：米南德喜剧》作的一篇通识性译序，笔者通过知网搜索，现只查询到一篇 2013 年 2 月发表于《中国社会科学报》的通识普及性短文且其内容较为浅显，可见米南德的国内研究尚未真正展开。

第二章

米南德的生平、时代与戏剧理论的"古与今"

一、米南德的生平和时代

本文"绪论"部分已提及过米南德主要的相关作品及作品的发现过程，如下，我们简单了解一下米南德的生平。今天我们对米南德的生平认识，乃是基于古代世界诸多作家描绘的综合性产物，这些作家包括晚期希腊学者阿波罗多洛斯（Apollodorus）的《编年史》（*Chronicle fr*.43）、菲德鲁斯（Phaedrus）的《寓言集》（*Fables* 5.1）、希腊智者阿尔西弗伦（Alciphron）的《书信集》（*Letters* 2.3-4）、罗马作家格利乌斯（Aulus Gellius）的《阿提卡之夜》（*Noctes Attica*17.4）、依乌斯庇乌斯（Eusebius）的《福音的预备》（*Praeparatio Evangelica Book 10*，Chapter 3）、普鲁塔克的《伦语》（*Moralia* 853—854）等。[1]

我们现在可以了解到的米南德生平大概如下：公元前342—前341年，米南德出生于古希腊的雅典城邦，在其叔叔，亦是彼时高产的剧作家亚历克西斯（Alexis）的影响下[2]，19岁（另说21岁）的时候开始尝试戏剧写作，并于公元前321年，首次上演了喜剧作品《愤怒》。米南德一生中，大约33年的创作时间里，创作了大概100多部戏剧剧本，且一生中获得过8次大奖，但我们知道的获奖，比较可靠的记录包括：公元前315—前316年，他第一次在勒奈亚节的戏剧比赛中获胜，以及次年在酒神节上再次获胜。

---

[1] 许多现代作家在去伪存真、还原米南德生平上，也贡献了自己的努力，参见 CLARK W E. Menander: A Study of the Chronology of His Cife［J］. Classical Philology, 1906: 313-328; FERGUAON W S. The Death of Menander［J］.Classical Philology, 1907: 305-312.

[2] 据说米南德的叔叔亚历克西斯（Alexis）创作了两百部左右的剧本。——笔者注

除了戏剧创作上的成就，米南德的生平还包括他在政治上或者政治交往上的一些特殊经历，比如，他曾与马其顿王国的雅典总督德莫特里乌斯（Demetrius of Phalerum）关系密切。但是这场政治上的交往经历，却几乎带给他灾难性的后果。当德莫特里乌斯被驱赶下台后，米南德也随之遭到了控告，好在受助于当时德莫特里乌斯继任者的某位亲属，米南德才摆脱了法律诉讼的纠纷。而此后，据说米南德受到埃及国王托勒密的邀请，前往当时希腊文化的中心城市之一亚历山大里亚，但米南德婉拒了这一请求。公元前307年以后，据奥维德所说，米南德至死都一直居住在雅典的比雷埃夫斯港（harbour of Piraeus），过着宁静的地中海海港生活。

　　此外，为我们所知的还包括一些其个人的生平绯闻，据说他在世时与艺伎吕克拉有一段爱情故事，传为古代的佳话，甚至据说吕克拉曾帮助他完成戏剧作品的创作，比如，希腊晚期的作家阿尔基弗农就曾经虚拟他们之间的来往书信，其间充满了缠绵悱恻。[①]最后，史料并未提及米南德的家庭情况，公元前292—前291年[②]，米南德游泳时，溺死于海上，终年约为52岁。

　　据说米南德和著名哲人伊壁鸠鲁乃是同时代人及战友，其生平一部分处于我们今天史学界所划定的古典希腊（Classical Greece）的晚期，一部分则处于希腊化时期的早期。[③]而我们今天一般将米南德的戏剧创作看作希腊化时期的作品。

　　希腊化时期（Ελληνιστική περίοδος/Hellenistic Period），由德国学者约翰·古斯塔夫·德罗伊森（1808—1884）首次提出，用以描绘一段古代地中海悠远文明的历史（公元前323—前30），不仅表征了古代世界里一场规模空前的"希腊语民族向埃及、亚洲的大规模移民"运动[④]，从文明变迁的角度，

---

　　① 王焕生.米南德喜剧译序［M］//古希腊悲剧喜剧全集：米南德喜剧.南京：译林出版社，2015：3.

　　② MENANDER. The Principal Fragments［M］. London:William Heinemann, 1921: 12.

　　③ 历史学界关于古典希腊和希腊化时期的分界，一般认为是马其顿国王亚历山大大帝（Alexander the Great）之死，即公元前323年。另外，需要提及的是，如果从希腊哲学的时段划分来看，按照国内学界的界定，米南德处于所谓的"晚期希腊哲学"时期，始于亚里士多德之死（公元前322），该划分标准的来源待查。而按照国外学界的界定，米南德亦处于希腊化哲学时期（Hellenistic Philosophy），划分标准基本同史学界的划分标准。

　　④ 彼得·索恩曼.希腊化时期［M］.陈恒，李腊，译.南京：译林出版社，2021：35.

它也揭示了一场希腊人和非希腊人之间文化"融合"的非凡经历。我们可以说，"希腊化"的蕴意，不仅是地理意义上的（希腊化世界），以及历史意义上的（希腊化时期），同时也是文化史意义上的。

而米南德，作为希腊化早期的文化精英，他的创作正是具有这种"文化史"的深远意义。作为希腊化开端进程的"同时代人"，他不仅通过创作，将戏剧艺术深深嵌入那个东西方文化与政制急剧"融合"的大历史深处，使其作品发挥了重要的政治文化揭示、预示与批判功能，而其创作之外的生平游历、交往，以及所处时代本身的政治历史大变革，也一并赋予了后人对米南德作品诸多想象的背景视域，令其成为希腊化早期政治文化的象征符号。

我们知道，米南德所处的古典时代晚期（公元前 500—前 323），与希腊化早期，是一场地中海世界同时也是希腊世界急剧动荡的时期。自公元前 338—前 335 年底比斯的覆灭，希腊的反马其顿同盟在对抗北方迅速崛起的劲敌马其顿的入侵中，遭遇了失败，而后，在希腊诸邦并入罗马之前，希腊世界前后一共接受马其顿及其继承者的统治（部分希腊城邦在某些时期享有自治权），达 170 年（公元前 323—前 146）。

而自公元前 323 年，亚历山大大帝去世之后，随着其所建帝国在权力内讧中的分崩瓦解，公元前 3 世纪后期至公元前 2 世纪初期，波及整个地中海东部广大地区的战争连绵不断，而作为希腊城邦两大中心之一的雅典，更是在公元前 322 年的反马其顿独立战争中失败，不得不接受马其顿寡头统治的改造。

米南德正是生活于这样动荡的、希腊民主向寡头统治过渡的非常时期。他第一个戏剧创作就正值公元前 322 年雅典战败之际，其生平亦同当时马其顿驻希腊总督德莫特里乌斯结下不解之缘，据说，德莫特里乌斯除了政治身份，还是一名亚里士多德学派的哲人。米南德和德莫特里乌斯交好，后者于公元前 307 年遭到放逐，直接导致米南德受到牵连并且之后生活动荡，这也为我们认识米南德的作品，埋下了浓重的现实政治遭际的伏笔。

二、戏剧理论的变迁：从悲剧到新喜剧

在粗略了解了米南德所处时代的政制状况，或米南德戏剧创作的外部政治诱因后，我们还需插入一段关于希腊"古今"戏剧或喜剧理论的话题，以

概要描绘出米南德创作的戏剧理论内因。因为，任何伟大的戏剧作家，都必须在承续自己时代或早先的戏剧理论的基础之上，加以形塑或改造，形成属于自己特有的戏剧创作理论或范式，才能由此展开创作，并赋予戏剧范式或理论以相应的故事情节和其他戏剧元素。

关于希腊戏剧理论概述，首先是戏剧起源理论。就西方学界的主张，戏剧起源的相关理论，大概有如下几类，当然每种理论都遭遇了不同程度的批评，才让我们今天对戏剧起源的理论兴趣，不断延续下去：（1）戏剧作为人类学家心目中的神话和仪式的起源形式之一而产生，或者我们也可称为戏剧起源的"仪式说"①。（2）戏剧作为故事，讲述者通过讲述方式的完善而不断发展成形的"故事讲述说"。（3）亚里士多德的"模仿说"，亚里士多德强调人类具有模仿的天性，在模仿其他人、事物和行动，以及在观看模仿的过程中能产生愉悦感。（4）"幻想说"，20世纪后的一些当代理论认为，人类拥有幻想的天赋，通过幻想来改变现实，使之比日常生活所见更加如人所愿，"所以，幻想或虚构（戏剧就属于其中一类）就使得人们可以将他们的焦虑和恐惧对象化，以便能够面对它们，从而在虚构世界里（如果在现实中不可能）实现他们的愿望。于是戏剧也就成了人们理解世界、解释世界，或逃避不如人意

---

① 简要提及一下戏剧起源理论的第一类"仪式说"，持这类起源说的如"经典人类学剑桥学派"，据说这种理论背后蕴含着一种强烈的"文化达尔文主义"，我们简要复述一下戏剧起源的"仪式说"的更完整描述：首先人们由于对自然现象或超自然意志、神奇力量缺乏了解，采取某种手段去获得这些力量的庇佑，而当观察到某类人（如萨满巫师）所表演的特定动作与期望的结果之间存在明显联系时，人们便开始反复表演，将那些动作加以定型、固化为整套的仪式和祭祀礼仪。接下来，一些故事围绕这种仪式而产生，这些故事解释、装扮仪式，且包含那些仪式所颁扬的超自然力量的代理人。由此，这些代理人在庆典的表演中，穿上特定服装，戴上面具，扮演着超自然的力量的模样。后来，随着人类的认识进化，这种诞生于仪式中的戏剧表演从原先的神秘性及社会功能迈向自主的娱乐和审美价值。对"仪式说"的批评，主要来自对"文化达尔文主义"的指责，即认为"仪式说"的拥趸们其实暗示戏剧文化乃是一个从原始到宗教分离的过程，暗示了一种简单的文化进化论。还有批评认为，人类行为本身都是"述行性"的，即都遵循某些仪式规则，无论原始还是进步文明，无一例外，如当代的婚姻、法庭等都保留着特定的仪式，这种人类述行性的普遍性观点，让人们逐渐摆脱了将古老祭祀仪式和戏剧起源结合起来的认识，"仪式和戏剧二者都是对几乎所有人类活动的基本元素的组织和应用，只不过方法不同而已。因而，戏剧就不一定起源于仪式，仪式和戏剧更可能被视为两种并存的模式，即在统一社会中，相同元素在戏剧和仪式中所具有的功能不同"。以上参见奥斯卡·G.布罗凯特，弗兰克林·J.希尔蒂.世界戏剧史：上册［M］.周靖波，译.上海：上海三联书店，2015：3.；雷蒙·威廉斯.现代悲剧［M］.丁尔苏，译.南京：译林出版社，2017：34-36.

的现实的工具"①。（5）除却一些不太知名的戏剧起源理论，剩下的则是主张戏剧无法找寻到确切的起源，该类别可以看作戏剧起源的多元论或虚无论。

而具体到古代希腊的戏剧起源，我们都知道，古希腊的戏剧从诞生以来（不同划分标准，略有差异），发展出如下戏剧模式：悲剧（tragedy）、滑稽剧（satyr-play）和喜剧（含新喜剧，comedy）（除了希腊官方戏剧节上的比赛剧种，希腊还有一些大众民间剧类，比如，拟剧（mime）等，在此不做考察）。②出于理论相关性，我们择要提及一下古希腊戏剧中的悲剧、喜剧的相关理论。

三、悲剧问题简述

首先是悲剧的产生。据贺拉斯所言，忒斯庇斯在公元前534年的"大酒神节"上，发明了希腊的第一种戏剧形式（或者说欧洲的第一种戏剧形式），并在马车上演出：悲剧或者山羊歌（tragoidia）。③而另一种说法来自亚里士多德，他在《诗学》中认为悲剧起源于"蒂苏朗伯斯歌队"领队的即性口诵，领唱时候的一种临时口诵。后来悲剧从其前身的"萨图罗斯剧"的短促而荒唐的言语构型中不断扩展，发展为一种庄严的艺术。④此外，在这些古代理论之后，19世纪的学者开始忽略诸如亚里士多德将悲剧和山羊歌捆绑在一起的观点，以多种理论来论证悲剧或许来自不同类型的"仪式"。20世纪下半叶，又出现了"尝试用背诵故事、吟诵诗歌以及叙事性舞蹈等表演形式来解释戏剧起源的说法"，当然这些说法基本都是推测。而除却这些似乎不太客观的推论，或许，悲剧理

---

① 奥斯卡·G.布罗凯特，弗兰克林·J.希尔蒂.世界戏剧史：上册［M］.周靖波，译.上海：上海三联书店，2015:5.

② 此处采用 STOREY I C, ALLAN A. A Guide to Ancient Greek Drama［M］. Oxford: Blackwell Publishing Ltd, 2005. 目录中的划分标准，需要指出的是，三种戏剧类型并非悲剧在先，喜剧在后，比如，亚里士多德就认为荷马是"第一位为喜剧勾勒出轮廓的诗人"，故而，喜剧的诸多元素很可能早于悲剧的诞生，但是，这些种类的戏剧在当时是存在"地位"高下的，总的来说地位由低到高排序如下：滑稽剧、喜剧、史诗、悲剧。参见亚里士多德《诗学》卷四的相关论述。

③ 对悲剧或山羊歌的介绍，可参考亚里士多德.诗学［M］.陈中梅，译.北京：商务印书馆，1996：248-249.

④ 陈中梅认为，亚里士多德对悲剧起源的论述中，存在"蒂苏朗伯斯歌队领队的即性口诵"和"萨图罗斯剧"（据说萨图罗斯剧是帕拉提那斯发明的，据说这种戏剧属于"淫荡的闹剧"）两种不同起源的模糊说法，并且造成这一模棱两可说法的原因不明，我们姑且保留这一疑问，但这两种起源似乎都指向了狄奥尼索斯节庆这一共同来源。参见亚里士多德.诗学［M］.陈中梅，译.北京：商务印书馆，1996：56.

论真正有意义的解释在于，如何描绘悲剧作家从公元前 6 世纪的零星出现（我们今天只知道三位公元前 6 世纪的悲剧作家），完成向公元前 5 世纪悲剧辉煌时代的跨越[①]，并诞生了埃斯库罗斯、索福克勒斯、欧里庇得斯等这样伟大的悲剧作家的。而据说，悲剧在古希腊的兴盛与"城市酒神节"（有别于乡村酒神节）的戏剧比赛有重要关系。因为当时参加城市酒神节的每个剧作家，据说被要求都要提交三部悲剧[②]，以及一部萨图罗斯剧（或闹剧）。

　　而希腊的悲剧理论，除了诸如经典的悲剧六种要素（情节、性格、思想、言辞、形象和歌曲）中有关技术、技巧性理论的讨论外，思想性层面的理论最主要亦来自我们熟悉的亚里士多德的悲剧理论：

　　喜剧倾向于表现（或模仿）比今天的人差的人，悲剧则倾向于表现（或模仿）比今天的人好的人。（《诗学》 1448a15）

　　悲剧是对一个严肃、完整、有一定长度的行动的模仿；它的媒介是经过装饰的语言，各种悦耳之音分布在剧的各部；模仿方式是借人物的动作来表达，而不是采用叙述法；并凭借激发怜悯与恐惧来净化情感。（《诗学》1449b5）

　　——根据亚里士多德的阐发，悲剧乃是一种对行动中的人的模仿，并且是模仿更好的人，用悲剧艺术来激发人内心的怜悯、恐惧[③]，以便净化（catharsis）或"平衡"人的情感（净化即情感宣泄的适度）。[④] 而这些都与喜

---

　　① 这一时期诞生了 1000 余部戏剧作品，悲剧作品只是其中的一部分，甚至是小部分，比如，悲剧三大作家如今总共只流传下来 31 部悲剧，当然他们各自的创作数量远多于此数（总共大约 300 部），我们知道埃斯库罗斯大概 80 部悲剧的题目，而索福克勒斯完成过 120 多部悲剧。参见 *A Guide to Ancient Greek Drama.*

　　② 或称"三联剧"，今天仅存的希腊三联剧乃是埃斯库罗斯的《奥瑞斯提亚》（*Oresteia*）三部曲。

　　③ 笔者想补充罗念生先生对"恐惧"的理解，以便于我们将其区别于通常的担心害怕："恐惧"指观众害怕自己遭受英雄人物所遭受的厄运而发生的恐惧。或解作"为英雄人物担心害怕"。参考罗念生全集第一卷：亚理斯多德《诗学》《修辞学》·佚名《喜剧论纲》[M].上海：上海人民出版社，2004：注释94.

　　④ 罗念生先生认为："净化"（catharsis），作医学术语，意思是"宣泄"或"求平衡"。亚里士多德认为人应有怜悯与恐惧之情，但不可太强或太弱。同时，他认为情感是由习惯养成的。怜悯与恐惧之情太强的人看悲剧演出的时候，只发生适当强度的情感；怜悯与恐惧之情太弱的人看悲剧演出的时候，也能产生适当强度的情感。这两种人多看悲剧演出，可以养成一种新的习惯，在这个习惯里形成适当强度的情感。这就是悲剧的净化（catharsis）作用。参见罗念生全集第一卷：亚理斯多德《诗学》《修辞学》·佚名《喜剧论纲》[M].上海：上海人民出版社，2004：注释94.

剧、闹剧等戏剧类型形成鲜明的对比。或者我们借用雷蒙·威廉斯的话："高贵地位和英雄境界是（古典）悲剧行动之普遍重要性的条件：它们既是公众的，也是形而上的。这种悲剧行动体现了一整套的人生观。"①

尽管从中世纪（如乔叟、利德盖特、伊西多尔等）、文艺复兴（卡斯特尔维特罗、钦提奥等）、17和18世纪的诸多戏剧流派（新古典主义、德国古典悲剧理论等），再到19和20世纪的现当代（叔本华、尼采、别林斯基、车尔尼雪夫斯基、移情论、存在主义、符号学、解释学等），悲剧理论的发展已经大大丰富了亚里士多德的经典悲剧理论②，但亚里士多德所提出的激发人类心灵悲悯肃穆的古典悲剧理想，一直影响或矫正着现代悲剧的范式理解③，让我们不断反思悲剧的源头所在。

四、从喜剧到新喜剧的发展简述

我们知道米南德被广泛地看作"新喜剧"的代表，如是，在悲剧之外，我们简述一下从古希腊喜剧到新喜剧的理论发展。

据说，或者是亚历山大里亚的作家或文法学家，或者是亚里士多德的后学，将古希腊喜剧划分为三个阶段：旧（palaia/archaia，公元前440—前385）、中期（mese，公元前385—前323）和新（nea，公元前323—前290）三类喜剧。④划分的标准"主要是公元前5世纪至公元前4世纪希腊戏剧发展在不同时期表现出的差异，那些差异既表现在喜剧形式方面，也表现在喜剧

---

① 雷蒙·威廉斯.现代悲剧［M］.丁尔苏，译，南京：译林出版社，2017：21.

② 雷蒙·威廉斯.现代悲剧［M］.丁尔苏，译，南京：译林出版社，2017：7-33.

③ 对现代悲剧的理解，比较常见的是雷蒙·威廉斯的名作《现代悲剧》，其中他通过易卜生、奥尼尔、贝克特、加缪、萨特、布莱希特等人的剧作阐发，对现代悲剧的新经验做了如下解读，与古典悲剧理论构成了鲜明的张力（来自笔者自己的总结）：古典悲剧关注广义的悲剧行动，而现代悲剧关注个体英雄；古典悲剧强调普遍的命运，现代悲剧关注个人的性格或体裁上日渐"世俗化"，比如，古典的怜悯与恐惧，演变为"仰慕和同情"；古典悲剧强调道德与净化，现代悲剧倾向于审美；古典悲剧强调善恶，现代悲剧超越善恶；等等。参见雷蒙·威廉斯.现代悲剧［M］.丁尔苏，译，南京：译林出版社，2017：6-53.

④ 参见希腊化时期，据说出自亚里士多德后学的佚名作品《喜剧论纲》中的划分。而希腊化之前，并没有专门的喜剧划分，比如，亚里士多德的《尼各马可伦理学》（1128a23-25），将喜剧模糊地划分为"早前的喜剧"和"当代的喜剧"。

内容方面"①。并且，与希腊史的划分标准相似，喜剧各时段的划分亦是基于当时政治社会中发生的重大历史事件，或以重大历史事件为前提。比如，旧喜剧终于伯罗奔尼撒战争的结束，中期喜剧的终点为希腊反马其顿战争的失败，而最后一届酒神节的举办，又成为新喜剧的历史迄止。尽管，学界今天认为，这种三分法存在很大的麻烦，原因是无论古代学者还是当代学者，对于希腊喜剧的发展，实际上要处理的往往是四个时段：（1）最早时期的喜剧（公元前486—前455）；（2）旧喜剧的前期（公元前5世纪晚期）；（3）介于阿里斯托芬和米南德之间的喜剧时期（公元前380—前320）；（4）米南德及其同时代人所处的所谓"晚期喜剧"时期。②——为了精练戏剧史的论述，本部分采纳希腊喜剧的三分法。

（一）旧喜剧

"希腊喜剧"（Komoidia）或我们所熟知的旧喜剧，虽然往往在希腊悲剧之后（喜剧作为比赛项目而获得雅典官方承认，不仅晚于悲剧，也晚于讽刺剧），但较悲剧而言，它的历史其实有更古老的渊源，如亚里士多德所言，早在诗人荷马的作品中，就诞生了不少喜剧的雏形样式。而探究其源，虽然亚里士多德也承认："喜剧没有被严肃对待，因此它的起源早已被遗忘"（《诗学》Poetics 1449a38），但他大致为我们勾勒了一个可能的喜剧起源的范式："喜剧和悲剧一样都是从即性表演中发展而来，而有别于悲剧产生于即性口诵，喜剧产生自生殖崇拜活动中歌队领队的即性口占。"③另外，也有人认为"旧喜剧"源于阿提卡地区的一种"半戏剧性的Komos"，即一种用于祭祀巴科斯或称狄奥尼索斯的祭祀表演，而这种阿提卡地方剧，具有较为浓烈的讽刺和政治批评色彩。公元前486年，该类戏剧创作获得了雅典的官方承认，

① 米南德，等.古希腊悲剧喜剧全集：米南德喜剧［M］.王焕生，译.南京：译林出版社，2015：1.

② STOREY I C, ALLAN A. A Guide to Ancient Greek Drama［M］. Oxford: Blackwell Publishing Ltd, 2005: 217-218.

③ 亚里士多德.诗学［M］.陈中梅，译.北京：商务印书馆，1996：48.尽管现在有学者（如Handley，1985）质疑亚里士多德的这种喜剧源头论模糊不清，其实亚氏并没有足够的推论证据。此外，亚里士多德《诗学》（1448b29-1449b20）实际提出了四类希腊旧喜剧早期起源的说法，具体参见STOREY I C, ALLAN A. A Guide to Ancient Greek Drama［M］. Oxford: Blackwell Publishing Ltd, 2005: 170.

作为官方的狄奥尼索斯祭祀庆典上的比赛项目之一。① 而我们今天最为熟知的旧喜剧作家阿里斯托芬［甚至是我们今天评判旧喜剧特征所能仰仗的唯一的经典作家，尽管旧喜剧的名录里，不乏克拉提诺斯（Cratinus）、克拉特斯（Crates）、欧波利斯（Eupolis）、菲瑞克拉底斯（Pherekrates）等名家］②，仅从戏剧内容而言，正是以其作品中对同时代公众人物或政治人物，极尽犀利之讽刺，而著称于世。

旧喜剧，从其思想面貌而言，今天的我们依然容易沉浸在亚里士多德的《诗学》中，那些相比于悲剧而言，略显贬抑的判词：

A. 喜剧倾向于表现（或模仿）比今天的人差的人，悲剧则倾向于表现（或模仿）比今天的人好的人。(《诗学》 1448a15）

B. 喜剧模仿低劣的人，这些人不是无恶不作的歹徒——滑稽只是丑陋的一种表现，滑稽的事物，或包含谬误，或其貌不扬，但不会给人造成痛苦或带来伤害，现成的例子是喜剧演员的面具，它虽然既丑又怪，却不会让人看了感到痛苦。(《诗学》1449b1）

C. 喜剧由于不受重视，从一开始就受到冷遇。(《诗学》 1449b5）③

由于学界通常认为《诗学》只是残篇，很有可能遗失了谈论"喜剧"的下半部④，为了丰富喜剧的论述，我们将被看作亚里士多德后学的喜剧专论作品《喜剧论纲》（原名《夸斯里尼阿弩斯短篇》，*Tractatus Coislinianus*）的相

---

① 亚里士多德.诗学［M］.陈中梅，译.北京：商务印书馆，1996：250.

② 关于旧喜剧各时期（有学者又将其分为早期、第一代、第二代、晚期）的作家代表及其简要介绍，可参考 STOREY I C, ALLAN A. A Guide to Ancient Greek Drama［M］. Oxford: Blackwell Publishing Ltd, 2005: 196-217.

③ 引自亚里士多德.诗学［M］.陈中梅，译.北京：商务印书馆，1996：38-58.

④《诗学》现存二十六章，主要讨论悲剧和史诗。亚里士多德在第六章的第一句话里，就告诉我们，他"以后再谈"喜剧。可是我们翻遍《诗学》，找不出"再谈"的篇幅。这成了研究《诗学》与戏剧美学的学者们的憾事。有人认为，《诗学》本身是上卷，重点在悲剧，另外还有下卷，重点应在喜剧，但是失传了。也有人认为，分卷是后来的事，所以分卷之说不能成立。不过大家都认为，亚里士多德不会把喜剧丢开了不谈的。由于不是很清楚他对喜剧的说法，《喜剧论纲》中关于喜剧的提法，也就无从肯定对亚里士多德的忠实的程度。参见佚名.喜剧论纲［M］.罗念生，译.北京：人民出版社，2015.

关主要论点，补充进来：

A. 喜剧是对于一个可笑的、有缺点的、有相当长度的行动的模仿，（用美化的语言）各种（美化）分别见于（剧的各）部分；借人物的动作（来直接表达），而不采用叙述（来传达）；借引起快感与笑来宣泄这些情感。喜剧来自笑。

B. 喜剧和骂不同，因为骂是公开地谴责（人们）的恶劣品质；喜剧只采用所谓恩法西斯或挪揄。谐谑者嘲笑人们心灵上和肉体上的缺陷。在喜剧里，笑应当有适当的限度，正如在悲剧里，恐惧应有适当的限度一样。

C. 喜剧的情节指把可笑的事件组织起来的安排。喜剧的性格分丑角的性格、隐嘲者的性格和欺骗者的性格。

D. 喜剧的言辞属于普通的、通俗的语言。

E. 喜剧的种类分"旧喜剧"（剧中有极多的笑料）、"新喜剧"（不重视笑而倾向于严肃）、"中期喜剧"（为前二者的混合物）。①

如罗念生先生所言，《喜剧论纲》"几乎是照《诗学》里悲剧的定义，套下来的"②，因此，它被看作补充了亚里士多德《诗学》中遗失了的或未充分展开的相关喜剧观点。在此，我们先暂时忽略掉两者可能的差异③，将其传达的喜剧定义一并总结如下：

---

① 佚名.喜剧论纲［M］.罗念生，译.北京：人民出版社，2015.

② 佚名.喜剧论纲［M］.罗念生，译.北京：人民出版社，2015.

③ 其中，古典主义者 J. A. Cramer 通过研究认为《喜剧论纲》就是亚里士多德《诗学》所遗失的第二部，虽然该说法后来遭到了学界的否定，比如，J. Bernay 认为，《喜剧论纲》只有很小部分来自亚里士多德，比如，其中关于"笑"的内容，而其他内容是拼凑的。而 Lane Cooper 在其著作 *An Aristotelian Theory of Comedy: With an Adaption of the Poetics and a Translation of the Tractrtus Coislinianus*（1922）中，经过研究认为《喜剧论纲》不是亚里士多德亲笔写的，尽管它对《诗学》研究有启发意义，而 Richard Janko 在 *Aristotle on Comedy* 中更是对《喜剧论纲》逐字分析，得出的结论是，他认同 J. A. Cramer 的观点，该书正是《诗学》遗失的第二部分的摘要，虽然该摘抄者并不太认真。总体而言，该书与亚里士多德的关系到底为何，仍未定论。故而此处，笔者忽略掉两者的区别，对喜剧做了一个综合评判，实属不严谨的做法。另外，关于亚里士多德《诗学》遗失部分的考察，可进一步参考 WATSON W. The Lost Second Book of Aristotle's "Poetics"［M］. Chicago: University Of Chicago Press, 2012.

A. 喜剧所模仿的行动和人，比悲剧和史诗都更低，并且喜剧采用的语言也更通俗、普通，一般采用挪揄、嘲笑等方式，贬低对方的心灵或肉体的缺陷等。或者说喜剧要挪揄的对象是更低下的人（品行或肉体），这些人一般包括丑角、隐嘲者和欺骗者等。

B. 喜剧主要产生的是“滑稽”的“笑”的效果，且“笑料”在旧喜剧中尤为明显。但这种滑稽，不等于表现无恶不作，不会让人感到不适和痛苦。因此，喜剧和悲剧一样，讲究效果表达“适中”或中道。

C. 喜剧在古代世界一开始是不受待见的，后来的评价也低于悲剧和史诗所表现的肃穆高贵。

如上，我们能看出来，喜剧表演虽以“笑”为剧场效果，表演上也模仿“更低”的行为和人，但不等于它最终要达到的戏剧“目的”是“更低的”[①]，这也是亚里士多德喜剧理论的“残缺”所留给我们的思考空间。而今天的研究也为我们揭示了这一点：与悲剧、史诗类似，旧喜剧并没有沦为一种流俗的“笑”，恰恰它的典型意义，在于其所蕴含的“宏大理念”（great idea）：

旧喜剧不依赖于复杂的情节阴谋或人物之间的微妙互动，而是取决于构思出一个宏大的理念，越奇谲越好。构想一个妙想，煽扬它，让它运转，看着恢宏的逻辑结论展开，并让整件事在一个熙攘的最后场景中终结。一桩典型的喜剧会这样展开：宏大的理念的形成与呈现，发生争议以将该理念付诸行动，产生该理念的喜剧效果，并在一个最终解决方案中达到顶峰。[②]

今天，从学界对旧喜剧代表阿里斯托芬所做的“理念统计”来看，这种宏大理念以多种类型呈现出来，除却我们早已熟知的阿里斯托芬的《云》

① 戏剧“目的”及其达到目的的手段好坏，决定了戏剧的“优劣”，参见亚里士多德《诗学》卷尾处对“悲剧和史诗”优劣性的比较原则。

② STOREY I C, ALLAN A. A Guide to Ancient Greek Drama ［M］. Oxford: Blackwell Publishing Ltd, 2005:174.

《鸟》等关乎古典政治哲学的宏大理念外，其他作品简要举例如下：

阿里斯托芬代表作中的喜剧"宏大理念"

作品	具有喜剧争议的宏大理念
《阿卡奈人》（Acharnians）	涉及"城邦正义"的雅典和斯巴达的停战公约，却以私人议和的方式戏谑展开
《骑士》（Knights）	以隐喻的方式，将雅典民主政治城邦化身为一场家政，政客如家奴一般，而家主被一个腊肠贩子（隐喻民主领袖）推翻了
《蛙》（Frogs）	戏剧之神狄奥尼索斯，伪装为赫拉克勒斯，来到地下世界，评判了一场在死去的悲剧诗人埃斯库罗斯和欧里庇得斯之间高下之争的闹剧
《马蜂》（Wasps）	一位热衷陪审团诉讼的老人，被儿子说服，成为一名搞笑的家庭陪审员，该剧极力讽刺当时雅典人诉讼成风
《莉西斯特拉忒》（Lysistrate）	主人翁说服希腊人的妻子们，以低俗而搞笑的"性"和"钱"为要挟，来制止男人们的战争，据说以此抨击伯罗奔尼撒战争

因此，我们也可以从中看出，按照亚里士多德"悲剧和史诗"高下判别的标准[1]，我们或许并不能认为旧喜剧相比于悲剧更为"低下"，它所模仿的对象，只是用有别于"怜悯、恐惧"的诙谐之"笑"，达到另一种灵魂"净化"（κάθαρσις，或更准确地译为"陶冶"）的目的或效果。

此外，需要提及的是，旧喜剧的价值在戏剧理论之外，自有其特定的政治社会土壤，并不能单单被某种统一建构的理论囊括和评判。正如今天的相关研究所试图揭示的，旧喜剧在公元前 480 年前后的"官方接纳"，实际具有特定的民主政治的意义：反抗彼时的贵族，尤其是当时同情波斯人的具有右翼保守倾向的贵族。旧喜剧辛辣的讽刺效果，被当作对抗当时右翼显贵的一种民主政治的武器——这构成了后来"喜剧与政制"（comedy and politics）这

---

① 亚里士多德.诗学［M］.陈中梅，译.北京：商务印书馆，1996：1462b40.

一常青的戏剧学术议题。① 当然，既然喜剧可以为民主所装备，自然也可被其他派系所利用。几十年后，当雅典政治早已被右翼保守势力所掌控时，旧喜剧旋即被用来作为对抗大众民主的有效工具，从而彻底颠倒了其原初的目的。②

（二）中期喜剧和新喜剧

我们今天对中期喜剧的理解乃是：从阿里斯托芬到米南德之间的喜剧。而对于这一时期的喜剧特征，诺伍德（Norwood，1931）非常简练地概括为：中期喜剧的主题是饮食、性、谜语、哲学、文学和生活③——这意味着传统旧喜剧的那些关乎政治的"宏大理念"几乎消失了。而有学者认为，或许是公元前4世纪的这一时期，频繁的政治动荡，让政治煽动等变得不再是什么新鲜事，用这些体裁（平民或领袖）制作喜剧，显得不再有趣（或者政治安全）。

而随着政治话题在喜剧内容中的衰落，喜剧嘲讽或揶揄的对象，也从人物的政治趋向或观点，转变为某个人的个体细节，比如，外表、胃口，甚至性生活等私人特征，甚至吊诡的是，这一时期，哲人或思想家（以柏拉图、毕达哥拉斯等人为甚），成为中期喜剧经常被揶揄的对象。

撇开作品实例，总的来说，这一时期，神话主题的滑稽剧（mythological burlesque）和家庭背景的所谓"浪漫喜剧"（romantic comedy）开始流行起来。一个印证是，据说阿里斯托芬生平最后一部喜剧 *Aiolosikon and Kokalos* 也转向了当时开始流行的神话滑稽剧。而随着这类神话滑稽剧和家庭剧的流行，一些典型的戏剧人物类型也逐渐汇集成形，比如，中期喜剧中大量出现的人物类型：女继承人、银行家、预言家、皮条客、医生、士兵、野人等。

---

① "喜剧与政制"的关系及相关研究，可简要参看 SOMMERSTEIN A. The Politics of Greek Comedy［M］//REVERMANN M. The Cambridge Companion to Greek Comedy Cambridge, Cambridge University Press, 2014: 291-305.

② STOREY I C, ALLAN A. A Guide to Ancient Greek Drama［M］. Oxford: Blackwell Publishing Ltd, 2005: 173.

③ STOREY I C, ALLAN A. A Guide to Ancient Greek Drama［M］. Oxford: Blackwell Publishing Ltd, 2005: 218.

虽然这些人物在旧喜剧中也经常出现，但他们并非如旧喜剧那样，固化为喜剧的人物常类。

　　而具体到中期喜剧的代表人物，自古代以来，普遍认为是普拉同（Platon），据说普拉同一生中创作了260或280又或365部戏剧，远超阿里斯托芬（40部）和米南德（100多部），此外需要提及的另一个代表人物是安提丰尼（Antiphanes），据说他也给后人留下了大概130个戏剧标题和超过300个戏剧的片段。① 总体而言，据统计，中期喜剧总共包括800多部作品，但流传至今的只有两部，因此，许多中期喜剧谜团的理论难题或许永远无法解开，又或许正是因为这一时期没有诞生真正杰出的作品，显得过于平庸，尽管我们可以追随阿诺特这样定义中期喜剧之于后世的作用："如果没有中间喜剧作家搭上的梯子，米南德怎么能爬到梯子的最顶端呢？"②

　　亦如阿诺特所言：从作为旧喜剧最后代表的阿里斯托芬的《蛙》在勒奈亚节上获奖，到作为新喜剧代表的米南德的第一部作品《愤怒》在同一个戏剧节上获奖，这中间跨越了89年。③——随着米南德的横空出世，据说一种"中产阶级家庭生活的喜剧"诞生了，这类新的喜剧类型与之前喜剧的不同之处在于"新喜剧无关乎社会和政治问题，而更喜欢关注爱情纠葛、金钱困扰以及家庭或社会关系等"④。尽管我们现在清楚，这一切所谓的新特征，其实在中期喜剧中就已经日见雏形了。

　　米南德在其一生中（其中大概33年的戏剧创作岁月⑤）写作了100多部戏剧作品，而我们今天对新喜剧的戏剧理论阐发，亦是来自对米南德作品的理解，或者我们可以认为：米南德之于希腊化时期的新喜剧，甚至超越了莎士比亚之于伊丽莎白时代的戏剧。

　　如上述所论，米南德的作品，从体裁而言，大量集中于家庭内部和现实

---

　　① STOREY I C, ALLAN A. A Guide to Ancient Greek Drama［M］. Oxford: Blackwell Publishing Ltd, 2005: 220.

　　② ARNOTT W G. From Aristophanes to Menander［J］. Greece & Rome, 1972（4）: 80.

　　③ ARNOTT W G. From Aristophanes to Menander［J］. Greece & Rome, 1972（4）: 65.

　　④ 奥斯卡·G.布罗凯特，弗兰克林·J.希尔蒂.世界戏剧史：上册［M］.周靖波，译.上海: 上海三联书店，2015: 43.

　　⑤ MENANDER. The Principal Fragments［M］. London: William Heinemann, 1921: 14.

生活。在其中，我们看到的不再是"宏大理念"包裹的古典政治、希腊神话、战争与和平、英雄壮举的宏伟话题，而是关乎每个人的日常切身：父亲与儿子、丈夫与妻子或情人、兄弟姐妹、男孩和邻家女孩，诸如此类。正如奥维德所惊叹的："只要哪里有狡猾的奴隶、残酷无情的父亲、邪恶的皮条客和可人的年轻事物存在，哪里就有米南德（的素材）。"① 而米南德的作品，从希腊化到古罗马到古典时代晚期（拜占庭之前），承受了太多的赞誉，源自其表达方式的智慧与简洁、言说的诙谐与艺术造诣、内容的想象力与浪漫，所有这些缔造了米南德作品直到 19 世纪晚期依然拥有不朽的巨大声誉，尽管不可思议的是，如此伟大的喜剧作家，其作品竟骤然遗失了长达数个世纪。

而作为中期喜剧的主要诗人亚历克西斯的侄子、亚里士多德学说继承者泰奥弗拉斯托斯（Theophrastus）的学生、亚里士多德学院派政治家德莫特里乌斯的朋友，米南德及其残存至今的作品，在题材、技巧，以及戏剧舞台艺术层面的"焕新"考量外，亦成为希腊化早期的思想史考古的文本典范。而我们接下来对米南德《古怪人》的文本述评，将深入这些看似日常实则艰深的文本对话和情节，一探希腊化早期思想的多重维度与复杂纠葛，还原笔者认为，其看似消失，实则"隐藏却从未消失了"的"宏大理念"，以唤回新喜剧创作所基于的"伦理学"维度。

而裹挟着新喜剧新浪潮的古希腊喜剧，并没有延续许久，据说公元前 3 世纪后，随着罗马人开始逐渐占据东地中海地区，此后的世纪，希腊喜剧渐渐衰落——希腊戏剧的上演逐渐废止，甚至希腊化的"酒神剧场"也被罗马圆形剧场的新样式所替代，作为希腊喜剧最后的璀璨，新喜剧也终究难免湮灭于外部政治的跌宕沉浮之中，走向其无法挣脱的戏剧宿命的潮起潮落。②

---

① STOREY I C, ALLAN A. A Guide to Ancient Greek Drama [M]. Oxford: Blackwell Publishing Ltd, 2005: 223.

② 希腊悲剧随着希腊化的政治巨浪，而被迫退出历史舞台，戏剧从此走向新喜剧的时代，而反观新喜剧的没落，亦主要是外在政治所施加的结果，综上，我们是否可以说：这或许就是戏剧文化或文化必然的"政治宿命"？但是否新喜剧就真的退出了历史舞台？如果我们翻看那些被米南德所深深影响的罗马大剧作家的名单：普劳图斯、泰伦提乌斯……或许我们也可以说：希腊新喜剧并没有消失，而只是作为一种"历史遗产"，传递给了后世的政治文明罢了。关于罗马戏剧家对希腊化喜剧的接受简史，可进一步参考 FONTAINE M. The Reception of Greek Comedy in Rome [M]//REVERMANN M. The Cambridge Companion to Greek.Comedy. Cambridge: Cambridge University Press, 2014: 404-423.

第三章

品质、德性与品性:《古怪人》的"伦理"溯源

一、《古怪人》简介

《古怪人》作为米南德唯一的最为完整并保留至今的作品,据说创作于公元前316年,在该年的勒奈亚节(该节日每年1月于雅典举行)上参赛,并斩获头名。该剧本有一些不同时期的抄本残篇留存,在开始我们的文本细读前,简要交代于前。

首先,今天《古怪人》的希腊原文,源于大概五个古代稿本的参校,分别是:公元3世纪的博德默版,后由马丁首先编辑出版于博德默手稿本第四卷(1958),后来,《古怪人》之前残缺的756—763、806—810、773—777这几行被重新识别后,出版于博德默手稿本第二十六卷(1969),这是古代保留最为完整的《古怪人》稿本,通常称为B本;来自公元6或7世纪的赫尔莫波利斯(Hermupolis)手稿残篇,包含了《古怪人》的452—457及484—489行,后由迈赫勒(H. Maehler)编辑在柏林出版(1969),我们称为柏林本(Berl);另外一个依然来自赫尔莫波利斯(Hermupolis)的手稿残篇,抄写于公元4世纪,包含《古怪人》的140—150和169—174行,由格伦费尔(B. Grenfell)、邝特(A. Hunt)和尼科勒(Mélanger Nicole)在日内瓦出版(1905),我们通常称为H本;再有,公元2世纪的两块小残片上保留了《古怪人》的263—272、283—290行,后由特恩纳尔(E. G. Turner)在 *The Oxyrhynchus Papyri* 二十七卷出版(1962),我们称为O本;最后,一块未知来源的大概公元前3世纪或公元前2世纪的残片,保留了《古怪人》766—773行的内容,后来由厄特勒姆(S. Eitrem)和阿芒德森(L. Amundsen)出

版于 Papyri Osloenses 系列第三卷（1936），此后，更为准确编年的版本由棱莱尔特斯（J. Lenaerts）再版于 *Papyrus Littéraires Grecs* 系列第十三卷（1977），以上称为 Oslo 本。总之，整个《古怪人》喜剧，原来总共 969 行，今天经过所有版本的汇总，只有其中的 650—653 和 703—707 这 9 行完全缺失，另外大概 20 行，经修复勉强可读，属于米南德流传至今的作品中保留最为完好的一部。①

而自 1952 年，该剧被重新"完整"发现以来，就成为米南德喜剧研究的重点。② 而一些关键的学术疑云，也笼罩着我们对该剧的认知：首先，该部作品是否可以看作米南德的成熟作品，还是仅仅是前期作品（因为从博德默手稿的原署日期来看，米南德此时大概 25 岁）③；其次，米南德的这部作品是否可以被看作对同时代的真实刻画或批评？

当米南德《古怪人》全本于 1958 年经过马丁的编译和注释问世后，学界研究就对该剧本产生了上述质疑，比如，雷克福德（Kenneth J. Reckford, 1961）认为该剧"与他晚年复杂交织的作品相比，情节发展简单而线性"，且"并非他的时代的典型作品"④。因为作者认为希腊化或米南德式的"典型"作品应是提倡亚里士多德式的"个体的幸福与安全"，而非对"个体生活"的批评，因为除了米南德本人深受学院派哲学影响外，这一时期，公共政治生活随着马其顿王国对雅典的介入而近乎消失了。让我们先暂时搁置相关质疑，首先进入这部剧的文本细读，在还原相关文本的一些重要学术争议的前提下，再来对该剧总体进行一个尝试性的点评。首先《古怪人》是一部典型的希腊五幕剧，并且"相对严格地"按照后人所总结的亚里士多德《诗学》有关戏

---

① ARNOTT W G. Menander: Vol. 1 [M]. Cambrideg: Harvard University Press, 2006: 177-178.

② 本文希腊原文采用 W. G. Arnott 编译的 Loeb 版（2006），并比照 Établi 和 Tradult 编注的法语注本 *Le Dyscolos*（1963）。英译本参照了 W. G. Arnott 所编辑 Loeb 本中的英译文，以及 Vincent J. Rosivach 和 George Theodoridis 两人的英译本，而中译本参见王焕生先生的译本：《古希腊悲剧喜剧全集：米南德喜剧》（2015）。

③ 我们今天并非能对米南德的所有作品进行准确的编年，只有少数作品我们可以辨识出其具体创作年代，比如，公元前 321 年的 *Anger*，公元前 316 年的 *Dyskolos*，公元前 312 年的 *Charioteer*，公元前 302 年的 *Imbrians*，这也带来了对米南德 *Dyskolos* 的创作年代的怀疑。参见 RECKFORD K J. The Dyskolos of Menander [J]. Studies in Philology, 1961（1）: 22 注释 45.

④ RECKFORD K J. The Dyskolos of Menander [J]. Studies in Philology, 1961（1）: 1.

剧的"三一律"来展开，比如，尽管各分章场景发生了略微的变化，但总体戏剧场景的"分布"体现了"唯一性"。

二、剧　目

首先，我们简要将出场人物（characters）和场景（scene）摘录于文本分析前，以为阅读之便，然后再来展开全剧分析：①

剧中人物（按出场顺序）：

潘神（Πάν）　开场白的发言人

索斯特拉托斯（Σιώστρατος）　贵族青年

凯希阿斯（Χαιρέας）　索斯特拉托斯的一个朋友

皮里阿斯（Πυρρίας）　索斯特拉托斯的家奴

克涅蒙（Κνημών）　古怪的老人

克涅蒙的处子女儿（παρθένος θυγατηρ Κνημων）

戈尔吉阿斯（Γοργίας）　克涅蒙的妻子与她前夫所生的儿子

达奥斯（Δάος）　戈尔吉阿斯的家奴

西孔（Σίκων）　厨师

革塔斯（Γέτας）　索斯特拉托斯的家奴之一

西弥卡（Σιμίχη）　老女人，克涅蒙的女奴

卡里庇德斯（Καλλιππίδης）　索斯特拉托斯的父亲

场景：

普户勒（Φυλή，又译"费赖乡"），位于雅典西北部的小乡村，帕尔勒斯

---

① 以上所列出场人物的人名和顺序，严格按照《古怪人》在博德默手稿中原有的演员名单（cast-list）的顺序，参见 ARNOTT W G. Menander: Vol. 1［M］. Cambridge: Harvard University Press, 2006: 182. 博德默手稿和中译本所列剧中人物略有增加，而每个人名对应的介绍，各版本不一，本文折中而成。另外需要注意的是，在博德默手稿中，该剧前面还附有两段话，分别是"剧情设定"（hypothesis）和"剧引须知"（didascalic notice），据说来自拜占庭的阿里斯托芬，本书暂略对此的分析。

山麓旁（在此只列出该剧场景的大范围，各幕的具体场景将随文提及）。①

三、第一幕：开场白（1—49）②

第一幕开场的时候，乃是一段潘神（Πάν）的大段独白，或者说是整个戏剧的"开场白"（prologue）。在该段开场白里，米南德借潘神之口，给观众或读者讲述了整个五幕剧所发生的地点、主要人物（包括人物的大致性格、教养、社会阶层、人物关系等），以及故事背景。

首先我们简略概括下该段的内容提要：首先，潘神出场，向观众介绍了该剧的发生地，位于阿提卡的普户勒（Φυλή），以及本剧的主人公克涅蒙（Κνημών）。然后，潘神对克涅蒙的古怪性格进行了一番描述：性情孤僻（ἀπάνθρωπος），对待每个人都脾气糟糕（δύσκολος προς ἄπαντας），厌恶人群（ού χαίρων τ όχλω）。并且，潘神交代了克涅蒙陷入艰难的生活及糟糕的家庭状况：因经常与妻子争吵，妻子离开了他，身边只剩下女儿和一个老女奴。但幸运的是，他的女儿虔敬女神（Νύμφας τιμώσά），有教养且单纯，这赢得了潘神的好感。此外，潘神还交代了戏剧的另一个主人公以及接下来的故事概要：一位贵族青年索斯特拉托斯（Σιώστρατος）和他好狩猎的朋友一起外出打猎，无意中来到了普户勒，并陷入一段狂热的爱情。

接下来，我们展开该段所涉及的相关学术争议的讨论。首先，是开场白的传统问题。根据佛迪亚德斯（Penelope J. Photiades）的说法，古代希腊戏剧的开场白通常包括这样两类，一类是位于第一幕之前，由某位剧中人物的独白作为开场白，这种开场白因为大量的使用，可被定义为"纯正的开场白"（genuine prologue）；而另一类开场白介于第一幕和第二幕之间，以某位神的独白作为开场白，因此也可以称为"延后的开场白"（delayed prologue）。而

----

① 据说这是希腊戏剧中唯一的一部将"乡村"题材从城市区分出来的戏剧，其将整部戏剧置于雅典乡村（deme），而非城邦（polis）中，给我们留下了深刻的"自然 - 城邦"的二分法（dichotomy）的政治哲学印象，这种戏剧场景的特殊安排，是否出自米南德用"自然"来矫正"城邦"政制缺陷的目的，如 Edwin S. Ramage 所强调的，我们在此存疑。参见 RAMAGE E S. City and Country in Menander's Dyskolos [J]. Philologus, 1966: 194-211.

② 每一幕之下，所分之段落及小标题，皆为笔者自行划分和命名，以为本书阐发之需，特此说明。

米南德的《古怪人》恰好介于这样传统的两类开场白之间，一方面位于第一幕之前，另一方面乃是以一位神的独白为开场，因此，从写作技艺上来看，可以认作一种"新喜剧"的独特的戏剧开场白方式。①

此外，从这一大段"独白"中，我们大概可以读到这样一些章节信息（κεφάλαια）：主人公克涅蒙的背景情况（包括他居家的外部环境、家庭本身的情况及家庭成员的境况、他个人的性格）；另一位剧中人、贵族青年索斯特拉托斯的家庭情况；以及"第一幕"的背景。当然，最为重要的信息是，通过潘神的自述，我们得以知晓，原来整部剧都是在他的"主导"或推动下而展开的，因此我们也可以说，整部剧都是一场"神"所导演的"诡计"。与欧里庇得斯笔下的赫尔墨斯类似，在其著名的喜剧《伊昂》（*Ion*）中，赫尔墨斯正是扮演了米南德笔下潘神同样的戏剧功能，提供一种超越性的视角，在那里，伊昂的整个身世和未来的命运，都在福波斯神的计划中，当然，赫尔墨斯作为福波斯的帮手，起到了同样的戏剧主导作用，因此，《伊昂》的开场白也经常被用来与米南德的《古怪人》进行比对，两者呈现了戏剧开场白的相似性，或传统延续性。②

因此，通过神的开场白，喜剧试图构建出一种超越性的戏剧视角，建立了一种独特的人物之间以及观众和角色之间的关系和距离。而从这种独特的"距离"出发，我们能够获得一种讽刺、同情或幽默的戏剧观摩反应，如古登伯格（Sander M. Goldberg）对欧里庇得斯戏剧的分析所言：

> 作为一种由神的意志支配的阴谋和认可的游戏，变成了一种以人类术语呈现的人类性格的游戏。因此，序言不仅可以传递必要的信息，还可以操纵观众的期望和感知。欧里庇得斯用序言提出了戏剧本身会矛盾的事件的观点，神和人类之间的观点的并列，创造了整个戏剧的影响所依赖的戏剧张力。③

---

① 第一种希腊戏剧独白的方式最为常见，而第二种也有不少古希腊剧作家采用，比如，阿里斯托芬在《骑士》（*Knights*），亚历克西斯（Alexis）在《库里斯》（*Kouris*）等剧作中都有采用，参见 PHOTIADES P J. Pan's Prologue to the Dyskolos of Menander［J］. Greece & Rome，1958：108-110.

② 据说米南德的雕塑在当时就位于从雅典到比雷埃夫斯港的道路旁，且不远处就是欧里庇得斯的雕塑，这似乎暗示了雅典人对米南德和欧里庇得斯亲似的戏剧评价。——笔者注

③ GOLDBERG S M. The Style and Function of Menander's Dyskolos Prologue［J］. Symbolae Osloenses, 1978: 59.

神的诡计依然需要人类"性格游戏"的参与，才能得以最终实现。因此，这种"开场白"所传达出来的戏剧效果，或许并非一种绝对的"更高命运"主宰的悲剧感，而是蕴含着更多的有待观众去深入感悟的"尘世"的戏剧张力，这或许也是"神性开场白"（divine prologue）所带来的戏剧内涵的复杂性所在。

另外，"开场白"中，我们还需要特别注意的是潘神"形象"的变化。根据康兹奥斯（Ippokratis kantzios）的研究，米南德对传统的潘神形象做了重要的改变，因为在古希腊时期，传统的潘神常常是一种咄咄逼人甚至危险的形象，而在米南德的《古怪人》中，他却被描绘成温文尔雅的且具有公民意识和仁慈的形象，而这种形象，实际更类似希腊化时期的作家们对神的一般样态的呈现。①

此外，据笔者统计，除序言外，在全剧中还有如下一些地方提及了潘神，或潘神或明或暗地在场：《古怪人》第230行、第347行、第401行、第407—420行、第549行、第572行、第663行、第877行。除了如第407—420行中对"梦中潘神"的描绘外——在这里，潘神依然以一种高高在上的暴戾形象出现，他给索斯特拉托斯戴上镣铐，强迫其耕种——笔者初步判断，或如康兹奥斯所言，"新"的潘神形象不仅反对如克涅蒙那样的公民的离群索居以及未开化的暴戾性格，并且试图在"城市"与"乡村"之间寻求调节与中道，且对公共事务也采取了更为包容和开放的接纳态度。而这些都是传统潘神的"狂野、隐居和高高在上"的形象所不具有的，因此，《古怪人》的"开场白"部分，实际为我们呈现了一种潘神形象在"新与旧"传统之间的进化张力。②

---

① IPPOKRATIS K."Old" Pan and "New" Pan in Menander's Dyskolos〔J〕. The Classical Journal, 2010（10-11）：23-42.

② 尽管米南德对传统的潘神形象似乎做出了重大的改变，但是笔者也发现在全剧结尾的地方，比如，西孔的祈愿，乃是向宙斯的女儿（高贵的胜利女神）做出的，在那里，米南德这样描绘胜利女神的"形象"："永远对我们仁慈、宽厚、心怀好意念。"（《古怪人》969）笔者的疑问是：既然潘神形象已经变得同样仁慈宽厚，为何西孔不向潘神，却要最终向胜利女神祈愿——或许，传统的潘神形象依然交织在剧场观众的脑海里？又或者米南德对潘神的改变并非如此彻底？

四、第一和第二幕梗概

（一）第一幕梗概：被驱赶的求婚者（50—232）

潘神的开场白之后，第一幕的正式情节开始。整个第一幕，从出场人物及情节来看，我们大概可以分为三个部分，首先是两位贵族青年的对话——索斯特拉托斯（Σιώστρατος）与他的伙伴凯希阿斯（Χαιρέας）。索斯特拉托斯向后者坦白了当天自己对一位年轻农家女子一见钟情，并委托了自己的家奴前去女子家打探的事情。接下来，是索斯特拉托斯、凯希阿斯和索斯特拉托斯的家奴皮里阿斯（Πυρρίας）的三人对话，其间，皮里阿斯狼狈地报告了自己因前去克涅蒙家打探，而遭到克涅蒙暴力驱赶、殴打的事情，索斯特拉托斯听后焦虑无措，而凯希阿斯则借口第二日再帮忙前来打探，乘机离开（因为他一开始就不愿来到此处）。第三部分，包括克涅蒙和索斯特拉托斯的初次对话，索斯特拉托斯和克涅蒙女儿（θυγατηρ Κνημων）的首次正面相遇和简短对话，以及另一个附近家庭，也是本剧重要的、与克涅蒙相关的家庭——戈尔吉阿斯（Γοργίας）（克涅蒙的妻子与她前夫所生的儿子）家的家奴达奥斯（Δάος），对作为陌生人的索斯特拉托斯的出现，从旁观者的角度所发的一些牢骚话或旁白。最后一部分虽然不同人物交替出现，但所触发的事件相对简单，故合为一个部分。

（二）第二幕梗概：劝诫与申辩（233—426）

第二幕一开始，克涅蒙的妻子与她前夫所生的儿子戈尔吉阿斯出场。第一幕最后，在旁无意间看到索斯特拉托斯和克涅蒙女儿相遇的家奴达奥斯显然向戈尔吉阿斯报告了他所看到和无端猜疑的一切，戈尔吉阿斯出于对同母胞妹的关心，打算将事情直接告诉克涅蒙，但又畏惧克涅蒙的古怪性格，不敢敲门，正当踌躇之际，撞见了从家中折返而回的索斯特拉托斯，于是，戈尔吉阿斯当面严词劝阻索斯特拉托斯不要干诱骗女子的勾当。随即，索斯特拉托斯开始了自己的"申辩"，强调自己是真心爱慕少女，并且真诚地想要迎娶她，并非出于恶意或轻薄的冒犯。而后，戈尔吉阿斯被打动，甚至答应帮助索斯特拉托斯迎娶少女且制订了计划。他们商定要让索斯特拉托斯伪装成种地人，去田间请求克涅蒙答应此事。

而第二幕剧的最后，安插了另一个场景，索斯特拉托斯家中的奴隶革塔斯和厨师西孔，一同携带祭品前往祭坛准备献祭。在祭坛前，革塔斯告诉西孔，为何索斯特拉托斯的母亲要安排他们前来此处献祭，乃是因为她做梦，梦见了她的儿子被潘神强迫戴上镣铐，在田间耕种（这一幕也确实发生，只不过不是戴真实的镣铐，而是潘神安排的"爱欲"的"镣铐"），因此她要以献祭的方式请求儿子被赦免。

总结起来该幕也可以分为三个部分：首先是戈尔吉阿斯和家奴达奥斯的对话；然后是戈尔吉阿斯和索斯特拉托斯之间的"劝诫与申辩"；最后是革塔斯和厨师西孔对献祭准备的对话以及"镣铐之梦"。该幕除了涉及诸如"好运""作恶"等伦理话题，同时深刻地揭示了当时显著的阶层矛盾：穷人和富人的对立。而克涅蒙品性的古怪，不仅仅体现在个人生活的独来独往，同时也是巨大的阶层分裂所带来的人与人之间不信任的反映。

总体而言，第一和第二幕，几位主要人物纷纷出场，且作为整个故事的发端，对事件的起因有清楚的交代，并对各色人等的"性格"有特色鲜明且合乎情理的刻画。比如，克涅蒙的离群厌世和对靠近住所的旁人的激烈排斥、富家子弟索斯特拉托斯恋爱脑般的爱欲狂热与处事的无所适从、克涅蒙女儿的单纯无辜与楚楚可怜、有钱人家的奴隶皮里阿斯的狼狈委屈和穷苦人家的奴隶达奥斯的咄咄抱怨及对外人过度的猜忌……这些不同的人物"品性"都在第一幕中鲜明地呈现了出来。为了理解上述"品性"的塑造，我们首先追溯一段米南德喜剧中可能蕴含的"诗学伦理"的理论渊源。

五、米南德"诗学伦理"理解视域的构建：
从亚里士多德到泰奥弗拉斯托斯

据说，米南德曾受教于亚里士多德学院派传人泰奥弗拉斯托斯，而后者曾写过一部讲述各类人物伦理品性的作品，流传至今，名为《诸品性》

（χαρακτήρες，公元前 319 ）。①为了给出米南德作品更完整的理论视域，笔者有必要在这里补充一段亚里士多德及其漫步学院的内容，即从亚里士多德到希腊化时期的泰奥弗拉斯托斯《诸品性》的"诗学伦理"介绍，为我们进行米南德的"诗学伦理"分析提供理论视野。

（一）亚里士多德的"诗学伦理"架构

亚里士多德及其"学院"后学为我们提供了从古希腊到希腊化时期，较为完整的人类行为或活动的认知架构和概念群，这些行为认知架构和概念群，适用并囊括了"诗学""修辞学""伦理学"和"政治学"等诸多"学院"的知识分类。在此，我们首先简要复述一下亚里士多德的这套"诗学伦理"的认知架构和概念群。

首先，从亚里士多德的"诗学"来看，因为"诗"（ποίησις）或悲喜剧，既是一种"制作的技艺"（ποιητική），也是一种对人之"活动"（έργα）或"行为"（πρᾶξίς）的"模仿"（μίμησις）或"模仿的技艺"（μιμητικαι τέχναι）②，而差别在于（如本书第二章中所论述的），它们模仿的行为类别不同，或模仿的人的德性高低不同。

而更为细致地考察亚里士多德的相关概念群："技艺"从属于广义的属人的"活动"——而其他事物，比如，牛马也有"活动"，其活动类属于"生命的"活动，而属人的活动在"生命的"活动之外，还包括"有逻各斯的部分的实践"的活动，这类活动服从于"逻各斯"（λόγος），并能够

---

① 水建馥先生将其翻译为《人物素描》，参见古希腊散文选［M］.水建馥，译.北京：人民文学出版社，2000：167.另外有译为《性格种种》的，对应英文表述是"characters"，即现代人所说的性格，这也是诸多英译本所采用的翻译。笔者考察了该书标题的希腊原文含义，χαρακτήρες（主格阳性复数），对应单数阳性主格为χαρακτήρ，而该词的词源来自χαράσσειν，表示一种嵌进事物表面的情态，具体到某个事物，它可以用来表示如硬币的印纹或字体的样式和风格，而具体到人，它可以指人的灵魂的某种特征，我们也可以称为某种品性，而非现代人所理解的外在道德层面的性格表现，更接近英文的 trait。但"性格"一词，在古希腊语中另有其他一些对应的词语，比如，φύσις，τρόπος，ἦθος 等。考虑到该书所谈论的内容和亚里士多德《尼各马可伦理学》的密切关系，笔者在此将该书题目译为《诸品性》，以还原该书的古代伦理内涵和写作深意。

② 亚里士多德.诗学［M］.陈中梅，译.北京：商务印书馆，1996.

运用作为德性的"努斯"（νοῦς）①——而属人的"活动"又分为：道德行为的活动和技艺的活动。②而任何活动都具有自己的目的（τέλος）——尽管亚里士多德在某些地方亦认为"沉思的理智"（τῆςθεωρητικῆςδιανοίας）把握事物本然的"真"（ἀλήθεια），没有目的③，但我们也可以把"真"看作"目的"的一种特殊类型——因为所有事物都以"善"（τἀγαθὸν）为"目的"，"知识"（ἐπιστήμη）也不例外。而"善"又包括"具体的善"（ἀγαθός）和"最高的善"（τἀγαθόν），而对"善"的探究，乃是科学或技艺的对象，其中，"政治学"（πολιτική）作为最权威的科学（ἐπιστήμη），通过考察高尚的（καλόν）与公正的（δίκαιον）行为或活动，研究"最高的善"为何，并致力于"使公民成为有德性的、能做出高贵行为的人"（《尼各马可伦理学》1099b30）。在这个意义上，政治学囊括了修辞学、诗学、伦理学等其他所有学科，使得其他学科为自己服务，"它的目的就包含着其他学科的目的"④。

更进一步而言，从伦理学的意义上讲，"最高的善"即"幸福"（εὐδαιμονία），因为"幸福"从"范畴"的意义上，属于那种"始终因其自身而从不因他物而值得欲求的东西"，而这样因自身而完善的事物，乃是"自足的"（αὐτάρκεια），因而是最为"完善的"（τέλειος），也是所有"活动"的"目的"（τέλος）。

不同的人对"幸福"的理解不同，而真正的幸福是既让"好人"（ἀγαθός，亚氏亦采用σπουδαῖος，或ἐπιείκει，即"公道、公正的人"来表示"好人"）感到愉悦，又自身令人愉悦的一种高贵的（καλόν）特别的活动（《尼各马可伦理学》1098a16），这种活动既融合了"外在的善"（财富、高贵的出身、友爱、好运），又结合了"身体的善"（健康、强壮、健美、敏锐）和"灵魂的

---

　　① 亚里士多德对此的另一种意义相同的表述是"人的活动是灵魂的一种合乎逻各斯的实现活动与实践"。参见亚里士多德.尼各马可伦理学［M］.廖申白，译.北京：商务印书馆，2003：1.以下《尼各马可伦理学》的中译引文据原文和相关英译，有适当修订。

　　② 亚里士多德.尼各马可伦理学［M］.廖申白，译.北京：商务印书馆，2003：2.

　　③ 亚里士多德.尼各马可伦理学［M］.廖申白，译.北京：商务印书馆，2003：183.

　　④ 亚里士多德.尼各马可伦理学［M］.廖申白，译.北京：商务印书馆，2003：4.

善"（节制、勇敢、公正、明智）①，既来自机运（τύχη）或好运（εὐτυχη）、神佑（μακάριος），更来自德性（ἀρετή）本身。它分为"理智德性"（διανοητικὴ ἀρετή）和"道德德性"（ἠθικὴ ἀρετή），这种区分据亚氏说，源自人的灵魂中具有"逻各斯"的不同组成部分，因为在人的灵魂（ψυχή）中，除了存在非"逻各斯"的"植物性的"或"营养的"部分，还存在严格意义上的"逻各斯"所主导的部分（διάνοια，即灵魂中理性或理智的部分）和"部分分有逻各斯"的部分（ἐπιθυμία，即灵魂中欲望的部分，这种"部分分有"又可分为两类，在此不赘述）。其中，严格被"逻各斯"主导的灵魂部分展现出来的德性，被称为"理智德性"，而"分有逻各斯"的灵魂部分，通过"习惯养成"，而获得"习惯"或"道德德性"。②

而德性也可看作一种灵魂的样态。据亚氏的"属、种差"分类法，灵魂的样态分为三类：πάθη、δύναμεις、ἕξις。其中，πάθη表征"欲望、愤怒、恐惧、信心、妒忌、愉悦、爱、恨、嫉妒、怜悯"等③，笔者将其译为"七情六欲"；δύναμεις即"潜能"，乃是"使得我们能获得这些七情六欲，比如，使我们能感受到愤怒、痛苦或怜悯的东西"④；ἕξις即"品质"，"品质是一种被塑造的性格的状态，关乎我们或好或坏地对待七情六欲，比如，我们处理怒气，过于暴怒，或怒火不够，我们就有了坏的品质，（反之）如果我们惯于持有一种发怒的适中状态，那么我们就有好的品质，而对待其他七情六欲亦是类似的"。⑤而"德性"乃是一种灵魂的ἕξις，"它使其德性的那事物的状态好，又使得那事物的活动完成得好"⑥。进一步而言，"德性"中的"道德德性"的目标，被表述为一种既不落"过"和"不及"之"两个极端"，又属

----

① 据说这种善的"三分法"可能在柏拉图和亚里士多德之前就已经存在了，在柏拉图的一些著作里就有体现，比如，*Philebus* 48、*Euthyphron* 279、*The Laws* 743 等处。而在亚里士多德及其后学那里，这三类善开始与"幸福"关联起来，亚里士多德谈论到三类善的地方除了《尼各马可伦理学》1098b15，还包括：*Rhetorica* 1360b25、*Politics* 1323a22、*Ethica Eudemia* 1218b32、*Magna Moralia* 1184b2 等处。以上参考了亚里士多德. 尼各马可伦理学［M］. 廖申白，译. 北京：商务印书馆，2003：21.

② 希腊语中，"道德"（ἦθος）从"习惯"（ἔθος）中演变而来，伦理的、道德的是同一个词，指人们通过习惯而获得的品性、品质，或"性格"，也意指人们所说的道德、风俗等。——笔者注

③ 亚里士多德. 尼各马可伦理学［M］. 廖申白，译. 北京：商务印书馆，2003：1105b20.

④ 亚里士多德. 尼各马可伦理学［M］. 廖申白，译. 北京：商务印书馆，2003：1105b25.

⑤ 亚里士多德. 尼各马可伦理学［M］. 廖申白，译. 北京：商务印书馆，2003：1105b30.

⑥ 亚里士多德. 尼各马可伦理学［M］. 廖申白，译. 北京：商务印书馆，2003：1106a15.

于"最高之善"的"中道"（μεσότητος）。① 这种习俗或道德实践中的"中道"的"选择"（προαίρεσις），其标准根植于灵魂中的"逻各斯"，因此，"道德德性"也可看作一种严格按照正确的"逻各斯"去行动的人之灵魂的品质。显然，对正确的"逻各斯"的认识，是拥有"道德德性"的关键所在，而这种"正确认识"，来自"德性"的另一个分类，即"理智德性"和从属于"理智德性"的"明智"〔φρόνησις，"明智"不同于"聪明"（δεινότης）和"狡猾"（πανουργία），因为"聪明"表示尽快实现任何预定"目的"的能力，而"狡猾"，其所实现的"目的"则是卑劣的，但明智的"目的"从属于"高贵"；此外，我们还需知道，"明智"低于"智慧"或"理智"，因为后者朝向更纯粹的"真"或"真理"，乃是更高级的〕。因此，两相结合，我们可以总的认为："德性"乃是一种合乎"明智"的人的灵魂的"品质"。

故而，结合以上亚里士多德的"伦理学"和"诗学"，我们可以看到：通过对人之活动或行为的"模仿"，无论是史诗、喜剧还是悲剧，都旨在表现"人的"或"人之灵魂的"不同"德性"的优与劣，以达到不同的"灵魂教化"的目的。而这类教化的知识探究，既是"伦理学"和"诗学"的，亦从属于更高的"政治学"。因此，我们也可以说，古希腊的喜剧理论，亦是"政治学"的重要组成部分，而政治学关乎"城邦之善"②，在这个意义上，喜剧教化也指向了"城邦之善"。

如下，为了更进一步地呈现亚里士多德的诗学伦理的全貌，我们列了亚

① 或译为"适度"，但笔者将该词修正为"中道"，基于如下考虑：首先，根据亚里士多德的定义（参考《尼各马可伦理学》卷二第六节），μεσότητος 其实结合了"中间"（"过"和"不及"的中间位置，此为"适度"之意）与"最善"（或"正确"）两层含义，因此，乃是一种"最佳的适中状态"，而汉语中，似乎"中庸""中道"等词语都与之相关，可以对应翻译。但细究起来，"中庸"一词包含了：喜怒哀乐未发之"初"、发而中节之"和"两层意思，第一层意思显然是亚里士多德 μεσότητος 的定义中没有的，而对"中节之和"的理解，不同注疏也与亚里士多德的定义存在些许的差异，故而不取；而儒家"中道"的用法，如《礼记》《论语》《孟子》等书中略有不同，既指相对于"两端"的"中"，或"中间的道路"，如《礼记·曲礼上》："为人子者，居不主奥，坐不中席，行不中道，立不中门。"又指一种"中正的大道"，如《论语·子路》："子曰：'不得中行而与之，必也狂狷乎！狂者进取，狷者有所不为也。'"或《孟子·尽心下》："孔子'不得中道而与之，必也狂狷……'。"可见，相比而言，儒家的"中道"用法，在"中正的大道"这个层面，既包含"不落两极"，又表明了"大道"之"最正"或"最优"之意，似乎更为贴合亚里士多德对 μεσότητος 的定义，故而在此尝试以"中道"翻译 μεσότητος，特此说明。

② 亚里士多德.尼各马可伦理学［M］.廖申白，译.北京：商务印书馆，2003：1094b10.

里士多德"知识"分类表和亚里士多德"道德德性"分类表便于读者辨识。

亚里士多德"知识"分类表

知识或科学 （除去"工具论"的知识，根据研究对象划分如下）		
理论（理论知识）	实践 *	
	实践知识（研究"人的行为"）	制作性的知识（包含各种技艺）
形而上学、自然哲学（灵魂学、天文学、气象学、动物学）、物理学、数学、神学等	政治学 **	
	伦理学 ***	家政学及其他	诗学、修辞学、造船、医术等
	理智德性　道德德性		

＊该表综合了《形而上学》中的"知识"的"三分法"和"二分法"。

＊＊按《尼各马可伦理学》的说法，政治学乃最大的"技艺"，因此超出了《形而上学》中"实践知识"的分类，与"技艺"类的知识合在一起。此外，根据《尼各马可伦理学》的说法，政治学的"目的"包含着其他所有学科的目的，朝向"最高的善"，乃是最为权威的科学。

＊＊＊伦理学研究德性，而德性分为"理智德性"和"道德德性"两类。

亚里士多德"道德德性"分类表 *

（综合亚氏三大伦理学和修辞学）

序号	ἠθικὴἀρετή 道德德性（按"品质"不同划分为如下三类）		
	不及	适中（德性）	过
1	ἀοργησία 麻木	πραότης 温和	ὀργιλότης 恼怒
2	δειλία 怯懦	ἀνδρεία 勇敢	θρασύτης 鲁莽
3	κατάπληξις 卑恐	αἰδως 羞耻	ἀναισχυντία 无耻
4	ἀναισθησία 冷漠	σωφροσύνη 节制	ἀκολασία 放纵
5	ἀνώνῠμον 幸灾乐祸	νέμεσις 义愤	φθόνος 妒忌
6	ζημία 少得	δίκαιο 公正	κέρδος 多得
7	ἀνελευθερία 吝啬	ἐλευθεριότης 慷慨	ἀσωτία 挥霍
8	εἰρωνεία 自惭	ἀλήθεια 真诚、诚实	ἀλαζονεία 自夸
9	ἀπέχθεια 憎恨	φιλία 友善	κολακεία 奉承
10	αὐθαδεία 固执（或自我中心）	σεμνότης 骄傲	ἀρεσκεία 谄媚
11	τρύφερότης 柔弱	καρτερία 坚强	κακοπάθεια 操劳

续表

序号	ἠθικὴἀρετή 道德德性（按"品质"不同划分为如下三类）		
	不及	适中（德性）	过
12	μικροψυχία 谦卑	μεγαλοψυχία 大度	χαυνότης 虚荣
13	μικροπρέπεια 小气	μεγαλοπρέπεια 大方	δαπανηρία 铺张
14	εὐήθεια 单纯	φρόνησίς 明智	πανουργία 狡猾
15	ἀγροικία 呆板	εὐτραπελία 机智	βωμολόχια 滑稽
16	ἀφιλοτιμία 缺乏野心	—	φιλοτιμία 爱荣誉

* 主要参考了廖申白先生翻译的《尼各马可伦理学》附录三，但对若干译名有所更正。

（二）泰奥弗拉斯托斯的"喜剧伦理学"架构

接下来，我们进入泰奥弗拉斯托斯的《诸品性》（χαρακτήρες）的"伦理学"简要阐发。如一些学者的看法，《诸品性》为米南德的喜剧提供了一部"性格描绘的手册"（a handbook of characterization）。① 尽管，围绕《诸品性》的学术争论颇多，比如，它是不是裁剪而成、存在残缺，而非单独成稿，或者它是否只是戏作，它与泰奥弗拉斯托斯的其他喜剧作品的关系，更或者，是否存在描写"善的品性"的已经遗失了的"第二部分"等。② 出于本书讨论重点的需要，我们暂时搁置这些争论，来到《诸品性》的核心地带，即它所阐发的伦理德性问题。

尽管可能如杰布（Jebb）所提到的：《诸品性》在论述各种品性时，缺乏"对称型"（symetry），而这种"对称型"是我们在亚里士多德关于德性的讨论中，最为常见的"对举"方式。此外，该书文风过于轻松娱乐（或许根植于泰奥弗拉斯托斯本人的性格），内容看上去也缺乏编排的秩序，或者说系统性。③ 但是，学界依然能够从中识别出其论述与亚里士多德伦理学的重要相关性。

如前文所述，该标题，即主格复数阳性的 χαρακτήρες 和单数的 χαρακτήρ，

---

① 这些学者包括 Ussher（1960、1977）、van de Woestyne 和 Dosi，参见 FOX L. Theophrastus' Characters and the Historian［J］. Cambridge Philological Society, 1997（1）：139-140.

② DIGGLE J. Theophrastus Characters［M］. Cambridge：Cambridge University Press, 2004:12-18.

③ DIGGLE J. Theophrastus Characters［M］. Cambridge：Cambridge University Press, 2004:15.

表面含义是嵌刻入物体表面的纹路或痕迹，若用以指人，则表明了人的一种因习惯或教化所养成的品质或性格特征。但如果我们抛开“存在遗失了的描写‘善的品性’的第二部分”的相关争议［诸如，罗斯塔尼（Rostagni，1920）、埃德蒙（Edmonds，1929）、厄舍（Ussher，1960）、托拉卡（Torraca，1994）］，仅从流传至今的文本内容看，实际上，泰奥弗拉斯托斯在本书中所谈论的品性特征，仅仅是属于亚里士多德在《尼各马可伦理学》中所提到的“过和不及”的人的灵魂“品质”（ἕξις），它们有别于作为“最佳的适中”的美德（ἀρετή）的最佳品质。

　　根据统计，亚里士多德在《尼各马可伦理学》中根据“过”和“不及”，一共提出了或13对或26种（《欧台谟伦理学》），或14对或28种（《尼各马可伦理学》和《大伦理学》）“坏的”品质或“恶”。[1] 而后人在《诸品性》中，相互对应，找到了9种亚里士多德所提及的“过”和“不及”的“恶”，如“德性列表”[2]：

德性列表

不及	适中（德性）	过度
*δειλία 怯懦	ἀνδρεία 勇敢	θρασύτης 鲁莽
*ἀναισθησία 冷漠	σωφροσύνη 节制	ἀκολασία 放纵
*ἀνελευθερία 吝啬	ἐλευθεριότης 慷慨	ἀσωτία 挥霍
*εἰρωνεία 自惭	ἀλήθεια 坦荡	*ἀλαζονεία 自夸
*ἀγροικία 粗野	εὐτραπελία 机智	βωμολοχία 滑头
αὐθαδεία 固执（或自我中心）	σεμνότης 适度的自我	*ἀρέςκεια 八面玲珑、四处迎合
Ἀπέχθεια 憎恨	φιλία 友爱	*κολακεία 谄谀
κατάπληξις 卑恐	αἰδως 谦卑	*ἀναισχυντία 厚颜无耻[3]

　　* 表示《诸品性》中提到的且曾在亚里士多德伦理学中出现的“恶”，以上诸多中译名，为笔者自行重译。

---

　　① 这些“德性列表”参见亚里士多德.尼各马可伦理学［M］.廖申白，译.北京：商务印书馆，2003：366-371.

　　② 该表来自詹姆斯·蒂格勒（James Diggle）的统计，参见 DIGGLE J. Theophrastus Characters［M］. Cambridge：Cambridge University Press, 2004: 7.

　　③ 詹姆斯·蒂格勒的德性表，原文有一处标识错误，《诸品性》并没有提及列表最后一行的“κατάπληξις 卑恐”，而是提及了与之相对的“ἀναισχυντία 厚颜无耻”，特此更正。

但根据笔者的重新梳理，上面所列 9 种中，"εἰρωνεία 自惭"的用法其实与亚里士多德有根本不同（不同处，见下一段），另外还需增加两处，《诸品性》第 15 项："固执"（αὐθαδεία），《诸品性》第 10 项："小气"（μικρολογίας），这两类品性与亚里士多德德性表相同，故而，总共有 10 种品性与亚里士多德德性表完全一致，另外存在两类，虽使用了相同词语，但和亚里士多德用法不同。故而，总的来说，《诸品性》和亚里士多德相关处共有 12 处。

从上表，我们可以看到《诸品性》与亚里士多德伦理学的紧密关系，但另一方面，在《诸品性》所罗列的 30 种不同类型的"恶"的品性中，还有很多是亚里士多德没有提及的，或者我们可以如詹姆斯·蒂格勒所言，《诸品性》实际上扩展了亚里士多德的德性表。但是，《诸品性》并不是简单地拓宽品性的种类，而是对亚里士多德的伦理学列表亦有所修正，如据笔者考订，《诸品性》第 1 项："伪善"（εἰρωνεία），在亚里士多德的德性列表中是"坦荡"（ἀλήθεια）的"不及"，即自惭形秽的意思，而在泰奥弗拉斯托斯笔下，被描绘为一种伪善（dissemble）；此外，《诸品性》第 21 项：虚荣（μικροφιλότιμος），在亚里士多德的道德德性中，对应"小气"（μικροπρέπεια），是"大方"（μεγαλοπρέπεια）的"不及"，但泰奥弗拉斯托斯将其描绘为一种个人的"小的野心"（petty ambition）或类似虚荣心①，而"虚荣"（χαυνότης）乃是亚里士多德"大度"（μεγαλοφυχία）美德的"过"。由此，我们看到泰奥弗拉斯托斯对亚里士多德的伦理学不仅仅是拓展，亦有修正。为了呈现《诸品性》的完整伦理框架，笔者将 30 种"品性"做了梳理汇总：

《诸品性》的伦理框架表

序号	诸品性	灵魂"品质"属性		与亚里士多德德性表的关系
		过	不及	
1	εἰρωνείας 伪善	√		相关，但用法不同
2	κολακείας 谄媚或奉承	√		相同
3	ἀδολεσχίας 喋喋不休	√		增加

① DIGGLE J. Theophrastus Characters[M]. Cambridge：Cambridge University Press, 2004: 124-125. 而亚氏德性表参见亚里士多德.尼各马可伦理学［M］.廖申白，译.北京：商务印书馆，2003：367.

续表

序号	诸品性	灵魂“品质”属性		与亚里士多德德性表的关系
		过	不及	
4	ἀγροικίας 粗俗土气		√	相同
5	ἀρεσκείας 八面玲珑	√		相同
6	ἀπονοίας 丧失理智或流氓成性		√	增加
7	λαλιᾶς 饶舌	√		增加
8	λογοποιίας 爱造谣生事	√		增加
9	ἀναισχυντίας 无耻	√		相同
10	μικρολογίας 小气		√	相同
11	βδελυρίας 胡闹	√		增加
12	ἀκαιρίας 不懂分寸、不合时宜		√	增加
13	περιεργίας 瞎操心或过分热心	√		增加
14	ἀναισθησίας 反应迟钝、笨头笨脑		√	相同
15	αὐθαδείας 固执、乖张（或自我中心）		√	相同
16	δεισιδαιμονίασ 迷信	√		增加
17	μεμψιμοιρίας 爱抱怨（事情总往坏处想）		√	增加
18	ἀπιστίας 疑心重或不信任人		√	增加
19	δυσχερείας 邋遢		√	增加
20	ἀηδίας 冒失	√		增加
21	μικροφιλοτιμίας 虚荣	√		相关，但用法不同
22	ἀνελευθερίας 吝啬		√	相同
23	ἀλαζονείας 自夸自大	√		相同
24	ὑπερηφανίας 傲慢	√		增加
25	δειλίας 怯懦		√	相同
26	ὀλιγαρχίας 寡头派作风	√		增加
27	ὀψιμαθίας 不认老、装嫩	√		增加
28	κακολογίας 背后乱说、乱嚼舌头		√	增加
29	φιλοπονηρίας 黑白不分、助纣为虐	√		增加
30	αἰσχροκερδείας 贪小便宜		√	增加

从《诸品性》的伦理框架表中，我们可以更为直观、全面地认识《诸品性》与亚里士多德伦理学的相互关系。此外，从理论的内容阐发来看，有别于亚里士多德"经常用抽象和一般的术语，指出每一种德性与恶的有关环境和行为"，"泰奥弗拉斯托斯给我们一种更真实的场景，而不是抽象的环境，不是匿名的德性代表，而是真正的个体"。① 因此，这本亚里士多德伦理学的发展或衍生性作品，才成为风格、概念，以及内容上的，古代世界"前无古人"的"新颖"之作："《诸品性》在概念和设计上都是一部新颖之作，据我们所知，在他之前没有人尝试过这样的作品。"② 此外，正如相关学者考证的，《诸品性》在阐发德性的"过"和"不及"时，描绘所采用的生动而真实的个体场景和活动，根植于公元前 4 世纪的雅典大背景——这也是泰奥弗拉斯托斯的学生米南德的喜剧艺术的大背景和演绎的大舞台，同时也是诸如安提芬尼斯（antiphanes）、菲勒蒙（philemon）、安提多图斯（antidotus）等剧作家共享的大舞台，他们不仅共享了戏剧创作艺术的现实背景，也共享了相似的戏剧伦理与人物塑造的"品性"的理论视域。更具体而言，米南德《古怪人》中的人物刻画，到底在哪些方面或多大程度上，体现了这种和亚里士多德及学院派的伦理共契，或者存在伦理差异，对此进一步的揭示，我们将在《古怪人》后几幕的解析中一并展开。

① 　DIGGLE J. Theophrastus Characters［M］. Cambridge：Cambridge University Press, 2004: 7.

② 　DIGGLE J. Theophrastus Characters［M］. Cambridge：Cambridge University Press, 2004:5.

第四章

"学院"的传承：米南德《古怪人》的伦理学初探

一、第三至第五幕梗概 [①]

（一）第三幕梗概：遭遇闭门羹（427—619）

第三幕一开场，交代了克涅蒙打算去田间劳作，却因索斯特拉托斯的母亲和一行人来到克涅蒙住所旁的山洞献祭，而被阻挡在家（他为了看护住所，提防外来人）。而这时，参与献祭的家奴革塔斯，因为忘了带祭祀生火的锅，而前去克涅蒙的住所，想敲门借锅。没想到，迎面遭到克涅蒙的一顿臭骂。吃了闭门羹的革塔斯回到洞内告诉了厨师西孔，西孔自告奋勇地再次前去克涅蒙家向其借陶罐，却遭遇了同样的训斥和拒绝，最后只得另想办法来烧火祭祀。与此同时，在田间假装劳作、试图等待邂逅克涅蒙的索斯特拉托斯，因没有等到克涅蒙，从田间踉跄返回山洞，一身劳累酸痛，满腹哀怨，正好碰上了刚刚献完祭的母亲一行人，当得知他们准备了丰盛的午宴时，就打算请戈尔吉阿斯赴宴，并试图在婚姻事情上请他们帮忙。

而这时候，发生了一件对整个戏剧情节产生"转机"的事件：克涅蒙的老女仆西弥卡为了打井水，误把水罐和提罐子的镐头掉进了井中，闹出了一桩家庭的麻烦事。克涅蒙自然大发雷霆，对西弥卡一顿训斥，但出于无奈，也只得亲自下井，去打捞水罐和镐头。

[①] 由于《古怪人》第三、四、五幕的情节是逐渐推进，步步相扣的，故而笔者合而为一个部分，一并论述。

（二）第四幕梗概：施救与克涅蒙的首次反省（620—783）

紧接上一幕的剧情，克涅蒙的老女奴西弥卡不幸地告知西孔，她的主人克涅蒙为了打捞水罐和十字镐而失足掉进了井中，无人施救。随即，正在洞中赴宴的戈尔吉阿斯和索斯特拉托斯都前来帮忙。施救时，索斯特拉托斯的心思全在克涅蒙的女儿身上，帮忙只是顺手而已。

经过一番努力，克涅蒙获救后，加之戈尔吉阿斯的一番开导，在本剧中，他第一次对自己之前的孤独厌世生活做了一番深刻的反省。最后，克涅蒙决定将家中一切都托付给戈尔吉阿斯来打理，包括安排自己女儿未来的婚事。而这种安排，刚好合了年轻人的意。

戈尔吉阿斯随即告诉克涅蒙关于索斯特拉托斯想要迎娶他女儿的事情，由于索斯特拉托斯很好地掩藏了自己作为富人的身份，加之他也参与了施救，因而克涅蒙并未提出反对。现在，看似只剩下唯一一个婚姻障碍了，那就是需要得到索斯特拉托斯父亲的认可。

（三）第五幕梗概：制服"古怪"（784—969）

最后一幕一开场，乃是索斯特拉托斯和他的父亲卡里庇德斯（Καλλιππίδης）在山洞中的对话。显然，卡里庇德斯同意了索斯特拉托斯想迎娶克涅蒙女儿的要求，但索斯特拉托斯进一步向父亲请求，将自己的妹妹反嫁给作为穷人的戈尔吉阿斯，这遭到了卡里庇德斯的反对，理由是他不想"娶了一个穷媳妇儿，再要一个穷女婿"。然而，经过索斯特拉托斯一番关于"命运、钱财和朋友"话题的开导后，卡里庇德斯终于答应了请求。

但是，戈尔吉阿斯对此却显得犹豫，出于他高贵的品性，他不愿将婚姻看作获得钱财的捷径。但在卡里庇德斯的劝导下，他们终于欢喜地接纳了两个家庭的互相订婚，并决定当天晚上，在山洞举行通宵达旦的饮宴，并在第二天举行索斯特拉托斯和克涅蒙女儿的婚礼。

剧情来到最后的高潮部分：喜剧安排了两位剧中的"下人"：厨师西孔和家奴革塔斯，来完成最后一幕对克涅蒙古怪性情的"制服"。两人背着旁人商议，打算以捉弄的方式把克涅蒙接到山洞中来参加宴会。首先他们把还在独自熟睡的克涅蒙抬到屋外，然后假装敲门，把克涅蒙吵醒后，又假装碰巧发现了躺着的克涅蒙，然后两人接二连三地向克涅蒙借东西，以激怒和捉弄古怪脾气的克涅蒙。当克涅蒙感到无从发泄的怒火一阵阵涌上心头后，两人又用宴会的丰盛、热闹和欢愉来吸引与刺激克涅蒙。在这些轮番"攻势"下，克涅蒙终于恢复了"理智"，答应赴宴。

整部剧的结局是在花冠和火把的衬托下，克涅蒙被一众人抬起，前去赴宴，从而顺利完成了制服"古怪"的整幕大戏，过程戏谑，结局圆满、欢乐而补全。①

二、《古怪人》中的主要戏剧人物的"品质"概览：以"学院"伦理为范式

如前所述，我们对亚里士多德及其学院派后学的诗学伦理进行了简要的总结。那么关键的问题是，米南德的《古怪人》在哪些方面，或多大程度上延续了他们的诗学伦理。首先我们要做的一项工作是伦理匹配，即将整部《古怪人》中的主要剧中人物，用亚里士多德和《诸品性》中的灵魂"品质"进行匹配，根据主要人物及其"阶层属性"作为分类，见《古怪人》的戏剧伦理概览表：

《古怪人》的戏剧伦理概览表

剧中主要人物	阶层属性			灵魂的品质（以"学院"伦理学诸"品质"为范式）		
	职业	贫富状况	阶层（自由人或奴隶）	不及	适中（德性）	过
克涅蒙	农人	不富裕	自由人	ἀπέχθεια 厌恨他人（6—10、109、130、329—335、442—453、473、593、601—602、933），αὐθαδεία 固执、脾气乖张（兼有"自我中心"，110、254），μεμψιμοιρίας 爱抱怨（事情总往坏处想，169—170、177—178、912），δύσκολία/μισανθρωπία 古怪（242、324）、ἀπιστίας 疑心重或不信任人（427—428、595）	εὐσεβής 虔敬（447—453、752）	ὀργιλός 易怒（125、355、467、481—486、502—504、927—928）

---

① 结局补全（complement）而欢乐（happy）是喜剧的典型特征。

续表

剧中主要人物	阶层属性			灵魂的品质（以"学院"伦理学诸"品质"为范式）		
	职业	贫富状况	阶层（自由人或奴隶）	不及	适中（德性）	过
索斯特拉托斯	闲散的富家子弟	富裕	自由人	δειλία 怯懦（152、168）、τρύφερότης 柔弱（522—538）	εὐσεβής 虔敬（571—573、666、675）、νέμεσις 义愤（139—140）、ἀλήθεια 坦诚或诚实（65、302—314、765、772—773）、εὐήθεια 单纯（387、874）、φιλία/φιλανθρωπία 友善 615、811—812）、φρόνησίς 明智（797—812）	ἀκολασια（爱欲的）狂热或放纵（44、379—380、545、687—689）
克涅蒙的处子女儿	农家子弟	不富裕	自由人	τρύφερότης 柔弱（189—191、673—675）、κατάπληξις 卑恐（195—200）	εὐσεβής 虔敬（36、340）、εὐήθεια/ἄκακον 单纯/天真无辜（386）	
戈尔吉阿斯	农人	贫穷	自由人		εὐσεβής 虔敬（234）、φρόνησίς 明智（271—287）、νέμεσις 义愤（694—697）、δίκαιο 公正（289—293、349）、ἀνδρεία 勇敢（671）、φιλία/φιλανθρωπία 友善（270、538、619）、πραότης 脾气温和（315—316）、καλόν 高贵或高尚（321、723、836）、ἐλευθεριότης 慷慨（845）	
革塔斯	打杂	贫穷	奴隶	μεμψιμοιρίας 爱抱怨(401—403、423、435、460—461、463—465、466、475—480、546—550)、αὐθαδείας 固执、乖张（410、415）、ἀπιστίας 疑心重或不信任人（426）、κακολογίας 背后乱说、乱嚼舌头（570、575—576、587、595—596、880—881、945）		πανουργία 狡猾（897—900、901—905）

续表

| 剧中主要人物 | 阶层属性 | | | 灵魂的品质（以"学院"伦理学诸"品质"为范式） | | |
	职业	贫富状况	阶层（自由人或奴隶）	不及	适中（德性）	过
达奥斯	打杂	贫穷	奴隶	μεμψιμοιρίας 爱抱怨（206—211），λογοποιίας 爱造谣生事（218—233），δειλία 怯懦（248），κολακείας 谄媚或奉承（301），κακολογίας 背后乱说、乱嚼舌头（372—375）		
西孔	厨师（受雇）	未知	自由人	μεμψιμοιρίας 爱抱怨（393—399），κακολογίας 背后乱说、乱嚼舌头（632—633、634、639—665）	φρόνσίς 明智（797—812、932—941、946—953），εὐσεβής 虔敬（968—969）	

按：本统计表中所列出的剧中人物的"品质"词语，要么直接来自原文，要么基于笔者自原文相关诗行的概括，故而每个德性词语之后，皆注明相应行数。

如上，我们可以看到，如果用"学院"伦理学所给出的相关品质，来匹配整部米南德《古怪人》的人物设计，似乎能够达到很好的戏剧"伦理解释"效果。反过来，我们也能通过"学院"的伦理品质的解释框架，进一步帮助我们体会剧中人的品质特征，比如，克涅蒙的"古怪"（δύσκολία/μισανθρωπία），乃是基于如此多种的"过"和"不及"的品质表现，而呈现出来的"厌恨他人"（ἀπέχθεια），"固执或脾气乖张"或"自我中心"（αὐθαδεία），"爱抱怨或事情总往坏处想"（μεμψιμοιρίας），"疑心重或不信任人"（ἀπιστίας），"易怒"（ὀργιλός）。

而克涅蒙也并非全然没有优点。在剧中若干地方能看到他对"神"的"虔敬"（εὐσεβής），也正是这种虔敬，让全剧的推动者潘神并没有完全惩罚他，而是通过"改造"，恢复他的理智，使其重新找到生活的快乐和幸福。

此外，全剧最为闪光的德性代表：戈尔吉阿斯，其行为或活动，似乎充分展现出了"学院"所推崇的"中道"德性：虔敬（εὐσεβής）、明智（φρόνσίς）、义愤（νέμεσις）、公正（δίκαιο）、勇敢（ἀνδρεία）、友善（φιλία/φιλανθρωπία）、脾气温和（πραότης）、慷慨（ἐλευθεριότης）。因此，他也是全剧中唯一享有高贵或高尚（καλόν）之赞誉的人，"戈尔吉阿斯反映了德性的基础"①，可谓完美德性的典范。

而奴隶和穷人，分有一些共同的恶的"品性"："厌恨他人"（ἀπέχθεια），"固执、脾气乖张"（αὐθαδεία），"爱抱怨"（事情总往坏处想，μεμψιμοιρίας），"疑心重或不信任人"（ἀπιστίας）等。而富人和年轻女子，则共享了"虔敬"（εὐσεβής）、"单纯"（εὐήθεια）的德性优点和"卑恐"（κατάπληξις）、"怯懦"（δειλία）、"柔弱"（τρύφερότης）等缺乏磨砺的品性缺点。

总体而言，或如海格曼斯（K. Haegemans）所论，整个《古怪人》中，最为重要的灵魂品质，乃如下两者的强烈对比和张力：古怪（δύσκολία/μισανθρωπία）和友善（φιλία/φιλανθρωπία）。②这构成了我们把握整部《古怪人》伦理设计的理论中轴线。

三、米南德和"学院"伦理关系的进一步探讨

但是，问题在于，米南德《古怪人》的人物品质设计与亚里士多德学院的伦理思想是否可以相互等同？或者，两者间仍然存在不可调和的张力和差异？以下笔者将采用几种学界的竞争性解释，来进一步阐明该问题。

在引入几种解释前，我们要先明了一个先前伦理讨论的重要前设：亚里士多德及"学院"的德性理论，尤其我们在此主要阐发的"德性"中的"道德德性"，乃是深深根植于"中道"原则而设定的。即是说，如果我们试图采用"学院"伦理所定义的诸种"品质"，来解释和匹配米南德《古怪人》全剧的人物伦理设定，那就意味着，我们已经预先认定了米南德的戏剧伦理乃是遵循"中道"伦理设计的。或者说，我们已然认定了米南德试图将整个喜剧的最终目的，设定为追求或朝向"中道"（μεσότητος）。显然，这是一种"解释"的轻率前置。同时，这种"理论前设"并没有戏剧文本的依据支撑，笔者在本剧中并没有看到"中道"，或者和"中道"相关的词语，比如，"适

---

① HAEGEMANS K. Character Drawing in Menander's Dyskolos: Misanthropy and Philanthropy[J]. Mnemosyne, 2001（12）: 675.

② HAEGEMANS K. Character Drawing in Menander's Dyskolos: Misanthropy and Philanthropy[J]. Mnemosyne, 2001（12）: 675.

度""适量"等。相反，在本剧最富戏剧性的第四幕中，当克涅蒙经历了"井中获救"的惊魂一刻后，他终于发出了大段的反省和独白，而其中也并没有提及任何"中道德性"的问题。反而最后，他为自己的"离群索居"式的"古怪"做了如下辩护：

> ...πλὴν ἐκεῖνό γ᾽ ἴσθι, τται.　　行 741
> ὑπὲρ ἐ]μοῦ γὰρ βούλομ᾽ εἰπεῖν ὀλίγα, σοι καὶ τοῦ τρόπον.
> εἰ τοιοῦτ] οι πάντες ἦσαν, οὔτε τὰ δικαστήρια
> ἦν ἄν, ο] ὔθ᾽ αὑτοὺς ἀπῆγον εἰς τὰ δεσμωτήρια,
> οὔτε π] όλεμος ἦν, ἔχων δ᾽ ἂν μέτρι᾽ ἔκαστος ηγάπα.
> ἁ [λ] λ᾽ ἴσως ταῦτ᾽ ἔστ ἀρεστά μᾶλλον. οὔτω πράττετε.
> ἐκπο8ών ὑμῖν ὁ χαλεπὸς δύσκολός τ᾽ ἔσται γέρων.　　行 747

> ……（索斯特拉托斯）你知道，我想要告诉你　　行 741
> 一件或两件事情，关于我和我的生活方式。如果每个人活着
> 都像我，我们也许就无须法庭，无须将彼此送入监狱，
> 并且，也没有了战争。每个人都能好好活着
> 并感到满足。或许，尽管，当前的生活更符合
> 你的口味！那好，随你选吧。（我）这个暴躁又易怒的
> 让人讨厌的老家伙，不该阻拦你的路。①　　行 747

　　如此，克涅蒙的整个"反省"，与其说是自我德性的或者伦理式的反省，不如说是一段夹杂着自我辩护的、劫后余生的"感恩之言"。并且，本剧的结尾高潮部分，是由两位德性"欠佳"的"下人"（革塔斯和西孔）来主导的（参考前文的《古怪人》的戏剧伦理概览表"），而几位德性更好的人物，纷纷退居到"幕后"。且如所料，这两个前去邀请克涅蒙的"下人"，也并没有真正做到"以理服人"般地说服克涅蒙，而是以"捉弄"和"诱惑"的戏谑方式，

---

① DIGGLE J. Theophrastus Characters ［M］. Cambridge：Cambridge University Press, 2004: 304-305.

让克涅蒙"勉强"答应了参加宴会。甚至在戏剧结尾处，革塔斯发出那声象征胜利的呼声"νοῦν ἔχεις"（你拥有理性了）(《古怪人》958)，听上去反而更像是对革塔斯和西孔的"邀请"办法欠缺"理性"（νοῦς）的反讽之音。因此，上述所呈现的理论复杂性，让我们不得不寻找学界更进一步的讨论。首先我们简要还原几种不同的米南德戏剧伦理渊源的观点，以及相关的 20 世纪的学术史。

四、米南德和亚里士多德的关联——三种学界观点

首先，我们要提及的第一种米南德和亚里士多德关联的观点，颇为极端，即直接否认"漫步哲学"对米南德创作的影响，这种极端观念最重要的来自知名古典学家、德国学者维拉莫维茨（Ulrich von Wilamowitz-Moellendorff）在其 20 世纪初出版的两卷本《希腊人的信仰》（*Der Glaube der Hellenen*）中所提出的激进观点。书中，他不但坚决抵制任何哲学对戏剧的干扰，甚至提出古代并没有直接证据能够证明米南德是亚里士多德后学泰奥弗拉斯托斯（Theophrastus）的学生①，尽管这一观点已经被学界所证实，即缺乏足够的证据证明米南德和亚里士多德及泰奥弗拉斯托斯存在某种真实的接触：亚里士多德死时，米南德年龄尚小，而且，即使成熟的米南德可能与"学园"有某种互动，特别是与泰奥弗拉斯托斯有某种互动，但泰奥弗拉斯托斯与米南德作品的"片段性"使我们很难评估他们之间关系的程度。②而维拉莫维茨的这种激进观点，也引爆了 20 世纪以来的所谓"漫步哲学和米南德"（Peripatetic philosophy and Menander）之间关系的断断续续的争论。此外，我们在 20 世纪早期的一些论文中也能不时瞥见对米南德戏剧理论独立性的辩护，由于这种观点偏向于戏剧理论之于哲学的独立性，加之对此的进一步探讨对我们伦理问题的揭示并无更多增进，故暂略。

第二种观点较为普遍，即认为米南德的伦理学深受亚里士多德哲学的影响，甚至相互间的理论对应，可能是趋同（convergence）的。这种观点按照

---

① WILAMOWITZ-MOELLENDORFF U. Der Glaube der Hellenen [M]. Berlin: Wissenschaftliche Buchgesellschaft, 1994: 285.

② CINAGLIA V. Aristotle and Menander on the Ethics of Understanding [M]. Leiden: Brill, 2014: 1.

西方学界的称呼，也可以叫作米南德的"亚里士多德主义"。早在 20 世纪 30 年代，瓦泽尔（Walzer）等人就试图将亚里士多德的"中道"理论与米南德的创作结合在一起①，试图确立"中道"之于米南德，是一种"常态的道德知觉"，贯穿其写作的始终。而到了 20 世纪 60 年代，一些学者试图更彻底地还原希腊伦理或亚里士多德伦理学与米南德之间的关联，代表学者包括巴里伽兹（Barigazzi）和司多塞尔（F. Stoessl）等人，他们分别试图从米南德的残剧《萨摩斯女人》和《古怪人》出发，从一些零碎的戏剧残篇中找寻到相关伦理学亲似的证据，但可惜的是他们的工作，并没有扩展到整部戏剧本身，因此缺乏一种整体的戏剧解释性。②而此后，更为重要的推进来自奥托·里斯（Otto Rieth，1964），据说他另寻歧路，从罗马剧作家泰伦提乌斯据说部分改写自米南德作品的《兄弟俩》（Adelphoe）的研究出发，试图以亚里士多德的德性学说来解释该整部作品，并取得了重要的理论推进。③其中，他通过对《兄弟俩》中的剧中人物米西奥（Micio）的品性解读，认为他与亚里士多德所阐发的美德息息相关，并且米西奥对年轻人的教育观点，也与亚里士多德本人的观点近乎一致。通过对比，里斯还试图论证，泰伦提乌斯笔下的米西奥乃是对米南德笔下作品人物的改编，而米西奥的观点也对应米南德的观点，他们在本质上与亚里士多德的观点是一致的。当然，这种模式化的解释，也遭到了不少批评，比如，认为里斯对泰伦提乌斯和米南德的文本进行了"暴力"式的一致性解读。罗德（Carnes Lord）在 1977 年的文章，可以看作一种"调和的米南德的亚里士多德主义"，他通过对里斯工作的详细解读，认为米西奥并没有如亚里士多德那样区分各种得体的行为，并且，剧中人的观点和戏剧的主导意识之间的关系也是不确定的，同时，所谓的米南德的"亚里士多德主义"虽然在学界普遍存在，但这种主义其实比人们想象的更为微妙，不应作为一种僵化的公式来使用，而应当试图恢复米南德戏剧中，将"知识"

① WALZER R. Zum Hautontimorumenos des Terenz［J］. Hermes, 1935（70）: 196f.

② LORD C. Aristotle, Menander and the Adelphoe of Terence［J］. Transactions of the American Philological Association, 1977: 183.

③ RIETH O. Die K unst Menanders in den "Adelphen" des Terenz［M］. Hildesheim: Olms 1964.

的阐发作为一种戏剧"装饰"的功能来理解。① 此外，在 2014 年出版的一部有关米南德和亚里士多德伦理比较的作品中，辛纳格利亚通过细致的伦理比对，试图给出米南德和亚里士多德对人性与幸福有着共同看法的论证，并且他认为，两人对人们如何推理和做出选择，以及这如何影响他们的生活和性格，也有着相似的理解。② 用他的话来说："我的目的是证明，米南德和亚里士多德——尽管他们的写作方式和观赏者不同——但共享一个类似的思想体系。"③ 因此，该书也可以看作近年来，"米南德的亚里士多德主义"的新发展。

第三种学界观点认为，米南德的伦理，在亚里士多德之外，其实深受希腊化时期的另外两种伦理思潮的影响：斯多亚学派和伊壁鸠鲁学派。如提尔尼（M. Tierney, 1936）所论，伊壁鸠鲁曾是米南德的好友同伴（συνέφηβος），而伊壁鸠鲁所阐发的"不动心"（ἀταραξία）、"无畏"（ἀπάθεια）等概念，作为同时代的重要思潮，肯定或多或少影响了米南德的创作理论。④ 而伊壁鸠鲁对米南德的影响，除了一些古代转述，比如，斯托拜乌斯（Stobaeus）所引用的米南德遗失剧作 γποβολιμαῖος 中的片段，从中据说能够看到米南德的伊壁鸠鲁主义倾向。而更为系统的研究，依然来自学界对我们今天认识米南德戏剧的重要"中介"——罗马剧作家泰伦提乌斯（Terentius）的研究，比如，对泰伦提乌斯的另一部来自米南德的同名作品《安德罗斯女子》（Andria）中的片段（1.959f.）的解读，从中揭示了其创作的一种明显的伊壁鸠鲁主义的渊源。⑤

而米南德和斯多亚的关系，首先是文风，米南德大量碎片式的戏剧"格言"与斯多亚学派的哲学格言体写作，存在或明或暗的借鉴关系。此外，与斯多亚学派的关系，最直接的理论证据可以追溯到米南德对命运（τύχη）的阐发，在《古怪人》《萨摩斯女人》《盾牌》《割发》等作品中，我们能看到大量的关于"命运""偶然性"作为最高主宰的独白或谈论，尽管对命运的阐发

---

① LORD C. Aristotle, Menander and the Adelphoe of Terence［J］. Transactions of the American Philological Association, 1977: 201-202.

② CINAGLIA V. Aristotle and Menander on the Ethics of Understanding［M］. Leiden：Brill, 2014.

③ CINAGLIA V. Aristotle and Menander on the Ethics of Understanding［M］. Leiden：Brill, 2014: 2.

④ TIERNEY M. Aristotle and Menander［J］. History, Linguistics, Literature, 43（1935-1937）: 241.

⑤ TIERNEY M. Aristotle and Menander［J］. History, Linguistics, Literature, 43（1935-1937）: 242-243.

并不是斯多亚学派的首创，但相比于亚里士多德对"德性"之于"命运"的更为重要的强调，亚里士多德对命运的看法，显然与斯多亚的观点有明显的差异，尽管我们从斯多亚学派内部对命运的强调中，也能区分出诸如命运的"强决定论"（如芝诺）和"弱决定论"（如克律希波），但我们今天对斯多亚命运的总体观点，依然是一种人身处其间而"无可选择"的"命运"的决定论，人只能接受这种"此在"的"已是"，无法摆脱。①而在米南德的若干作品中，这种深陷命运和偶然性却又只能无奈接受的情形也时常出现（如《古怪人》275—285、609、800—804，《萨摩斯女人》163—164，《盾牌》18、19、412、418、427—428，《割发》137、802、807等）。在这个意义上，我们也能看到米南德对斯多亚理论的吸纳。故而米南德的戏剧伦理似乎是介于多种古代伦理学之间的。

五、米南德的亚里士多德解释

根据上面的几种"漫步哲学"与米南德关系的说法，笔者以下简要谈谈自己的看法。

首先，无论米南德是否亲身受教于"漫步学院"，是否受教于亚里士多德及泰奥弗拉斯托斯，无法改变的一个事实是，当时最为完备的伦理学框架和德性列表，就是漫步学院所提出的，因此，无法回避的是，漫步学院确乎提供了米南德时代最为重要的伦理和喜剧的知识学（epistemology）。故而无论我们如何试图撇清米南德的戏剧解释中的"漫步哲学"影响，只要我们无法找寻出一个米南德同时代更为完备的伦理和德性范式，我们就不能轻易跳出"漫步哲学"的伦理构建，由此"独立"地解释米南德的戏剧伦理。

此外，对于米南德喜剧和斯多亚及伊壁鸠鲁的关系问题，由于相关证据是基于对戏剧"片段"的解读，而非对整部戏剧伦理的考察，因此，我们并不能因为戏剧人物中的某个人，做出过对命运或偶然性的相关感慨，就认定米南德本人的戏剧伦理的主题乃是斯多亚式的，或者伊壁鸠鲁式的。而对米南德戏剧伦理的最终认定，应当建立在戏剧"整体"的创作归旨之上，用亚

---

① 石敏敏，章雪富.斯多亚主义（Ⅱ）[M].北京：中国社会科学出版社，2009：88.

里士多德伦理学的概念来界定，即应当寻找到戏剧写作最终所要追求和达到的"目的"或"善"——也只有"目的"和"善"本身，才能给出我们对米南德戏剧最终伦理界定的可靠标准。

考察《古怪人》的戏剧创作目的，该剧结局处的"制服克涅蒙"的胜利和"众人齐聚宴会"的大团圆结局，似乎就已经构成了喜剧的最后收效，这也符合喜剧理论所要达到让观众"欢笑"的"目的"。并且，作为一桩典型的"家庭剧"的新喜剧，似乎这桩发生在城邦郊外的几个"农人"家庭的生活剧，也抹去了更为宏大的"政制"话题，而喜剧似乎飞入了"寻常百姓家"，再也寻不见"宏大理念"和"早期喜剧"的"净化"或"陶冶"。

但是，除了米南德解释中的"亚里士多德主义"为我们提供的"米南德和漫步哲学"一致性的诸多证明外，抛开那些可能的解释干涉，只要我们依然愿意将米南德的喜剧建立在漫步学院的伦理理解基础上，坚守住古典戏剧理论的"不祛伦理之魅"的原则，我们就不可能回避喜剧的政治伦理问题——哪怕是被看作"政治退场"的中期和新喜剧——也不可能回避伦理学，或伦理学所属的古典"政治学"所孜孜追求的最终"目的"和"善"的问题。在这个意义上，"解释原则"的"选择"本身，就构成了戏剧最重要的"善"与"目的"。

除去理论选择问题，考察文本本身，我们也能排除斯多亚等其他理论对米南德伦理最终设计"目的"的"干扰"。以斯多亚的"命运决定论"为例，虽然，我们不能忽视《古怪人》中存在的"命运决定论"的斯多亚元素，而且这种"命运决定论"并非全然出于性格"古怪"或品性糟糕的剧中人，恰恰是由两位德性最优的剧中人为我们提供的，他们分别是戈尔吉阿斯和索斯特拉托斯。我们先来分析该两处关键的文本情节：

εἶναι νομίζω πᾶσιν ἀνθρώποις ἐγὼ   271
τοῖς τ᾽ εὐτυχοῦσιν τοῖς τε πράττουσιν κακῶς
πέρας τι τούτου καὶ μεταλλαγήν τινα,
καὶ τῶι μὲν εὐτυχοῦντι μέχρι τούτου μένειν
τὰ πράγματ᾽ εὐθενοῦντ᾽ἀεὶ τὰ τοῦ βίου
ὅσον ἂν χρόνον φέρειν δύνηται τὴν <u>τύχην</u>

μηδὲν ποήσας ἄδικον· εἰς δὲ τοῦθ᾽ ὅταν
ἔλθηι προαχθεὶς τοῖς ἀγαθοῖς, ἐνταῦθά που
τὴν μεταβολὴν τὴν εἰς τὸ χεῖρον λαμβάνει·
τοῖς δ᾽ ἐνδεῶς πράττουσιν, ἂν μηδὲν κακὸν   280
ποιῶσιν ἀποροῦντες, φέρωσιν δ᾽ εὐγενῶς
τὸν δαίμον᾽, εἰς πίστιν ποτ᾽ ἐλθόντας χρόνωι,
βελτίον᾽ εἶναι μερίδα προσδοκᾶν τινα.
τί οὖν λέγω ; μήτ᾽ αὐτός, εἰ σφόδρ᾽ εὐπορεῖς,
πίστευε τούτωι, μήτε τῶν πτωχῶν πάλιν
ἡμῶν καταφρόνει· τοῦ διευτυχεῖν δ᾽ ἀεὶ
πάρεχε σεαυτὸν τοῖς ὁρῶσιν ἄξιον.   287

我自己认为，对所有人而言
无论荣华的人还是糟糕的人
都有一种限度，一个转捩点
于他们的位置而言。成功的人   行280
的所有财富，能够延续得如此长久
因为他能够持守他的好运
通过避免任何罪过。相反，如果
他因为富足而被引向邪恶，
那么他的机运就会很快溜走（变穷困），我认为
假如，从另一方面来说，不那么成功，
尽管他们贫穷，但毫不沾恶，
光荣地担负着他们的守护神，且
最终，获得信贷的余额，他们将
能指望他们的存余加增。那么，我的意思是
你或许很富有，但是别指望它，
也不要践踏我们这样穷困潦倒的人！要总是
向旁人展现出，你配得上长久的贵富！   行287

此处，戈尔吉阿斯连续使用了三个与命运（τύχη）相关的词语：命运（τύχην）、机运（μεταβολήν）、守护神（δαίμον）来阐明远离"恶"（κακόν）对于保有成功的重要性。而在另一处，索斯特拉托斯如是劝说他的父亲，不要过于看重财富本身：

περί χρημάτων λαλεῖς, αβέβαιου πράγματος, 797

ει μεν γάρ οισθα ταῦτα παραμενοῦντά σοι

εις πάντα τον χρόνον, φύλαττε μηόενι

τούτων μεταόιόούς · ών δέ μη σύ κύριος

εῖ, μηόε σαυτοῦ της τύχης δε πάντ

εχεις, τί άν φθονοίης, ώ πάτερ, τούτων τινί,

αύτη γάρ άλλω, τυχόν άναξίω τινί,

παρελομ, ενη σοῦ πάντα προσθησει πάλιν. 804

你的话题是钱财，一种不可靠的东西。   *行 797*
如果你知道它将永远属于你，
那就守好它并且不要和任何人分享。
但是你的财富并不是绝对的，并且
所有这些都从命运中租来，
并不是你自己的，一个人为何要吝惜租额，
父亲？命运会把它从你身边带走，将它
给予或许配不上它的其他人。   *行 804*

在这里，他也两次提到了命运（τύχη）：τύχης、τυχόν。通过"命运"的绝对主宰性，告诫他的父亲，无论人怎么想要保住财富，都无法战胜命运的安排。如此，从戈尔吉阿斯和索斯特拉托斯两人的"命运"话题中，一方面，我们可以看到命运在《古怪人》这两个地方都显现出超越一切的至高性，尤其以索斯特拉托斯为甚，具有一种强烈的斯多亚的命运决定论。另一方面，从戈尔吉阿斯这位在全剧中具有最杰出德性的人的口中，我们也听到了对抗命运，或者与命运周旋的办法：远离"恶"。

让我们回想亚里士多德伦理学的阐发，亚里士多德定义何为"恶"有两类。一种乃是基于"品质"定义的"过与不及的"恶，"三种品质，两种恶——其中一种是过度，一种是不及"①；此外，还有一种"绝对的"恶，"还有一些行为和感情，其名称就意味着恶，例如，幸灾乐祸、无耻、嫉妒，以及在行为方面，如通奸、偷窃、谋杀。这些及类似的事情之所以受人谴责，是因为它们被视为自身即是恶的，而不是由于对它们的过度和不及"②。而要战胜恶，或避免恶，最主要的则是通过命运和德性。命运难测，但德性乃是我们可以通过自身"选择"和"努力"所能够达到的"中道"品质，也是人所能习得的最好的"善"。

那么，命运和德性之间，是否命运永远处于最高，人类永远无法摆脱命运的主宰，获得自身的幸福？亚里士多德亦如此艰难地发问："幸福是通过学习、某种习惯或训练而获得，还是神或命运的恩赐？"③——但他随即又坚定地回答道："幸福是人们广泛享有的，所有未丧失接近德性的能力的人，都能通过某种学习或努力而获得它。"④——或许就是如此：当面对命运的至高性时，人们依然可以用"德性"，通过习得德性适中标准的明智或理智，来避免那些"过与不及的"以及"绝对的"恶，仍然可以在命运女神手中难测的"纺线"外，找寻到走出自己命运迷宫的"阿里阿德涅线团"，携着那把斩杀"厄运"之弥诺陶洛斯的"德性"的利剑：

因为他总是或至少经常在做着和思考着合德性的事情。他也将最高贵的、以最适当的方式接受运气的变故，因为他是"真正善的""无可指责的"……就是在厄运中，高贵也闪耀着光辉。例如，当一个人不是由于感觉迟钝，而是由于灵魂的宽宏和大度而平静地承受重大的厄运时，就是这样……幸福的人不会因为运气的变故而改变自己……（甚至当他去世后）已故者似乎在一

---

① 亚里士多德.尼各马可伦理学［M］.廖申白，译.北京：商务印书馆，2003：1108b 15.
② 亚里士多德.尼各马可伦理学［M］.廖申白，译.北京：商务印书馆，2003：1107a 10-14.
③ 亚里士多德.尼各马可伦理学［M］.廖申白，译.北京：商务印书馆，2003：1099b 10.
④ 亚里士多德.尼各马可伦理学［M］.廖申白，译.北京：商务印书馆，2003：1099b 10.

定程度上受到朋友的好运或不幸的影响，但这种影响达不到使幸福者不幸或使得不幸者幸福的程度。①

　　这就是漫步学派对"命运与德性"之战的回答。戈尔吉阿斯（Γοργίας）之所以不同于索斯特拉托斯（Σιώστρατος），正是因为这位闪辉着德性光辉的少年，通过农人劳作与家庭不幸的艰苦试炼，早已习得了德性的"明智"与面对命运的勇敢。甚至索斯特拉托斯在潘神的爱欲推动下，通过"爱欲盲目"的"努力"，也终于收获了自己的幸福，当他发出：

ούάενός χρη πράγματος　　　860
τον ευ φρονοῦνθ δλως άπογνώναί ποτέ-
αλωτά γίνετ'επιμελεία και πάνω
άπαντ'.　　863

在任何事情上面，　　　行860
一个拥有明智的人应该绝不彻底放弃。
一切都能得到，借着上心与勤苦的劳作，
任何事情！　　　行863

　　我们能听到，他内心对命运的征服之声和胜利的欢悦，而作为"道德德性"最为重要的一环：明智（φρόνησίς），也豁然出现在剧中——当爱欲不再主宰灵魂时，当发生的一切，不断推动着灵魂改变时，获得明智美德的道德德性，终于转化为亚里士多德伦理意义上的"真正的德性"，而敢于挑战命运的暴政。

　　如前所述，通过对《古怪人》文本中的"命运"问题的辨析，我们能感受到亚里士多德的德性伦理对斯多亚命运的强烈挑战，故而，至少从《古怪人》中，我们并不能认为，在戏剧最终"目的"和"善"的层面，米南德

---

① 亚里士多德. 尼各马可伦理学［M］. 廖申白，译. 北京：商务印书馆，2003：1099b 10.

是朝向斯多亚主义的。此外，伊壁鸠鲁理论的影响问题，我们只要简单举出克涅蒙的"离群索居"，并非伊壁鸠鲁的"不动心"（ἀταραξία）就可以加以解释，因为通过对其剧中的品性进行分析，他最大的问题就是容易被外在环境影响而发怒（ὀργιλός，125、355、467、481—486、502—504、927—928），并且他的性格也不能用"自足"的德性来加以解释，"我们所说的自足，不是指一个孤独的人过孤独的生活，而是指他有父母、儿女、妻子，以及广言之有朋友和同邦人，因为'人在本性上是政治的'（φύσει πολιτικὸν ὁ ἄνθρωπος）"[1]——故而，我们也将排除伊壁鸠鲁对《古怪人》的伦理影响。总而言之，尽管我们可以说，米南德或许多多少少吸收了斯多亚或伊壁鸠鲁的某些理论，用于其戏剧创作中的人物和情节设定，但米南德《古怪人》的整个伦理设计，则是被亚里士多德及其"漫步哲学"伦理所主导的。

但是，是否懂得了"漫步哲学"的伦理，就足以解决我们生活中的困境，就足以带给我们人人渴望的幸福，带来道德德性的"明智"？并且，似乎以上的推论，都试图将米南德的喜剧看成漫步哲学的"附庸"，成为哲学的注脚。这恰恰是我们的理论解释最容易踏入的深渊。戏剧，或米南德苦心编织的"新喜剧"，与泰奥弗拉斯托斯的《诸品性》一样，实际都在克服单纯理论推导的抽象性的弱点，它给予我们场景、对话、生活的真实互动，它将我们（如观众），置于一种共情的、真实模仿的"社会体验"中，让我们去经历这种"明智"习得的微妙过程，去找到各自生活场景中的正确的"逻各斯"和正确的生活方式，恰如辛纳格利亚所谈到的"参与"对德性培养的重要性：

"对亚里士多德和米南德来说，性格形成的过程都取决于我们：我们根据在生活中所做的选择来决定如何塑造我们的性格。这个过程是微妙的，特别是在早期阶段，但在更有经验的朋友、老师和亲戚的帮助下，我们可能会逐渐有能力随着年龄和经验增加的伦理理解，做出正确的选择。因此，对于充分的性格发展是必不可少的。一个共同的生活和参与他人的对话，与相同的家庭成员、朋友或同胞，意味着与他们一起找到正确的生活方式，这意味

---

[1]　亚里士多德.尼各马可伦理学［M］.廖申白，译.北京：商务印书馆，2003：18.

着过一个好的和幸福的生活，基于我们的行动和目标。这种对话为个人和其他参与的人带来互惠互利，因为它有助于每个人的理解，从而促进每个人的幸福。"并且"如果像老朽的克涅蒙，我们不经历这个过程，我们沉溺于坏习惯，不听别人的建议，我们冒着永远避免发展一个良性的性格的可能性，那么我们的坏的品质倾向将成为根深蒂固的习惯，没有（亚里士多德式的）道德的推理能够让我们改变我们的生活方式"。①

也正是在这个意义上，喜剧及其所携带的"中道"美德，才能真正地"陶冶"我们：既尽情享受"笑"的"情感宣泄"，又感受到自我灵魂"品质"的"洗礼"，更获得来自"理智美德"的"澄清"——而这一切，构筑了本研究所评述的《古怪人》之为"中道伦理"的题中之义。②

以上，笔者简要完成了米南德存世最为完整的喜剧《古怪人》的伦理学分析，从中我们可以看到《古怪人》的喜剧伦理学与亚里士多德伦理学之间的多重亲似关系，因此笔者采纳了"亚里士多德主义"这种学界主流的米南德喜剧的解释范式。但需要澄清的是，米南德其他作品是否也符合米南德的"亚里士多德主义"的伦理解释，也即，我们是否能用米南德《古怪人》中的喜剧伦理，来解释米南德的全部作品？就此问题，笔者做出以下补充。

在米南德传世的其他保留相对完好的作品（如《萨摩斯女人》《仲裁者》《割发》《盾牌》等）中，我们亦能发现诸多伦理刻画，符合米南德"的亚里士多德主义"的相关解释，即体现出对"理智德性"和"道德德性"及其相互"融合"的一贯强调，比如，在《萨摩斯女人》（328、471、534、581、588、606、620、703）、《盾牌》（257、308、327）、《仲裁者》（345、

---

① CINAGLIA V. Aristotle and Menander on the Ethics of Understanding［M］. Leiden: Brill, 2014: 195.

② 学界对"净化"（κάθαρσις/Catharsis）的理解，拓展为至少这样一些方面：（1）情感的宣泄；（2）纯净或净化；（3）理智层面的"澄清"。尤其最后一个层面，关乎戏剧与哲学的关系。因此，我们现在也能谈论喜剧和净化之间的关系，类比于经典的悲剧和净化的关系，或者我们可以称其为"作为净化的喜剧"。关于戏剧"净化"的研究，可参考 GOLDEN L. Catharsis［J］. Transactions and Proceedings of the American Philological Association, 1963: 51.；GOLDEN L. The Purgation Theory of Catharsis［J］. The Journal of Aesthetics and Art Criticism, 1973: 473-479. 相关说法参阅了朱海. 亚里士多德戏剧理论研究［D］. 上海：复旦大学，2009.

925、1095）、《割发》（375、714）等处，米南德反复强调了"明智""控制自己""保持适度"的重要性。而与之对应的是米南德对缺乏相关美德者的批评，见之于相关作品的如下角色：《盾牌》中妄图"财色兼收"的斯米克利涅斯（Smikrines）、《割发》中被爱情冲昏头脑的波勒蒙（Polemon）、《萨摩斯女人》中偏听偏信而冤枉继子的得墨阿斯（Demeas），以及性格粗暴专横的尼克拉托斯（Nikeratos）等人。此外，米南德作品中的诸多家奴角色，也大都为欠缺美德的代表，但需要指出的是，这些欠缺美德的角色也并非恶习满满、不可挽救，如《割发》中的波勒蒙等人，虽有恶习，亦能通过"理性"反思而有所悔悟。而与之对应的是"美德"的主要代表，如《割发》中的帕泰科斯（Pataikos）、《盾牌》中的达奥斯（Daos）、《仲裁者》中的叙罗斯（Syros）等人，这些人中既包含富人，也包含平民，甚至亦含家奴，他们在剧中的表现，堪称米南德所推崇的"漫步学派"或"亚里士多德主义"的美德范式的杰出代表——如是，通过以上证据，笔者大致推论米南德在其他喜剧中，亦贯彻了"漫步学派"或"亚里士多德主义"的伦理思想。但是，出于篇幅的限制，对米南德其他喜剧文本的详细解读和伦理分析，将留到后续工作来加以完成，挂一漏万，特此说明。

中 篇
希腊秩序与"中道"的诞生

第五章

理解秩序：希腊秩序范式的建构

结束了细读《古怪人》文本的工作后，我们对《古怪人》的伦理探究并未就此止步，因为根据亚里士多德的理解：伦理学乃政治学的衍生，或者我们可以说，伦理学从属于广义的政治学本身。[①]而"政治"不仅是一种外在的制度，而且是一种内在的秩序。从本章开始，笔者将深入解读米南德喜剧伦理背后的希腊化早期的秩序建构问题，通过"秩序"的视域，帮助我们加深对米南德喜剧的理解。

"秩序"（κόσμος/eunomia/ōrdō/order）[②]，在西方语境里用以指代宇宙、"存在"或世界大化的理想序列、安排及其状态。在一种古典的解释范式中，它等同于一种古希腊大哲柏拉图在《蒂迈欧》（*Timaeus*）篇，或者后世博丹在《共和六书》（*Les six livres de la Republiqué*）中所描写的世界的"正义""和谐"或"和声"的状态，同"混沌"（χάος）相对。[③]在西方语境中，据说最早归于古希腊哲学家毕达哥拉斯（Pythagoras）曾使用这个词来表示宇宙的秩序，而阿拉戈萨哥拉（Anaxagoras）则进一步使用它来表示一种用以"序化"所有事物的"宇宙心灵"（cosmic mind），或叫"努斯"（νοῦς），进一步而言，它可以表示诸如"好的秩序""有序的安排"等。当然，该词的用法，随着人类思想的发展

---

① 亚里士多德. 尼各马可伦理学［M］. 廖申白, 译. 北京: 商务印书馆, 2003: 18.

② κόσμος 的动词语源 κοσμεῖν 表示"处置、预备"（to dispose, prepare），尤其强调"序化和安置用于战争的军队"或"以方队的形式安置军队"，也可以表示"创建一个政府或政权"，或用以指代妇女的"装饰或衣着打扮"，因此 κόσμος 也指"装饰或修饰"。

③ 当然，需要强调的是"混沌"并非表示没有秩序，毋宁说乃是一种"前秩序"（或"秩序之父"，参考赫西俄德《神谱》116），或秩序的"原初样态"，比如，希腊和罗马人都将"原初秩序"命之为"混沌"（χάος）那样。—— 笔者注

而不断发生变化，并非仅限于我们这里所列举的古典的解释范式。简要而言，"秩序"的用法乃是同"宇宙""人"等哲学概念的用法一起不断演化、发展的，这种知识或概念群的不断变迁，形成了我们今天不同的对"秩序"的"本体／主体"认知范式，以及对"秩序"的"正／反"评介。

如下，我们将进入米南德喜剧伦理学更为深广的认识层面，回到米南德对其时代秩序变迁的反思与重建中。但是，首先，我们需要梳理出古今思想史中对秩序理解的几种基础范式及其层级；然后，将米南德喜剧伦理学的相关工作，放置其"坐标系"中，以便勾勒出我们对米南德伦理学更为可靠的理解架构，此即"秩序"的视域。

一、理解"秩序"的三类范式

笔者对"秩序"的理解，采用层级和细分的方式展开，首先是最上位的秩序理解的层级，就此我们可以概括出三大类对"秩序"的理解，即是对秩序的肯定式理解、对秩序的否定式理解、对秩序和混沌之"复杂性"的理解。

（一）对秩序的肯定式理解

首先我们来看第一类：对秩序的肯定式理解的认知范式。基于肯定"秩序"的"理论建构"的不同，借用西方哲学史的一对概念，我们可以进一步区分出"存在论"和"反存在论"两大类秩序理解；或用另一组相关的西方中世纪的认识论概念来加以区分："唯实论"式的秩序理解和"唯名论"式的秩序理解。如是，我们首先来看"唯实论"式的秩序理解。

（1）"唯实论"式的秩序理解往往强调存在一种既定的有待被发现的秩序及秩序的架构，即存在某种"秩序"的本体构造，并由之衍生出秩序的"善恶"与在该种秩序下的"幸福"等理念。而对此类秩序的认识，也是对相应的秩序本体或"世界"的发现、回归或重建的过程。比如，借助某种形而上学、伦理学、宇宙论、神学、物理学、心理学及相应的实践知识等，我们就可以发现并回归此种特殊的秩序构造，当然，这种"秩序"，人们要么从"外在"发现，要么从"内在"即人的主体自身或"主体性"发现，或来自大全的"神义"、至高的"理念"、囊括宇宙大化的"自然"等。

并且，"存在论"或"唯实论"的秩序理解，根据"秩序"的"来源"不同，还可进一步细分为"本体"或"形而上学"的、"主体"或"意志论"的（亦可进一步细分为"神义论"和"人义论"的，当然，"唯名论"下的"意志论"情况，需要被排除）、"自然法"的等。此外，从哲学的某种基本特征或构造的差异，还可进一步辨析出：一元的唯实论秩序、多元的唯实论秩序、目的论的唯实论秩序、理念论的唯实论秩序、宇宙论的唯实论秩序等。①

　　（2）第二大类的秩序理解范式，即"反存在论"或"唯名论"式的秩序理解。需要补充说明的是，"唯实论""唯名论"的区分标准虽然借用自中世纪晚期的认识论概念，但笔者并非用以做诸如"上帝存在"之证明，而是通过它，区分出"存在"认识上的两个截然相对的大类，从而帮助我们理解思想史中有关秩序理解和构造的基本范式。如是，与"唯实论"相对，"唯名论"的秩序理解强调人不可能认识"世界""存在"或"宇宙""上帝"的本体、本原、意志等，因为人被"语言"或主体自身的认知结构所捆绑与遮蔽，这是人类不可摆脱的"此在"的基本构造。因此，人们对秩序的肯定，乃是通过一种"人为"的"立法""拟制""约定"的方式而达成的，如同一种"人义论"下的"意志论"表述。因此，要想认知这种秩序，人们需要借助某种特殊的基于自身的"自然权利学说"或"道德哲学"的帮助，才能得以实现。②

---

　　①　我们可以在如下思想家的表述里得到较为清晰的对本体论或形而上学或唯实论的传统秩序理解。比如，在柏拉图的理念论的宇宙秩序中，柏拉图本人设想了一位叫作德木格（Demiurge）的创世神，并按照它的原型制造了一个相对完整而特殊的宇宙秩序，这种宇宙秩序体现为一种几何学般的"正义"。这种几何学，如其所描绘的，乃是"永恒不变的，不是任何人制作而成的，它是关于终极存在的知识，而不是那些变动易逝的知识"。参见恩斯特·卡西尔.国家的神话［M］.范进，杨君游，柯锦华，译.北京：华夏出版社，1999：97.此外，亚里士多德认为一切秩序都奠基于目的论之上，并且存在一种永恒不变的最高的目的，此即"幸福"（εὐδαιμονία）。

　　②　在此以霍布斯从唯名论出发，对亚里士多德"存在论"秩序的颠覆为例：亚里士多德在整个《后分析篇》中全部的认识理论都建立在"认识秩序"和"存在秩序"相符合的观念上，所有的证明都预设了一个先在的认识：认识秩序（ratio cognoscendi）和存在秩序（ratio essendi）是一致的，没有这种一致，认识就是不可能的。但霍布斯的形而上学在根本上质疑的恰恰是亚里士多德这种认识秩序和存在秩序的一致，与此相对，霍布斯认为：理想的知识准则和实际研究的准则并不一致；即使知识秩序是理想的，它也与存在秩序不同；在分离了认识和存在的同时，霍布斯的形而上学也将语言的逻辑与存在论分离了；认识与存在之间的这一断裂将会贯穿认识的所有环节；范畴不再是存在的类，而是名称的分类，其中，更不普遍的名称从属于更普遍的名称；通过属加种差，无法向我们揭示事物的本质，而是通过语言揭示了一个名称。它是思想的工具，并揭示了思想，但并不解释事物。如是，霍布斯认为"存在"不可为人所把握，因此我们无法真正探知世界的"目的"，只能依靠语言的"约定"来构建这个"无目的"的世界。在此，霍布斯以"约定的秩序"，替换了"存在的秩序"。故而对秩序的理解，不再是既定不变的，而是根据人的自我保全而互相约定的。以上论述可参见伊夫·夏尔·扎卡.霍布斯的形而上学决断：政治学的条件［M］.董皓，谢清露，王苦茜，译.北京：生活·读书·新知三联书店，2020.

进一步，"唯名论"的秩序理解，根据如上所说的人为立法、拟制、约定等建构"秩序"方式的不同，可进一步区分出如下类别：道德义务论的、自然权利论的、社会契约论的、经验主义的、功利主义的、逻辑分析实证或规范的、权力意志的等。亦可根据不同的哲学或思想特征，进一步辨析出一元论的唯名论、多元论的唯名论等。

如上，我们可以看到，两大类秩序理解和区分，主要建立在：是否存在永恒不变的"存在"的秩序结构及人是否能认识该结构。对此，唯实和唯名两大类别分别给出了不同的回答，前者强调该本原、结构的可能性，以及人直接把握该结构的可欲性，而后者否定了人直接把握该本原的可能性，无论从内还是外，从本体还是主体出发，故而，后者将秩序交给了"人为立法"，交给了"立法"的"意志"，抛弃了"目的论"的世界，仅保留了一些人的基本的"权利"或"道德义务""基本善"。

（3）在"唯名"和"唯实"的秩序理解之间，其实还存在第三类，即综合了"唯名"和"唯实"两大类秩序理解的一种"综合的""调和的"或"中道的"范式，该范式当然肯定和强调"秩序"的重要性，但它结合了"存在论"和"反存在论"，一方面认为存在是"既定的"能被人类"发现"的秩序，另一方面又强调人类认知能力的"有限性"，并试图通过某种途径，比如，"知识""美德""有限的预定论"下的救赎工作，来进一步朝向这种存在的秩序。

这类哲学理解包含一些美德伦理学的思想家、古今基督教思想家，比如，亚里士多德的"中道"伦理、基督教的"有限预定论"或"温和唯实与唯名论"思想家、现代清教主义的思想家等，还包括一些试图调和"形而上学"与"意志论"的思想家，如当代法理学思想家菲尼斯，以及试图调和"秩序"与"认知"真理的沃格林等人——需要指出的是，其实大多数深刻的"肯定秩序"的思想家都在"唯实"和"唯名"之间保持了一定的张力，在"秩序真理"和"认识真理"之间保持了一定的张力，他们一方面强调存在着的某种秩序结构，一方面强调人类理性认知、美德或"获救"的限度，因此，朝向秩序的过程，也是一个无尽的人类自我能力的提升过程。故而，笔者想强调的是，如上三种秩序类型的划分，乃是基于我们辨识的需要而做出的，而非严格基于不同思想家及其思想类型做出的，大多数"肯定秩序"的思想家其实都属于第三种"综合的""调和的"或"中道的"类型。

（二）对秩序的否定式理解

如是，我们来看第二大类的秩序认知类型：对秩序的否定式理解。顾名思义，该大类乃是否定或怀疑存在一种既定的有关世界、存在、神义的"秩序"，因着这种理解认为：一切乃是变动不居的、混沌的、流变的，并且人的主体自身或灵魂本身也是变易的、随心所欲的。

这种对秩序的否定式理解包含于诸多古今的"怀疑论"（skeptism）、"相对主义"、"现实主义"，甚至是"虚无主义"及其"恶的哲学"中。尽管"怀疑论""虚无主义"可以导向"对秩序的肯定式理解"，比如，采用"灵魂立法""规范实证"等方式。

这类思想范式的代表者包括怀疑论、现实主义、相对主义或虚无主义者，尤其是法国后现代哲学理论，以及政治思想史中的诸多无政府主义者等。

（三）对秩序和混沌之"复杂性"的理解

该种"秩序"理解，乃是从现代生物学、动力学、天文学、社会学等学科概念发展而来的"复杂性"秩序的理解方式，或者说一种颠覆了传统秩序和混沌理解的新的"复杂理论"。在这种方式中，传统的秩序和无序（混沌）的概念失效，比如，从现代动力学出发，混沌不再意味着单纯的无序，而是基于一种复杂性、综合性的新的理解方式："混沌是有序和无序的矛盾统一体，既可以说混沌是无周期的有序运动，也可以说是遵从一定规律的无序（随机性）运动。为了与过去熟知的完全随机或无序的混沌概念（如分子运动论中的混沌概念或某些词典中关于混沌一词的阐释）区分开来，人们有时把现在所讨论的混沌称为决定性混沌（deterministic chaos）。"①

---

① 刘秉正.非线性动力学与混沌基础［M］.长春：东北师范大学出版社，1994：224.

此外，从现代宇宙论或生命诞生的角度，我们可以进一步体会这种超越了传统"秩序/混沌"区分的"复杂性"思维："就像热力学第二定律所形容的那样，宇宙就受制于某种不屈不挠地趋于混乱、解体和衰败的倾向力。但它同时又无处不产生着结构：银河、恒星、行星、细菌、植物、动物和大脑。这又是怎么回事呢？是因为永恒趋于混乱的强制力与同样强大的趋于秩序、结构和组织的强制力之间有某种抗衡的力量？如果是这样的话，这两种力量是如何同时发生作用的呢？……当你进一步研究它们时，你就会发现，这些问题其实有许多共同之处。比如，它们都属于一个系统，即复杂系统……复杂系统具有将秩序和混沌融入某种特殊的平衡的能力。它的平衡点——常被称为混沌的边缘——便是一个系统中的各种因素从无真正静止的某一个状态中，但也没有动荡至解体的那个地方。混沌的边缘就是生命有足够的稳定性来支撑自己的存在，又有足够的创造性使自己名副其实为生命的那个地方；混沌的边缘是新思想和发明性遗传基因始终一点一点地蚕食着现状的边缘的地方。"①——这种既包含混沌又支撑着秩序的生命世界的"复杂性"现状，如今正在发展为一种具有数学工具支撑的"新科学"，被称为"复杂理论"，且不断在神经网络、生态平衡、人工智能和混沌理论中，发挥着重要作用。

二、理解秩序的一般范式框架

我们概括出三类思想史中的秩序理解及其更为细部的秩序理解划分，在此，我们使用列表的方式来呈现这一秩序理解的划分与层级，以作为我们展开米南德喜剧伦理学的秩序分析的基本解释框架或"坐标系"。

---

① 米歇尔·沃尔德罗普.复杂：诞生于秩序与混沌边缘的科学 [M].陈玲，译.北京：生活·读书·新知三联书店，1997: 3-5.

秩序理解的范式及其对应的思想范式

序号	第一层	第二层	第三层
1	对秩序的肯定式理解范式	"存在论"或"唯实论"式的理解范式	本体论或形而上学
			意志论
			自然法
			万民法
		"反存在论"或"唯名论"式的理解范式	义务论
			自然权利论
			社会契约论
			经验主义
			功利主义
			逻辑分析实证或规范
			权力意志
		介于"唯实"和"唯名"之间的一种"综合"或"中道"的理解范式	"中道"伦理
			有限预定论
			温和唯实、温和唯名
			意志论与形而上学的调和
			"秩序"与"认知"真理的调和
2	对秩序的否定式理解范式	古今怀疑论	
		相对主义	
		现实主义	
		无政府主义	
		虚无主义	
3	对秩序和混沌之"复杂性"的理解范式	复杂理论	

按：思想的分类，因各思想及相应思想家的思想本身的复杂张力，不可仅以本表中的一一对应来概括之，须进行更为翔实的梳理。本表只提供一个简易的判准或"秩序"的"坐标系"，绝大多数思想应介于诸秩序理解范式之间。

三、"秩序"的诸领域

在了解了思想史中理解秩序的不同类型后，我们需要理解"秩序"的基本"在世"结构，或者换句话说：讨论秩序的不同领域，或不同领域的秩序。首先，在西方当代学界中，存在如是的一些"秩序"领域的划分：社会秩序、国内秩序、国家间秩序、心灵秩序、道德秩序、宇宙或神义秩序、自然秩序等。① 这些秩序领域划分的依据，很明显来自"秩序"所内在于的"世界"（κόσμος/universum/Welt）或"此在"（dasein）的不同领域的划分，我们可以说，各种秩序领域，一并构成了包含我们自身在内的"世界"的全体。

但需要注意的是，对"秩序"之不同领域的划分，其实与我们对"世界"基本构造的理解密切相关，比如，在主体性哲学那里，心灵或灵魂本身就构成了"世界"的全体，因此"世界"的秩序即等同于心灵或灵魂的秩序，而其他政治、社会、道德秩序都只是心灵秩序的投射而已。但对于本体论哲学，某种形而上学、上位理念或宇宙论，构成了世界的本原和全体。故而，简单的政治、社会、道德、心灵秩序的划分，并不意味着它们所有秩序的加总，就等同于"世界"的秩序，而是存在互相重叠、交汇、包含的领域，甚至存在领域之间的层级关系。

我们对米南德伦理学的秩序进行探讨，亦即对米南德所处"世界"秩序的探讨。首先要明确米南德"所处时代"对"世界"构造的理解究竟为何，或者米南德对其所身处"世界"的构造理解究竟为何，其"世界"究竟可以划分为哪些不同的领域，并且哪些领域占其"世界观"的上位或主导，哪些是下位或次级的，或者说是"被决定的"。由此，我们才能真正"还原"米南德喜剧伦理创作的秩序问题的本来视野和面目。

如是，我们需要首先梳理一下，秩序诸领域背后所关涉的有关"世界"或"存在"的不同构造的理解。为了给出一个简易的"世界"构造的理解框架，笔者采纳亚里士多德的知识分类法中的划分。如我们在前文所提到的，亚里士多德对知识，除却"工具论"之外，做了"理论"和"实践"知识的二分法。而进一步对"理论"和"实践"知识进行展开，我们还可以得出知识更为细致的分类：形而上学或理念的知识（形而上学、物理学、数学）、自然知识（灵魂学、天文学、气象学、动物学）、神的知识，以及实践的知识

---

① 当下西方学界对秩序诸领域的划分呈现出丰富与多样性，仅从英文研究的相应关键词的角度，大概可以寻到如下一些秩序的研究领域：political order, social order, soul order, moral order, cosmic order, physical order, order of nature, reason/rational order, divine order and human order... 由此，我们不难一窥西方对秩序研究的深度和广度。

（包含人的实践与制作的知识）。从这些知识的划分，我们也可以提炼出亚里士多德对"世界构造"的不同领域的划分：形而上学或理念的领域、自然的领域、神的领域、实践的领域等。并且，根据知识之间的相互关系，我们也可以推论出世界构造诸领域之间的关系，比如，形而上学或理念的知识、神的知识居于更高的位置，故而形而上学或理念、神的领域也处于世界诸领域的最高位置。如是，我们能分析得出，亚里士多德对"世界构造"的划分，并非"世界"诸领域的一种简单的"平行划分"，而是一种同"知识体系"对应的"层级划分"关系，见亚里士多德的世界构造与秩序的诸领域表。

亚里士多德的世界构造与秩序的诸领域①

层级	世界构造或诸领域				
1	形而上学、理念、宇宙、神、自然的领域				
2	灵魂的领域				天文的领域
3	人的实践领域（含制作或技艺）		属于动植物的领域		天文的领域
4	政治领域				
5	伦理道德领域	家政或经济、社会领域	其他人类事务领域		

---

① 笔者在此对亚里士多德诸秩序领域的层级划分，主要对应了亚里士多德的知识分类，另外有学者也曾归纳过亚里士多德的秩序领域及其层级，比如，朗尼根（Bernard Lonergan）在 *Verbum: Word and Idea in Aquinas* 一书中，曾这样谈到亚里士多德的知识层级，其层级的概括和笔者略有不同，但与笔者的宗旨类似：亚里士多德的框架是令人赞叹的，首先，它是一种存在的一般理论，亦即一种形而上学。其次，它是一种运动的一般理论，亦即一种物理学。再次，它是一种生命的一般理论，亦即一种生物学。最后，它是一种感性和理性的一般理论，亦即一种心理学。因为在这个框架中，先前的部分是综合性的，后面的部分不是纯粹的，而是叠加式的。因为运动的存在，所以物理状态就不仅是物理的；而且是一些附加在形而上学论断之上的规定。因为生物活动着，所以生物学的论断不仅是生物学的，而且是附加在形而上学和物理学论断之上的一些规定。因为感性存在者和理性存在者活着，所以心理学的论断不是完全心理学式的，而是预设和使用了在形而上学、物理学和生物学中已被确定下来的东西，并且是对它们的进一步规定。参见 LONERGAN B. Verbum: Word and Idea in Aquinas ［M］. Toronto: University of Toronto Press, 2014: 3-4. 以上转引自吴彦.心智与政治秩序［M］.北京：商务印书馆，2023:59. 此外，吴彦进一步将朗尼根的论断，呈现为一种"叠加的秩序"图示，从下往上分别为"存在"的一般理论：形而上学；"运动"的一般理论：物理学；"生命"的一般理论：生物学；"感性和理性"的一般理论：心理学。四类知识的叠加，表明某种知识或秩序领域，同时存在于自身及下位的相关领域中，比如，"生命"同时存在于"生命""运动"和"形而上学"的领域当中。笔者所列的"亚里士多德的世界构造与秩序的诸领域"表，对此层级关系持赞同态度，但对相关领域的划分存在不同的看法，特此说明。

如上，我们看到亚里士多德的"世界"诸领域存在层级或等级关系：形而上学、理念、宇宙、神、自然，处于世界诸领域的最高端，或者说对其他所有领域具有决定性的作用，而包含动植物、政治、经济、各种人类事务的"自然"领域则被它们主导。同时我们发现，政治领域并非如我们今天所理解的乃是与社会领域、经济领域存在并行关系，而是政治领域本身就包含了所有的社会、经济、伦理、技术等人类实践的诸领域，故而当亚里士多德说出"城邦之外，非神即兽"时，我们才能明了，为何"政制"（politia）或"政治学"（politika）足以囊括当时整个人类生存、生活的领域：城邦（polis）。

从上面我们对亚里士多德"世界构造"的分析，我们可以得出如下的结论：世界的构造和知识体系的构造，密不可分。故而，对不同时代的知识体系的理解，对应着不同的世界构造或世界诸领域的理解，也对应着不同的秩序诸领域的理解。如是，借用亚里士多德的知识分类，我们可以从历史上的知识体系的不同，勾勒出世界构造的几种类别，以及秩序领域划分的几种类别：理念（或自然、神、宇宙、本体论）、心灵（或灵魂、德性）和现象（或实践、经验）三大类。但是这三者并非平行关系，而是有不同的秩序高低以及包含关系。如我们上表所呈现的亚里士多德笔下秩序诸领域的关系那样：理念或本体论或自然或宇宙、神居于亚里士多德秩序诸领域的最高位置，它决定了灵魂或心灵的秩序，同时也决定了人类和动植物领域的秩序，决定了包含政治秩序在内的多种人类实践领域的秩序。也正是通过这种层级划分关系，我们才能解释亚里士多德的诸理论之间的真正关系，亦能解释为何他既被认作古典自然法传统的开创者，又被看作古典政治学的开创者之一（强调政治哲学乃是第一哲学），因为其所理解的"世界"，其中"自然"领域统摄了人类诸领域，其理解的"政治"领域也统摄了人类实践的诸领域，故而自然对于人类诸领域，政治哲学对人类诸实践领域来说，都具有一种"全体"的无所不包的上位属性。由此，我们采用亚里士多德的三分法——"理念－心灵－实践"对秩序领域进行划分，则可分为：理念（或自然、神、宇宙论、本体论）为主导的秩序、实践（或现象、经验）为主导的秩序和心灵（或灵魂、德性）为主导的秩序，它们构成了我们"秩序领域"三分法的三种基本类别，或"秩序"立面维度的三个向量坐标轴。[①]

（一）理念（或自然、神、宇宙论、本体论）为主导的世界构造或秩序领域

　　理念（或自然、神、宇宙论、本体论）为主导的世界构造或秩序领域，亦可对应我们上一节在"对秩序的肯定式理解"中所划分的"存在论"或"唯实论"的秩序理解范式，它表明理念或形而上学、自然、神、宇宙论、本体论领域，对秩序领域的三大类而言，具有主导地位，或者决定性作用。这种世界构造或秩序领域的划分及其相互关系，流行于古希腊和中世纪时期。以"前苏格拉底哲学"为例，"世界"乃是一个"理念"的世界（基于"元素说"的前苏格拉底"自然哲学"，并非"自然主义"，而是从属于一种"理念论"），因此世界的构造也是一种基于"理念"的"拟构"：比如，米利都学派的泰勒斯从"万物皆水"的理念出发，推断世界的构造是一种"水的循环"，而世界在这种水的不断生成与循环中，呈现出一种"变化中的不变"的秩序。当然，泰勒斯属于"存在论"的思想家，他认为一切事物包括最远的宇宙，都是人类可以理解和把握的。再比如，赫拉克利特的流变和巴门尼德的"一"，两者都是通过对世界进行直接的"理念"把握，而让前者构造出世界的流变与对立和谐的整体结构，让后者从世界构造的变化中找寻到永恒不变且不可分割的"一"的结构。[②]我们可以将这些前苏格拉底思想家对世界构造的理解，看作一种"存在论"中的"理念论"的体现。因此，他们对秩序领域的理解和划分，可以被看作：秩序的领域在最上位层面即是"理念的秩序"或"形而上学的秩序"。如果把握了"理念的或形而上学的构造"，即把握了

---

　　① 在此，我们不再采用上节"理解'秩序'的三类范式"中的标准来对秩序领域进行划分，乃是因为，我们已然承认秩序是存在的，而非否定秩序，故而，我们在此对秩序领域的划分，乃是基于对秩序的肯定理解的基础上来进行讨论的，而对秩序的肯定式理解大类，在上一节我们进一步区分出"存在论""反存在论"和"调和'中道'"三种小类，因为这三种小类，无法为我们提供秩序诸领域的划分标准，故而笔者在此借用亚里士多德的知识分类法，来重新对此做出区分，但笔者会在论述中提及新的"三分法"和"存在论""反存在论""调和'中道'"几种秩序理解范式之间的关系。特此说明。

　　② 以上参考自克里斯托弗·希尔兹.古代哲学导论［M］.马明宇，译.北京：北京大学出版社，2020：2-45.

世界的"秩序的构造"，而一切城邦的、心灵的、城邦之间的秩序，都产生和根植于"理念的秩序"，并遵循相同的"理念的法则"。此外，我们举更为常见的柏拉图通过"理念论"所呈现的世界构造为例，在其著名的《蒂迈欧》（*Timaeus*）中，柏拉图借蒂迈欧之口，描绘了造物主和诸神借助"理念原型"所创造的圆形宇宙及其秩序的过程：从原初的混沌无序状态，如何引入"量度"和"比例"，又如何设立了"秩序"，并用此"秩序"去建构整个包含一切可朽和不朽生命的宇宙，并通过可朽的身体和不朽的灵魂创造了人类。从中，我们不仅能看到宇宙作为"自然"而诞生的过程，更能体会到宇宙或世界秩序所基于的作为原型的"理念"的根本性和统摄性，如同柏拉图在《王制》第九卷中所指出的天上的和谐秩序可以作为地上最好城邦的"原型"[①]，在《蒂迈欧》中，蒂迈欧亦强调："我们的宇宙接受和充满了生命物，可朽的和不朽的。一个包含着可见物的可见的生物、一个可感知的神，一个理智的生物的摹本，其宏伟、良善、美丽和完善都是无可比拟的。我们这唯一的宇宙就进入了存在。"[②]如是，"理念"的或"形而上学"的秩序及其对应的人的灵魂秩序，才构成了"理念论"世界构造的，"秩序"的最为核心的领域。

（二）心灵（或灵魂、德性）为主导的世界构造或秩序领域

这种心灵（或灵魂、德性）为主导的世界构造或秩序领域，也对应于我们上一节在"对秩序的肯定式理解"中所划分的"反存在论"或"唯名论"的秩序理解范式，它表明人的主体，或心灵、灵魂，才是一切秩序领域的主导（"灵魂"的某种"秩序"被称为"德性"）。而无论我们是否可以认识外在的存在本身（该类理解往往认为我们无法认知"外在""他物"），心灵、灵魂或主体的自身构造及其秩序（这种秩序往往是一种主体或主体间性的"拟构"或"约定"），为世界和"外在"（"外在"往往被看作一种预设和假定）赋予了"秩序"本身。

这类世界构造和秩序领域的理解，往往同"意志论""唯名论""心学"等思想范式联系在一起。其中，"意志论"乃是近代哲学的重要思潮，虽然西

① 多罗西娅·弗雷德.柏拉图的《蒂迈欧》：宇宙论、理性与政治［M］.刘佳琪，译.北京：北京大学出版社，2014：96.

② 柏拉图.蒂迈欧篇［M］.谢文郁，译.北京：人民出版社，2005：11.

方思想自古就存在"理智"和"意志"的交锋与张力，而"意志论"尤其强调意志（voluntas）之于理智或理性的优势（而理智或理性具有认识世界的本体或形而上学的能力）。比如，笛卡尔作为近代"意志论"的代表，与亚里士多德的认知相反①，他一方面强调"理性"或"理智"在认识中的重要性，另一方面虽将"意志"拔高到"理性"或"理智"之上，却仅认为"理性"或"理智"只能提供一些表象或感受，或一些与生俱来的观念："单由理智，我对任何东西都既不加以肯定，也不加以否定，我仅能认识我所能认识的东西的观念"②，即"理智"或"理性"只能提供"判断"的"对象"，但自身并不能给出"判断"，甚至"理智"并不能认识所有"对象"，并在它能够认识的"对象"中，它也无法真正做到完全清楚、分明。与此对应，只有"意志"才能做"对错"之"判断"，因为"意志"的功能在于肯定或否定"理智"向我们所提供的内容，更进而言，"我之所以带有上帝的形象和上帝的相似性，主要是因为意志"③。由此，我们可以看到，在笛卡尔的"世界"，人类自我"意志"的重要性，超出了对外在的认识，因此，我们也可以认为，笛卡尔的"意志"的世界，人的主体性自身的秩序，超越了外在的秩序，或者说是内在的"意志"或灵魂的"秩序"，才真正赋予了外在世界以"秩序"。

此外，我们简单提及一下"唯名论"和"心学"。如我们在前文已经提及的，"唯名论"强调了人类理性的有限性，即人不可能把握世界的"本体"，因此，秩序实际由人际基于灵魂的某种激情或恐惧而来约定的，最为典型的如霍布斯的"利维坦"的创建过程，霍布斯正是通过唯名论的语言的认识，让人们回到灵魂世界的恐惧，由此而奠基了一种基于"约定"的或"社会契约"的世界新秩序。而"心学"，以中国思想史中的"心学传统"为例，强调"心"或"意"对"外物"、外在之"理"的统摄关系，比如，从

---

① 亚里士多德认为意志必须服从于理智或理性，因为人如果做出意志的选择，是因为人的灵魂中没有理性的部分，而人要想做出正确的抉择，则必须有理性的参与，并通过理性"促使他们做正确的事和追求最好的东西"。参见《尼各马可伦理学》Ⅰ. 13. 1102b15-16 和Ⅱ. 6. 1107a1-2。——笔者注

② 笛卡尔. 第一哲学沉思集［M］. 庞景仁，译. 北京：商务印书馆，1986：62.

③ 笛卡尔. 第一哲学沉思集［M］. 庞景仁，译. 北京：商务印书馆，1986：64. 在笛卡尔那里，"理智"与"意志"或许并非一对对立的概念，两者之间存在复杂的互动关系，但对笛卡尔而言"孰轻孰重"，或何者更优，或许并不能被简单地一概而论。

陈献章到湛若水再到王阳明的心学构建，除却他们对"心学"本体论及"工夫论"的理解差异外①，他们实际都强调了"心"乃一切"事""物"和"理"之根本来源和统摄，因此"心外无物"，或"心外无理"。在这个意义上，他们都属于将灵魂（或心灵）看作世界构造或秩序领域之主导的代表。

（三）实践（或现象、经验）为主导的世界构造或秩序领域

这是一种同形而上学、本体论、心灵相区别的秩序划分的方法，主要强调根据"实践"或"现象""经验"，来对世界或秩序领域进行划分。对实践或现象、经验的强调，自古希腊以来就存在，比如，在亚里士多德的知识分类中，"实践知识"占据了一个重要的门类，包括政治学、经济学（家政学）等学科，因此政治领域、经济领域、社会领域，其实也是归入实践领域之下的，或按照实践知识的门类而划分出的。今天我们的诸多学科及其门类的划分，也是基于现象、经验或实证而产生的。比如，孔德在《实证哲学教程》（Course de Philosophie Positive）当中首先将现象分为无机和有机，而无机现象又分为属天（天文学）和属地（物理、化学）两类；而有机现象也分为两类：关于个体的（生物学）和团体的（社会学），此外数学是各类科学的基础和研究工具。同时，这些学科之间存在准确性和发展次第的"等级关系"，最开始是数学，然后分别是天文学、物理学、化学、生物学、社会学，此为孔德的"科学的等级"（hierarchy of sciences）。在此，我们可以看到，孔德思想的特征在于：第一，将所有现象都归为自然现象；第二，认为自然实证研究的方法放之四海而皆准，比如，用于社会学等不同门类的研究上。因此，孔德也为我们划分出了不同的秩序领域：天文领域、物理化学领域、生物领域、社会领域。此外，斯宾塞在《科学的起源》（Origin of Sciences）、《社会学研究》（The Study of Sociology）、

---

① 陈献章和湛若水师徒的"心学"，从"本体论"层面都认为"心即理"，以"心"囊括外在之物与理，而在"工夫"层面，两人都强调"随处体认天理"；王阳明与此二人有相似之处，但也有很大的不同，王阳明继承了"心即理"之"心"，但将之进一步发扬为孟子之良知良能之心，且他反对"随处体认天理"的工夫，因为，这种工夫为"外在之理"留下了空间，而他用自己"知行合一"的顿悟，将"外在之理"彻底加以抛弃，从而真正回到内心当中，以内在之心去体悟、扩充自己的良知，再也无须"向外"求索，从而构建了自己独特的"心学"的"本体-工夫"论。

《社会学原理》（*Principles of Sociology*）等作品里，将现象分为无机现象、有机现象和超有机现象。其中无机现象又分为天文的和地质的，有机现象分为生物的和生理的，超有机现象分为自然的和人为的。故而，斯宾塞也为近代科学划分出无机领域、有机领域、超有机领域等。包括我们今天所谓的社会、政治、经济、宗教、伦理、法律等不同领域的划分，其实也是基于实践（或现象、经验）的分类而来，并非基于形而上学、本体论或灵魂论的分类方法。而在这类"现象"划分的方法中，传统的灵魂领域、形而上学领域，被置于"理论或抽象科学"或"自然科学"等门类中，与社会、政治、经济、宗教等领域，处于一种平行或彼此"互不干涉"的状态，这也是我们今天所经常提到的，当下对世界的理解呈现出作为整体的知识体系的断裂或分裂状态。

如是，上述三类世界构造或秩序划分的方法，构成了我们最基本的世界构造和秩序划分的原则。而这三类秩序构造，前两类（本体与心灵）划分方法中的诸秩序，实际处于一种层级或互相包含关系，而最后一类（实践）划分方法的诸领域，处于一种总体平行、内部细分的关系。而我们对米南德戏剧思想中的秩序的揭示，应该还原到米南德同时代对秩序的划分和理解。考虑到米南德和亚里士多德漫步学派之间的密切关系，我们大致可以沿用亚里士多德的秩序分类标准，来作为我们对米南德戏剧理论之"秩序"研究的分类标准，即最上层：形而上学、理念、宇宙、神、自然的领域；次一层：心灵（或灵魂、心灵领域）领域；最下层：政治、伦理等实践领域。从上层到下层构成一种层级递减的包含关系。图示如下：

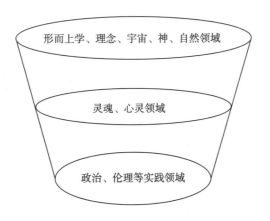

该图示大致呈现了从古希腊到希腊化早期及米南德时代的秩序理解和划分的层级关系:形而上学、理念、宇宙、神和自然领域处于最高层,这些领域的秩序及其知识,也决定了灵魂、心灵的秩序及其知识,以及实践领域的秩序和知识,而实践领域的秩序和知识,又同时受制于形而上学、理念、宇宙、神和自然领域的秩序和知识,以及灵魂、心灵领域的秩序和知识。稍做扩展,该秩序层级的第一层和第二层关乎米南德时代四种特殊的知识类别(斯多亚学派、伊壁鸠鲁学派、怀疑派和漫步学派)的较量与冲突,正是这些对理念、宇宙、神、自然和灵魂(德性)做出不同阐释的知识之间的冲突,与时代的实践领域发生共振,甚至决定了实践领域的秩序状况。这也是我们要特意用一个章节来梳理清楚"秩序"的相应概念及其分类的原因所在。而对这些米南德"同时代"的知识冲突和实践领域混乱状态的深刻揭示,以及米南德如何通过"喜剧伦理学"来化解、调和其冲突,笔者将在后面的章节详细展开。

如是,有了对秩序相应概念及其领域划分的理解,我们才能进入米南德喜剧伦理学的"秩序"问题的探讨中,才不会贸然用今人的视野去"生套"古人的视野,以免混淆米南德伦理思想的"本来面目"。但是,在进入米南德喜剧理论的秩序之前,我们还应简略回顾一下从古希腊到希腊化早期,即米南德生活时代的"秩序史"的沿革或演化历程,通过梳理秩序史,我们才能更贴近地还原米南德时代的希腊秩序特征及其同之前时代的密切关联,呈现米南德"中道"伦理产生的"希腊秩序"背景。

第六章

希腊秩序：英雄时代

如上，我们简单介绍了秩序的几种理解范式和秩序领域的划分问题。跟随其思路，我们来到从古希腊到希腊化早期的秩序史演化的简要梳理中。首先我们将有文字记载的从英雄时代到希腊化的历史发展，概括为以下六个主要时段，并简要给出各个时期的思想史特征：

（1）公元前12世纪：荷马笔下的时代（按照韦斯特（M.L.West）的说法是公元前12和公元前8世纪的时代混合的产物）、迈锡尼文明的衰亡时代——以原始"家庭－部族－部落"为代表的"长老多头政制"理论的产生；

（2）公元前8世纪：赫西俄德和荷马生活的时代、最初的城邦产生的时代——宇宙的成形与希腊城邦的统一宇宙论的建立；

（3）公元前7—前6世纪：抒情诗人的时代，城邦和僭主制兴起的时代——僭主理论兴起；

（4）公元前6世纪：希腊民主制建立的时代（梭伦、克里斯蒂尼、伯里克利），民主制和混合政体理论产生；

（5）公元前5—前4世纪：希腊帝国主义的时代（也是柏拉图和亚里士多德的时代）——希腊帝国理论、民主理论、哲人王的德性政治理论产生的时代；

（6）公元前4世纪（公元前335）以后：希腊化的时代——中道混合政治理论的时代。

此外，我们当明确从古希腊到希腊化早期的"秩序"构造，当属我们前章所揭示的理念（或自然、神、宇宙论、本体论）为主导的世界构造或秩序领域划分类型。而灵魂或心灵及其德性，从属于理念（或自然、神、宇宙论、本体论），而实践领域如政治（或政制）的秩序，又是从属于灵魂和理念的秩序。

如是，我们将此时期的秩序史的梳理，进一步提炼为如下几个阶段，然后对每个阶段采用"理念－心灵－实践"（其中理念主导心灵，心灵主导实践）这个属于希腊时期基本的秩序范式来展开，其中我们对实践的关注，主要围绕政制构造或政体分类：（1）《荷马史诗》所描绘的英雄时代；（2）赫西俄德和抒情诗诗人所代表的古风时代；（3）雅典民主与帝国所代表的古典时代；（4）亚历山大与希腊化早期时代。首先我们展开《荷马史诗》所描绘的英雄时代的秩序问题的讨论。

据说《荷马史诗》诞生于公元前8世纪，但它描绘了公元前12世纪的"希腊早期"的秩序。[①] 根据赫西俄德在"古代史"中的描绘，这一时代似乎充满了战争与杀戮的恐怖，充满着无秩序的混乱：

这（青铜）一代也被大地湮没，克罗诺斯（Cronus）之子宙斯又在丰饶的大地上创造了另一代人，即第四代。这一代人更加高贵正义，是一个近于神的英雄种族，被称为半神。他们是我们这一代之前的一代，遍布于无垠的大地上。严酷的战争和恐怖的战斗将他们中的一部分埋葬。一些人为俄狄浦斯的子嗣而战，死在卡德摩斯（Cadmus）的国土，死在七门之城忒拜（Thebes）。另一些人为了秀发的海伦，乘船渡过广阔的海湾前往特洛伊。在那里他们中的一些人被死亡的宿命吞没。然而对另外一些人，克罗诺斯之子众神之父宙斯让他们活下来，赐予他们远离人群的居所，让他们居住在大地尽头。这些人住在福人之岛，在那幽深而汹涌的大海沿岸无忧无虑地生活。

① 追随洛里梅尔（Hilda L. Lorimer）在久负盛名的作品《荷马与丰碑》（*Homer and the Monuments*，1950）中做出的关于两部史诗不早于公元前750年的扩展性论辩与推断，我们今天基本坚持：《荷马史诗》存在于公元前700年左右，但不早于公元前750年，它并非既有英雄传奇的汇编，而是将旧的素材融进了一个新的文学载体中。尽管，对于"荷马系"作者为谁，仍然言人人殊。LORIMER H L, Homer and the Monuments [M]. London: Macmilan, 1950: 452-528. 另参见埃里克·沃格林. 秩序与历史卷二：城邦的世界 [M]. 陈周旺，译. 南京：译林出版社，2009：140-141.

丰饶的大地为这些幸福的英雄长出果实。①

这一曾经充满"战争"之严酷与恐怖，然而大地依旧丰饶、人们依旧如半神一样的"高贵而正义"的世代，也是荷马用史诗为我们吟唱的，古代希腊"英雄世代"的"世界"（Erde）。②如下，笔者将试从三方面来给出荷马"世界"的秩序图景的描绘。（1）理念:《荷马史诗》所给出的奥林匹斯诸神的"神义论"秩序；（2）实践:《荷马史诗》所描绘的政制与伦理；（3）心灵:《荷马史诗》所揭示的"心灵"的状态与心灵的秩序。

一、"理念"："奥林匹斯"的神义论秩序

如沃格林所言："荷马没有选择惊天动地的大事来做伊利亚特的主题，而是选择了一段插曲，在这段插曲中，秩序大乱，这是迈锡尼文明大难临头的不祥之兆。公元前12世纪左右，市镇文化带来了文明社会的内耗，对于横跨爱琴海的迈锡尼秩序衰落原因的研究，《伊利亚特》现在提供了一个范本。"③

而要探究迈锡尼秩序的衰落，我们被引导首先进入主导其尘世秩序的"神的秩序"本身：奥林匹斯的诸神及其秩序。恰如特洛伊的老国王普里阿摩斯面对给自己招来战争的海伦时所坦言的：

……在我看来，你没有过错，

只应归咎于神，是他们给我引起

阿开奥斯人来打这场可泣的战争。（《伊利亚特》卷三，行104—166）

① 赫西俄德.劳作与时日［M］.吴雅凌，译.北京：华夏出版社，2015：155-169.

② Erde 既涵盖"大地"之义，更具"世界"之义，且笔者追随施米特对古希腊"大地"之更多重意义的考察：在神话语言里，Erde 被称为"法权之母"，这意味着法权和正义的三重根源……大地和法权被连为一体，大地之内蕴藏着对劳作的奖赏，大地之上展示特定的界限，大地自身负载着秩序的公开标志。法权是属于大地的，也是关于大地的。这就是为什么诗人在谈到绝对公正的大地时会说：justissima tellus（ *Der Nomos der Erde* ）.

③ 埃里克·沃格林.秩序与历史卷二：城邦的世界［M］.陈周旺，译.南京：译林出版社，2009：145.对于荷马选择的是"几个插曲"来进行描绘的说法，亦可参考亚里士多德《诗学》中的表述，其中，亚里士多德概括其他史诗的特点是：要么写一个人物，要么写一个时期，即一个枝节庞杂的行动（μία πρᾶξις πολυμερής），而他概括《荷马史诗》的特点是：描写几个独立的行动（πολύμυθον）。

来自诸神自身的"不和谐"，构成了《伊利亚特》的动荡之源，不仅体现在作为战争"动力因"的"金苹果事件"上，更体现在"战争与和平"的每阶段：其间，充满诸神互相的猜度、忌恨、偏见与复仇，并最终以一场旷日持久且恢宏惨烈的人间大战，彰显着宙斯的权柄，以及诸神的肆意和傲慢，也凸显着人世的渺小与生命的卑微——一切都仿若"命定的受难"。似乎，荷马在通过战争起因与发展各阶段之"动力因"的"荒唐"，无情鞭笞着"奥林匹斯秩序"的"荒唐"，同时也警醒着当时"泛希腊世界"的整体秩序的失衡。作为"衰落文明"的反思，构成了思想史研究对"荷马书写"的一种惯常的解释范式。然而，事实却并非如此简单。

首先我们需要一点神话学的理论基础，以方便我们展开"神话"与"秩序"的论述。在这里，笔者首先抛弃了斯特伦斯基（Ivan Strenski）所论述的 20 世纪"四种"主要神话理论及其代表人物（卡西尔、伊利亚德、列维－斯特劳斯与马林诺夫斯基）所持有的神话学观点，主要是出于对他们的神话学解释中强烈的"语境主义"的争议，而这种"语境主义"几乎掩盖了四位经典作家对知识本身的寻求，而被归纳为一种近乎遮蔽的"时代产物"的结论中。① 为了寻找更有效的解释，笔者在此，更多采纳了保罗·韦纳（Paul Veyne）和沃格林的有关解释：在《古希腊人是否相信他们的神话》（*Les Grecs ont-ils cru à leurs mythes?*）中，韦纳将古老的生存的"真理"阐发为康德物自体式的"实相"（verite），并认为神话式的想象和各种前仆后继的文化一样，都在于触摸"实相"，尽管实相或真理的表象充满多元性，充满各种"真实与虚构"，甚至"实相"本身或许就是一种虚构，它"并不更虚假，也并不更真实"，但如人类历史所呈现的各条道路那样，希腊人也一样，他们的确深深地"确信"他们的神话叙事的真实性，并努力以他们

---

① "倘若我所言不虚，这思维理论家和他们所创造的理论，都是时代的产物——是 20 世纪上半叶特殊条件下欧洲独特的历史产物，而且正是这些特殊情况，使得他们无法循规蹈矩于常规的职业生涯。研究神话学的学者们或许会思考这一历史事实：那些在这一领域中最富有创造力的神话思想家，或许恰恰是在他们的专业领域之外——至少是在他们生命中意义重大的那些部分——获得了熏陶知识和洞见的养料。"参见斯特伦斯基.二十世纪的四种神话理论：卡西尔、伊利亚德、列维-施特劳斯与马林诺夫斯基［M］.李创同，张经纬，译.北京：生活·读书·新知三联书店，2012：321.

自身的方式追寻神话的"真理之核"。①而沃格林同样坚持这种实相意义上的"存在的秩序"的超验性和"不可认识性"，但与韦纳的近乎"虚无"的实相认知观不同，沃格林认为，尽管"存在的秩序"高高在上，但"人们还是能够通过运用一种以上的生存中部分秩序的经验，以类比方式对它进行符号化"，而对尘世的"社会秩序"与"神的秩序"的符号化乃是这样一个过程："社会秩序可能会作为对天体秩序进行符号化的模型。所有这些秩序可能会作为对神力秩序中的秩序进行符号化的模型。神的秩序的符号化反过来又可能被用来对世界之内的种种生存秩序进行类比阐释。"②在这样的社会秩序的符号化与神之秩序的符号化双向类比阐释的过程中，神的秩序的符号化，即"神话"，就被用来作为人类社会秩序的符号化模型，以在某种程度上揭示"存在的秩序"。

如是，从上面两种神话的解释理论，我们可以得出：神话既作为探究"实相"的方式，又作为一种人类接近"存在的秩序"的符号化经验过程，为我们实际开启了把握神话背后的"真实秩序"的可能性，尽管这种把握的可能性的程度，不同的思想家或有微词，但这种神话与秩序的可能关联，无疑为我们开启了通过"神话"打开真实的"荷马的世界"的理论之门。

回到《荷马史诗》本身。首先，我们知道：特洛伊大战乃是一场"泛希腊世界"内部的战争，所有人都同处于作为一个整体的迈锡尼文明秩序之下，共享着相同的"神之秩序的符号化"，即同样的"神谱"，"荷马的阿凯奥人并不是希腊人，而他的特洛伊人也不是野蛮人；他们同属于一个社会，他们之间的冲突是一场内战。他们全部处于奥林匹斯秩序之中。"③"奥林匹斯秩序"，或者说荷马通过神谱的"符号化"所构造的"宇宙论"（cosmology），构成了我们理解"荷马的世界"之秩序的"外在整全"。

然而，荷马的"神谱"是如何反映"社会秩序"的，是否"神谱"中诸

① 保罗·韦纳.古希腊人是否相信他们的神话［M］.张竝，译.上海：华东师范大学出版社，2014.

② 埃里克·沃格林.秩序与历史卷一：以色列与启示［M］.霍伟岸，叶颖，译.南京：译林出版社，2010：46.

③ 埃里克·沃格林.秩序与历史卷二：城邦的世界［M］.陈周旺，译.南京：译林出版社，2009：145.

神的争吵、对立或分裂，就一定意味着希腊生存秩序的某种"裂变"，或更悲观地说，《荷马史诗》反映的"奥林匹斯秩序的衰落"对应着"迈锡尼文明的衰落"？笔者认为，我们应该首先澄清一个问题："奥林匹斯秩序"的本源（或本来面目）为何？

我们知道，"奥林匹斯秩序"尽管处于同一个希腊"万神殿"（Pantheon）系统中，然而却处于一个不断演化的"神谱秩序"的历史阶段（参照赫西俄德的"神谱"叙事），或者说："奥林匹斯秩序"始终处于一种"文化演进"的过程中。每一个阶段，虽然最终都或多或少形成了一种权力秩序的相对稳定性（如荷马反映的"英雄时代"的"宙斯"秩序），然而，无论是"神话历史叙事"上的斗争沿革，还是背后所基于的希腊各地方信仰崇拜的"本地性"，都导致了作为整体的"神谱秩序"本身，本来就充满了内在的不稳定性，或者说"诸神之争"乃是"奥林匹斯秩序"的"本来面目"：

> 希腊信仰崇拜可以从文化演进的角度来看待：每个信仰崇拜的细节不仅取决于被崇拜的特定神，而且由随着时间变化的多样的本地条件所决定。这些"本地条件"包括本地与外来的万神殿中的其他神话角色与英雄人物，出于个人与组织之政治和社会利益而来的信仰操控，以及诸多历史大事件的左右（如发生在避难所附近的战斗或广泛传播的意向），以此来捕获大众的想象力。尽管古希腊倾向于宗教保守主义，但信仰崇拜可以说是在竞争过程中发展、开花、达到成熟并最终枯萎的，因为人们只有有限的资源来投入崇拜，他们的偏好在几个世纪以来明显发生了变化。①

在《伊利亚特》的叙事中，这种"诸神之争"不仅发生在不同的战斗双方之间，也发生在同一战斗派系之内，更显明在主宰不同英雄、实际处于"争斗"地位的不同"保护神"（daimones）之间。尽管这些"保护神"依然处于同一个诸神的外在神谱秩序中，并未如苏格拉底时代那样，出现"保护神"明显地"私人化"与"内在神秘化"，从而导致政治秩序的"动力"进入

---

① LARSON J. Ancient Greek Cults: A Guide［M］.London：Routledge, 2007: 2.

"不死的个体灵魂"，而转化为具有哲学内在性的、更为永恒的"政治理性"。①
在这个意义上，我们可以说，"奥林匹斯秩序"的本来特点，就是因充满了内部的对立，才达到一种"个别的整合"与"分裂的和谐"，正如同让-皮埃尔·弗南特（Jean-Pierre Vernant）所描绘的：作为个别的希腊诸神在万神殿的框架之外谈不上拥有身份，而只有因着他们与其他神的联系乃至对立冲突，他们才能达到个性的独立与功能的范畴。②

其次，希腊神话作为一种生存整体秩序的符号化，并非仅仅服务于某一城邦的文化统一性，乃是用于覆盖整个"泛希腊世界"的诸城邦的文化统一性。对当时的希腊城邦而言，或者说对将"英雄"作为各自秩序与德性的符号代言及大地之主导者的生存经验而言，一种处于"纷争"张力下的神话叙事，显然有助于解释各自城邦事实上的分立与差异化的生存路径。这体现在不同城邦对诸神祭祀的"偏好"差异上，反之，则表现为不同的诸神对不同城邦的"偏爱"上，这种偏爱尤其在《伊利亚特》第20卷"诸神出战各助一方"中达到了惊人的顶峰——尽管如此，这种诸神的"偏好"并没有脱离作为整体的、最高的"宙斯"秩序，而"宙斯"也需要在不同的城邦之间寻求适当的"平衡"，以通过调和诸神之间的秩序，达到维护作为整体的"泛希腊世界"的政治与文化的统一。比如，赐予阿伽门农王权的宙斯，同时也是特洛伊的守护神。

而 the God（宙斯）、Gods、Goddesses、Heroes、Heroines、assorted Daimones，既为整体（统一于宙斯、"奥林匹斯秩序"或更高的"命运"），又存在差异（不同城邦对应各自偏爱的诸神与英雄）的自上而下的"神人秩序"，就构成了充满斗争又和谐统一的"古代希腊异教崇拜"（Ancient Greek Cults）系统。

需要强调的是，这种"斗争性"或"神圣的暴力"③在希腊世界还未曾

---

① 比较苏格拉底的"守护神"（diamon），这种作为哲学与艺术理性的内在守护神的"范式"，一直影响并延续到当今文化保守的艺术理论，或"灵知主义"理论中，如当代著名的灵知主义文艺评论家哈罗德·布鲁姆，参见 BLOOM H.Genius: A Mosaic of One Hundred Exemplary Creative Minds[M]. New York: Warner Books, 2002.

② LARSON J. Ancient Greek Cults: A Guide [M]. London：Routledge, 2007: 3.

③ KITTS M. Sanctified Violence in Homeric Society [M]. Cambridge：Cambridge University Press, 2005.

遭遇外部文明侵犯或内部毁灭性内战的时候，并未显露出弊端，而是充满城邦之间"战争与和平"的"竞赛活力"（比较尼采《荷马的竞赛》）与英雄的"德性"（此时 arete 除了身份的高贵，主要强调德性的"勇德"面向）。而多年后，当希腊世界连续遭遇东方波斯文明的侵扰，以及经历了扩大的毁灭性内战（伯罗奔尼撒战争）时，这种"诸神之争"的正面意义将遭遇来自希腊文明内部的批判，如苏格拉底时代兴起的一股基于"激进君主制"的批判思潮那样，认为它裹挟而来的民主式"争吵"，正是当时雅典溃败与社会分裂之源。但在"荷马的时代"（Homeric Age），这种"斗争性"反而发挥了"泛希腊世界"各城邦文明的统一作用，将处于"战争与和平"之"竞赛活力"的各方，纳入一种统一文明构建的"分裂的共识"中来。而这一点，也构成了笔者对"荷马书写"的一种"强解释倾向"的"希腊秩序危机论"的质疑与回应。

二、"实践"：英雄时代的政制与伦理

除却诸神（Gods）的世界，《荷马史诗》亦为我们展现了宇宙（kosmos）之下的城邦的世界，尽管，诸神无时无刻不萦绕和主宰着城邦生活的方方面面，成为"世界秩序"的主要架构，但我们亦非决然不能划分出从属于"人世"的城邦的边界。正如马克·范·多伦（Mark Van Doren）所言："荷马的世界是一个贵族的世界……那是一个专属于或几乎专属于战士和国王们的世界；那个世界里只有财富、勇猛和荣誉等寥寥几事值得重视。那是一个主要属于男性，而非女性和儿童的世界；那是一个战争的世界，里面有奴隶、俘虏，也有酋长、家长……这位诗人受到以上各种事实的限制，却为我们留下了他的杰作，让我们自身的想象自如地沉浸其中……这正是荷马作品的终极魅力所在。"[1]

而在进入荷马所描绘的尘世秩序前，我们需要首先澄清的概念，即 Polis 的用法问题。Polis，即城邦或政制。该词的用法，最早用以特指荷马时代之后兴起的拥有卫城（acropolis）的作为宗教与政治中心的希腊政

---

① 马克·范·多伦.《奥德修斯的世界》序言 2［M］//芬利.奥德修斯的世界.刘淳，曾毅，译.北京：北京大学出版社，2019：16.

治体。而在荷马的古风时代，秩序更多地被贵族家庭支配的部族、宗族（gene/genos）所主导。或者用亚里士多德的话来说，Polis 乃是"实现了完备而自足生活的宗族（gene）和村落（komai）的共同体"①。而在此处，笔者谨借 Polis 一词来统称荷马时代的人类秩序，以区别于人类秩序之上的诸神的 Kosmos 秩序。

在《荷马史诗》中，描绘人类政制或尘世秩序的段落不少，在此，笔者采纳剑桥学派所编辑的《早期希腊政治思想：从荷马到智者》（*Early Greek Political Thought from Homer to the Sophists*，1995）一书中所摘引的相关史诗片段，来简要呈现"荷马的世界"的尘世政制构造。②

（一）从"家"到"社群"：平民、贵族与"多头政制"

《伊利亚特》第二卷，出现了一个经常被人提及的"不光彩"的角色，即作为平民的代表——特尔西特斯（Θερσίτης）。而在这场平民与贵族的"对手戏"前，阿开奥斯人正纷纷整装上船，打算离弃他们苦苦坚守九年的特洛伊海岸的战场，而奥德修斯在女神雅典娜的召唤下，手持阿伽门农的权杖，试图劝说阿开奥斯人返回。而在这一幕中，荷马为我们简要呈现了阿开奥斯人的"多头政制"（πολυκοιρανίη）的统治问题：

> 但是他看见一个普通兵士在叫嚷，
> 他就用权杖打他，拿凶恶的话责骂：
> 我的好人，你安静地坐下，听那些比你
> 强大的人说话；你没有战斗精神，
> 没有力量，战斗和议事你都没分量。
> 我们阿开奥斯人不能人人做国王；
> 多头政制不是好制度，应当让一个人称君主，
> 当国王，是狡诈的天神克罗诺斯的儿子

---

① 亚里士多德.政治学［M］.吴寿彭，译.北京：商务印书馆，1965：1281a1.

② GAGARIN M, WOODRFF P. Early Greek Political Thought from Homer to the Sophists［M］.影印本.北京：中国政法大学出版社，2003.

授予他王杖和特权，使他们统治人民。(《伊利亚特》卷二，行 198—206)①

根据同样出自《伊利亚特》第二卷的两军对阵清单的描绘，最小的一支船队由奥德修斯统领，大概 12 条船，而阿伽门农拥有 100 条船。阿开奥斯人的总人数俨然已超过了 6 万人。然而，根据芬利的研究，荷马时代的单个社群（demos）人口数量大约为几百或几千人，但《荷马史诗》中所提到的数字，无论是战船、部队还是奴隶的数量，都不符合真实的希腊世界的原初社群规模。②

因此，古风时代的希腊世界的社会，还远远没有达到后来 6 世纪克里斯蒂尼（κλεισθένης）奠基的雅典民主制城邦的规模。而在这个时期，希腊社群的构成主要是大大小小的"家族"（oikoi/oikos）。③在荷马的世界里，围绕家族，尤其是人数更众的贵族家族，我们能区分出如是的各色的人：奴隶（drester，包括农奴或契约奴，某些时候也用以指提供劳作与侍奉的自由人）、家臣（therapontes）或帮工（thetes，仅提供服务）、贵族（aristoi，字义"最优秀的人"）。此外，希腊社群在家族之外还游离着一些"身怀技艺"的自由人，他们被称为 demioergoi，意为"为人们工作的人"，这些人可能是"外地人"，至少，他们并非当地的贵族或奴隶，亦拥有自己的家产，为希腊社群提供一些不可缺少的服务。

正是在这样远远小于城邦规模的以家族或家为核心的社群组织中，人们得以维持和组织自己的生活。然而，也同样是在"家"的组织中诞生了希腊社会的权力结构，各种物质的满足、伦理规范、价值规范、职责、义务和社会关系，甚至人与神的关系，都由此生发出来，构成一个个完整的希腊政

---

① 本文中的各处引文多来自罗念生、王焕生与陈中梅三位先生的译本，但各处译文皆有不同程度的改动，笔者参考了 A. T. Murray 编辑的 Loeb 版希腊文（1924），以及 G. S. Kirk 的《伊利亚特》六卷本评注 *The Iliad:A Commentary*（1985），Joseph Russo 等人的三卷本《奥德赛》评注 *A Commentary on Homer's Odyssey*（1993）。

② 芬利.奥德修斯的世界［M］.刘淳，曾毅，译.北京：北京大学出版社，2019：29.

③ ADKINS A W H. Moral Values and Political Behaviour in Ancient Greece: From Homer to the End of the Fifth Century［M］.London: Chatto and Windus, 1972: 11.

制权力结构的单位。正如古代希腊最古老的"经济"，亦从属于"家政"，而"家政学"与"政治学"一样，oikos 亦表征着围绕家庭等级成员而来的人口、田产、资财及权力关系的总和。也正是在这样的意义上，我们才能理解奥德修斯的"返乡"（nostos）及其围绕"娶亲"事件的"家政"纷争而来的厮杀与争斗，亦是关乎当时希腊政制本身的一场重大事件。

　　回到《伊利亚特》第二卷的该节。奥德修斯不停地使用权杖敲打普通的士兵，这些士兵或者是家庭中的奴隶，或者作为自由人的帮工，或者本身就是一些较小家庭的成员，他们团结在本地的大家庭的贵族成员身边，一同来到遥远的特洛伊海岸，为了掠夺以充实自己的家财，让自己的"家"壮大而享有更大的社群权力①，抑或为了赎取自己的奴隶身契。在这样的阿开奥斯人的混编团体中，实际的主宰是一个个的大家族的贵族首领（"国王"：basileus），他们通过商议来决定内外大事的行动，在这个意义上，他们可以说是一种基于多个家族权力结构之上的"多头政制"。且这种"多头政制"，往往同家族中辈分（或年龄）最高者联系在一起。比如，在《伊利亚特》第十八卷中，当帕特罗克洛斯（Patroclus）死后，火神赫菲斯托斯（Hephaestus）为阿喀琉斯（Achilles）锻造了一副新的铠甲和盾牌，在盾牌上，赫菲斯托斯描绘了两座美丽的城市，其中一座为我们呈现了这样的以"长老"为"多头政制"组成的集会（agora）状况：

> 另有许多公民聚集在城市广场，
> 那里发生了争端，两个人为一起命案
> 争执赔偿，一方要求全部补赔，
> 向大家诉说，另一方拒绝一切抵偿。
> 双方同意把争执交由公判人裁断。
> 他们的支持者大声呐喊各拥护一方，
> 传令官努力使喧哗的人们保持安静，

---

① 因为荷马时代的"家庭"的权力，来自"财富、个人实力、婚姻和联盟的关系，以及随从"。参见 HAMMER D. The Iliad as Politics: The Performance of Political Thought［M］. Norman: University of Oklahoma Press, 2002: 80.

> 长老们围成圣圆坐在光滑的石凳上,
>
> 手握嗓音洪亮的传令官递给的权杖,
>
> 双方向他们诉说,他们依次做决断。
>
> 场子中央摆着整整两塔兰同黄金,
>
> 他们谁解释法律最公正,黄金就奖给他。(《伊利亚特》卷18,行497—508)

"阿喀琉斯之盾"上刻画的这种长老围坐、公正地运用法律依次决断的方式,形象地彰显了"多头政制"良好运作下的公允与秩序。然而,"多头政制"本身也容易带来纷争与不和,难以获得统一的强制决断。让我们回到《伊利亚特》第二卷。为了发布"返回战场"的命令,奥德修斯手举代表阿尔戈斯人"最大家族"权力的"阿伽门农的权杖",向普通的阿开奥斯"家族"成员(普通士兵)发表了这样的政制论断与宣讲:"多头政制"不是好制度,应当让一个人称君主,当王。

因为在荷马或奥德修斯此时的视野里,掌控住各类家族的纷争与意见,以便获得统一的行动,必须有一个凌驾于"多头政制"或多个家族权力之上的更为集中的"国王的权力"。而该权力的获得乃是基于"力量"与"天神的授权"(《荷马史诗》对阿伽门农权杖"交递"来源的叙述,其实也呼应了这种"权力神授"关系),也即基于最大家族的势力。只有在这样基于最大势力的"单一"国王,而非"多头"国王的领导下,才能完成统率阿开奥斯各家族,走向特洛伊旷日远征的最终胜利的神圣使命。

也正是在芬利为我们描绘的这种"家庭、亲族与社群"的荷马尘世秩序构造前①,我们才能理解紧接着作为"平民"也即"小家庭"代表的特尔西斯的出场。在这里,荷马采用了一种极具戏剧修辞的讽刺与调侃口吻,刻画了这个小家庭代表的"德性"的丑陋与卑微:

> 他在所有来到伊利昂的阿尔戈斯人中

---

① 芬利.奥德修斯的世界[M].刘淳,曾毅,译.北京:北京大学出版社,2019:37-48.

最可耻不过：腿向外弯曲，一只脚跛瘸，

　　两边肩膀是驼的，在胸前向下弯曲，

　　肩上的脑袋是尖的，长着稀疏的软头发。

　　他最为阿喀琉斯和奥德修斯所憎恨，

　　因为他总是同他们争吵，他当时再次

　　用尖锐的话语责骂神样的阿伽门农。(《伊利亚特》卷二，行 216—222)

　　因为，对荷马或荷马时代而言，德性：Arete 或表征德性的诸词语——Agathos，Esthols，Arete，它们对应着对立面的德性之卑下与恶——Kakos，Deilos，Kadotes；而在诸德之善中，尤其是表征"力量"的勇德，既关乎贵族的实力与身份，亦关乎整个希腊政制的合法性本身，亦即国王的德性从各方面而言（包括相貌），"自然"就高于权力等级更低的人。① 也正是在这个意义上，当我们看到以这样"德性"卑下的面目呈现的特尔西特斯时，就不足为怪了：相貌"跛脚、口吃、驼背、尖脑、秃头"，而言行"胡言乱语、爱拌嘴、爱讥笑、发狂、胆怯"。②

（二）agathoi 的义务伦理

　　如是，与"小家族"的德性卑下或下贱者（cherēes）相对应的"大家族"的贵族成员，或作为最强势力代表的国王（在古代希腊，尤其柏拉图时代之前，往往用"僭主"来称呼国王），不仅在德性或品质上呈现出更强力、更有美德、形象更高贵光辉等形象，在实际的政治义务中，亦须承担更为高贵的责任。这些共同构成了古风时代的希腊秩序中的所谓"高贵者"（agathoi）的生存"质料"。比如，在《伊利亚特》第十二卷中，为了摧毁阿开奥斯人的壁垒，特洛伊英雄萨尔佩冬（Sarpedon）用激昂的言辞勉励着他的同伴格劳科斯（Glaucon），他如是传达了身为"贵族"所肩负的义务：

---

　　① 当然这种看法也存在争议，比如，麦金太尔就认为，《荷马史诗》中，不管一个首领的个人品质如何，当且仅当他真正履行了职责，他就是善的。参见麦金太尔.伦理学简史 [M].龚群，译.北京：商务印书馆，2003:33.因此德性和"义务"的履行紧密相关。

　　② 对荷马世界德性的价值术语的研究可简要参看阿德金斯.荷马史诗中的伦理观 [M]// 刘小枫，陈少明.荷马笔下的伦理.北京：华夏出版社，2010: 55-78.

格劳科斯啊，为什么吕底亚人那样

用荣誉席位、头等肉肴和满斟的美酒

敬重我们？为什么人们视我们如神明？

我们在克珊托斯河畔还拥有那么大片的

密布的果园、盛产小麦的肥沃土地。

我们现在理应站在吕底亚人的最前列，

坚定地投身于激烈的战斗毫不畏惧，

好让披甲的吕底亚人这样评论我们：

"虽然我们的首领享用肥腴的羊肉，

咂饮上乘甜酒，但他们不无荣耀地

统治着吕底亚国家：他们作战勇敢，

战斗时冲杀在吕底亚人的最前列。"

朋友啊，倘若我们躲过了这场战斗，

便可长生不死，还可永葆青春，

那我自己也不会置身前列厮杀，

也不会派你投入能给人荣誉的战争；

但现在死亡的巨大力量无处不在，

谁也躲不开它，那就让我们上前吧，

是我们给别人荣誉，或别人把它给我们。（《伊利亚特》卷十二，行310—328）

在这个场景中，虽然战争的残酷迫临，但战斗所带来的荣誉感，或与贵族身份相匹配的追求荣誉的"义务"，激励着特洛伊的贵族英雄，因为只有勇敢、身兼重任并"冲杀在最前列"，才能配得上享有"荣誉席位、头等肉肴和满斟的美酒"，才配得上"人们视我们如神明"。这是一种行动义务与社会权利、荣誉的匹配，或者说义务与灵魂德性匹配的独特的"荷马世界"的伦理，如果借用亚里士多德的"四因说"，我们也可以认为：正是行动的"目的因"，成就了灵魂或身份的"质料"，或者"质料"必然对应与召唤着荣誉与牺牲的行动"目的"的追求。

如麦金太尔所言："反映在希腊《荷马史诗》中的是这样一个社会：在这个社会中，最重要的判断是在个人事务方面，即在履行社会指派给他的社会职责方面。正因为，一定的品质对于履行一个国王、一个武士、一个审判官或一个牧羊人的职责是必须的，所以诸如权威、勇敢、正义这类述词才有了用途。agathos 一词（我们的'善的'这个词的始祖），起初是专门用于描述荷马贵族角色的述词。"①因而"善"，对荷马社会而言，最为典型的意味着"社会职责的履行"，而与此相关的其他概念也显明了这一点，比如，羞愧（aiduos）的情感，它呈现了一个人（尤其加诸贵族，而希腊秩序也即道德秩序之外的奴隶则无法分有这种道德义务的情感，尽管我们对于荷马世界描绘的是真实的希腊秩序，还是理想中的希腊秩序，存在争议）在履行社会指派其的角色失败之时的感觉，"感到羞愧完全是因为你意识到，你没有达到曾经导致人们希望于你的，你和别人都认为适合于你自身的那种社会确定的类别，由于在职责上的失足，你给了别人指责你的权利，换言之，羞愧是人们咎由自取的感觉"②。

因为对"荷马的世界"而言，一种从诸神的 Kosmos 到"家族"为主导的地方希腊社群组织，再到以"多头政制""单一制"混合并行的阿开奥斯武装"集会"，一种分明的"权力"等级秩序井然分明，且与之相匹配的道德秩序或政治义务亦井然分明："现在所有人都坐下来，井然有序地在自己的座位上；只有饶舌的特尔西特斯还在叱骂不休，他心里满是多而混乱的词句，徒劳无益又毫无章法地与国王们争吵。（《伊利亚特》卷二，行211—214）。"奥德修斯维持秩序的权杖与特尔西特斯的"无序"，正呼应着"荷马的世界"伦理的正反两面。尽管，或如芬利所言：荷马世界中的"贵族和平民持有两套完全相反的价值观和理念。而某些行为领域中确实存在着两种标准，比如，工作精神，又如，对权利的保护"。③但是，诸如希腊英雄的法则：荣誉与力量，是当时希腊秩序所有人都认同的尘世义务与准则，无论出生于何种"家

① 麦金太尔.伦理学简史［M］.龚群，译.北京：商务印书馆，2003:28-29.
② 麦金太尔.伦理学简史［M］.龚群，译.北京：商务印书馆，2003：32.
③ 芬利.奥德修斯的世界［M］.刘淳，曾毅，译.北京：北京大学出版社，2019：58.

庭"或"家族"，无论贵族与平民，德性高下与卑贱："英雄的行为准则是如此完整而又清晰，所以不管诗人自己，还是那些人物，都不曾有机会讨论它。"①这也构成了一种独特的荷马世界的"荣誉－竞争－利物"的生存秩序模式，从中严明着贵族乃至国王或僭主的义务，也构造着他们的权力与使用权力的法则。

此外，我们还须知道，这种独特的义务与善的关系或社会秩序，在《荷马史诗》之后将发生急剧的变化，如在荷马稍后时期、前古典时代的梅加拉（Megara）的《神谱》（Theognis）中②，所收录的诗篇对"善"与"德性"的描绘，不再依据"社会认可的职责"，而是有了根本性的扩展：它们或者成为一种身份的描述，或者仅仅涉及个人自身，如同现代性含义下的"道德品质"，而无关于职责义务，因为一种具有固定标准的"单一社会"，或作为统一的荷马世界的秩序，当时正在发生崩溃。这也印证了笔者上一章的粗略结论：荷马世界并非迈锡尼文明的混乱与解体，恰恰是一种充满"崇高竞赛"的理想社会的统一体。

三、"心灵"：秩序的"混乱与统一"

跟随安东尼·朗（Anthony A. Long）关于希腊心灵演化路径的研究，在"荷马的世界"讨论的最后部分，我们将简要探讨荷马式的"心灵"问题，因为"心灵"问题直接对应着《荷马史诗》中的希腊秩序的"动力因"问题。③这意味着我们在试图回答："荷马的世界"，除却诸神主导的宇宙正义的政制设计"目的"，尘世大地的"家族－社群－多头政制"的政制统治"形式"，充满德性与义务感的作为"质料"的贵族、平民与国王，最终，到底是什么在驱动整个"荷马的世界"运转的——我们的答案是：荷马世界的运转，并非仅仅取决于某种政治家的统治技艺、正义理念或诸神的更高意志，而是作为包含了所有"动变"在内的希腊人的独特的"心灵"，同时，这种"心灵"超

①　芬利. 奥德修斯的世界［M］. 刘淳，曾毅，译. 北京：北京大学出版社，2019：59.
②　FRISCH H. Might and Right in Antiquity. From Homer to the Persian Wars［M］. New York：Ayer Co Pub, 1976.
③　安东尼·朗. 心灵与自我的希腊模式［M］. 何博超，译. 北京：北京大学出版社，2015.

越了善恶的"二元论"，自有其"混乱中的统一"。不过，为了达到此认识，首先我们需要将荷马世界的"心灵"（ψυχή）从当下关于心灵（mind）的普遍样式中区分出来：

（一）"心灵"的分裂与统一

首先是一段学术史的考察。关于早期希腊灵魂（ψυχή）的研究，据说起于德国学者欧文·罗德（Erwin Rohde）和其开拓性的著作《Psyche：心灵崇拜与希腊人的不朽信仰》。[①]作为尼采的密友，罗德深受尼采在《悲剧的诞生》中对阿波罗和狄奥尼索斯的"二元"精神的区分影响，他试图表明：柏拉图式的对人类心灵的描述，很大程度上源于荷马世代之后，某种克己的信仰价值的传入，比如，通过俄耳甫斯崇拜（Orphic cult）和毕达哥拉斯的哲学，从而渗透到了当时希腊的理解当中。不过，也有学者认为罗德未能成功地揭示希腊心灵观念的变化，或者 psyche 这个词在当时得以幸存保留的真实状况。[②]接着，时间来到 20 世纪中叶，这个时段是方法论的革新时期。在《心灵的发现》一书中，布鲁诺·斯奈尔（Bruno Snell）首先通过跨学科的方法迈出了古代思想研究的新的一步，随后奥里昂（R. B. Onians）也在《欧洲思想的起源》中，运用比较语言学的方法，对"心灵"或"灵魂"进行了详尽的词源学的考察。而直到瑞典的梵语研究者恩斯特·阿尔布曼（Ernst Arbman）的相关研究，一种整合了语言分析、古典语言学和考古学的新方法则是被首次加以运用，在其研究成果《早期希腊的心灵概念》一书中，阿尔布曼发现在印欧语系文明中的有关心灵概念之前，还存在一种"二元论"图示，其中，还没有引入诸如灵魂的末世论及心灵的其他心理属性，通过这种图示，他区分出两类早期希腊的灵魂概念："身体－灵魂"（body-soul）和"自由－灵魂"（free-soul）。前一类灵魂，功能是赋予身体以生命和情感；而后一种灵魂，则

---

① ROHDE E. Psyche: The Cult of Souls and Belief in Immortality Among the Greeks［M］. London：Routledge, 1925.

② MACDONALD P. History of the Concept of Mind: Speculations about Soul, Mind and Spirit from Homer to Hume［M］. London：Routledge, 2017: 12.

赋予人类一种个体意义上的灵魂的无约束性，或者个性。① 这些概念其实为许多原始的心灵、心智理论所共享。后来布雷默（Bremmer）跟随阿尔布曼的研究，认为荷马所使用的心灵（ψυχή）一词，可以看作一种"自由－灵魂"的类型，但荷马所使用的其他的、与同一个人内在生命活动相关的词语，比如，血性（thymos）、理性（nous）和精神（menos）等，则应被看作一种"身体－灵魂"。因为，荷马所描绘的生者的心灵和亡灵的心灵其实是互为沟通的，或者说人活着时候的"自由－灵魂"意义上的 ψυχή，是可以延续到死者身上的——尽管对希腊的亡灵而言，并不存在一种统一的灵魂的图示。

如是，我们对照荷马对 ψυχή 的运用。如麦克唐纳德（Paul S. Macdonald）所言：无论是在《伊利亚特》还是在《奥德赛》中，每当提及 ψυχή 的时候，都是当生者处于危机之中的时候，而在这个时候，如果一个人丧失了 ψυχή，他的结局将是难以求生，甚至失去自己的生命。此外，当一个昏迷或失去生命的时候，他的身体也将失去 ψυχή。②

我们简单从《伊利亚特》有关 ψυχή 的几处章节来展开分析，比如，当阿开奥斯人的传令官请求阿喀琉斯压制自己的愤怒，并重新投入战斗的时候，阿喀琉斯抱怨自己将冒着失去 ψυχή 的风险（《伊利亚特》卷九，行 322）；而当阿格诺尔（Agenor）在阿波罗的鼓舞下，准备迎战正当杀来的阿喀琉斯的时候，他这样安慰自己内心的恐惧：他（阿喀琉斯）也只有一个 ψυχή，他也是凡人，只是克洛诺斯之子宙斯赐给他荣誉（《伊利亚特》卷二十一，行 569—570）；再比如，当阿喀琉斯在特洛伊城下追逐着赫克托尔时，荷马认

---

① 阿尔布曼的研究表明：Free-soul 在人类无意识或意识被动的时候，较为活跃。而"Body-souls"在人类个体处于清醒状态的时候则更为活跃。与 Free-soul 相比，Body-souls 通常被区分为如下几个组成部分：（1）Life-soul，通常与呼吸或身体的机能组织相关；（2）Ego-soul，这种 Body-soul 及它的其他几个部分，产生出个体的"内在自我"或人格。该理论的解释运用，比如，在希腊早期或印度吠陀时期，灵魂的这两个部分还没有达到一种统一性。后来，吠陀形成的关于 Atman（Free-soul）的概念，则包含了 Body-souls 的相关心理属性。参见 MACDONALD P. History of the Concept of Mind: Speculations about Soul, Mind and Spirit from Homer to Hume［M］. London：Routledge, 2017: 13.

② 我们应比较后来柏拉图的厄尔神话和荷马的 ψυχή 叙事之间的关联，简言之，厄尔神话的灵魂复归，乃是对荷马所论述的每当人死亡则灵魂离开，并前往哈迪斯处的一种灵魂样式的部分借鉴，尽管荷马并没有谈论当人复活或清醒的时候的灵魂状态，但显然 ψυχή 将重回人的身体，或者 ψυχή 将寻找自己的"来世"。当然，我们说的借鉴仅仅停留在"灵魂寻找载体"这个层面，厄尔神话和荷马的 ψυχή 叙事存在根本性的差异，这个差异来自灵魂的本质：一个是高贵的，一个是"鬼魂一般的、黑暗而阴郁的"。——笔者注

为，这追逐的奖赏，不是为了祭品，或者牛革这些通常的竞赛奖励，而是为了夺取驯马的赫克托尔的 ψυχή（《伊利亚特》卷二十二，行 161—162）。

此外，我们还应注意一下荷马式的 ψυχή 离开身体的诸种方式，尽管，我们无从得知荷马笔下的 ψυχή 到底处于身体的哪个部位，但他为我们描绘了 ψυχή 大致会从如下几个部位离开：（1）从四肢离开（《伊利亚特》卷十六，行 362）；（2）通过嘴巴离开身体（《伊利亚特》卷九，行 409）；（3）通过胸部离开《伊利亚特》卷十六，行 505；（4）通过侧翼的伤口离开（《伊利亚特》卷十四，行 518）。①

通过《荷马史诗》，尤其是《伊利亚特》中的灵魂描绘，对比布雷默和阿尔布曼的灵魂"两分法"的样式，我们大概可以追随布雷默的如下看法：首先，荷马世界的 ψυχή，更类似于一种"自由 - 灵魂"，它活跃于身体内外，哪怕人死去也存活着，不像"身体 - 灵魂"那样同人的生命与情感紧紧绑定。并且，也正是因为这种灵魂的"自由"，它才不拘于人的某个具体部位。其次，"自由 - 灵魂"亦需要载体，与"身体 - 灵魂"部分类似，当"自由 - 灵魂"离开的时候，身体也会死于疾病或外在伤害，反之，与后来柏拉图的厄尔神话类似，它亦会"复归"，寻找新的世俗载体，延续它在尘世的存在。

但是，事实却并非如此简单，ψυχή 仅仅是荷马所使用的用于表征人类灵魂的其中一个词语，如我们之前提到的：血性（thymos）、理性（nous）和精神（menos），甚至还包括心智或心胸（phrenes）、心（kradie，多指动物）等更为用法复杂的"灵魂系"的词语，让我们对荷马"心灵"的探讨变得更加复杂和困惑。恰如奥利安斯（Onians）、斯内尔（Snell）等当代学者所被迫承认的：在荷马的思想中，并没有一个统一的关于心灵的概念。而不同的"心灵"术语在《荷马史诗》中的不同英雄那里，被并非完全一致地使用着。而更可能真实的情况或许是，荷马对人类的人性图景的全部观点为：灵魂的多样性。② 然而，这或许是一种过于消极的看法，亦如另一位学者露丝·帕德

---

① 根据阿尔布曼的比较研究，在欧亚大陆以北的信仰体系中，ψυχή（自由 - 灵魂意义上的）要么位于人的全身，要么位于心脏、肺或肾这几个部位。

② MACDONALD P. History of the Concept of Mind: Speculations about Soul, Mind and Spirit from Homer to Hume [M] .London：Routledge, 2017: 19.

尔（Ruth Padel）所反驳的：

> 如果我们在内部对话中加入多个内在词语，我们触及的不是对“自我”缺乏任何一致的概念，而是更积极的东西：荷马式地对精神和情感体验之“无秩序的洞察”；以及对无序的事物的统一愿景。①

为了支持自己的这一“积极”的判断，露丝·帕德尔还举了荷马对阿喀琉斯与赫克托尔之间发生的内心和外在斗争的叙述为例，她认为：“该叙述向我们展示的那样一个经历了一小段时间的男子，（他）并非如一串各不相同的声音，而是如同一个正当经历了迷失与自我冲突的某个人。”② 如是，这种心灵的“不统一或多样性”正是荷马用以呈现人的“一致性”的方式。故而，我们可以认为：那些不同的关乎“心灵”的词语及其多样的存在、用法与解释，对于荷马呈现人类的生活、身体及其内在心灵的多重视域，是必不可少的途径。

（二）“身 – 心”混沌论

尽管 ψυχή 可以离开英雄的身体，并导致后者死去，但如安东尼·朗所揭示的，荷马式的“心灵”不同于笛卡尔的“身 – 心”“二元论”，亦不同于柏拉图和普罗提诺类似的 ψυχή 的心灵“实体”的用法，“荷马并没有主张这种二元论”，而是如同赖尔在《心的概念》中所表达的：并不存在单独的心灵这种“机器中的鬼魂”，心灵毋宁说是一种“我们在说话、计算、选择等行为中都会运用到的倾向性能力（dispositional faculty）”③ ——而这也类似于我们前章所提到的荷马灵魂的那种“赋予人类个性”的“自由 – 灵魂”（free-soul）的 ψυχή 模式。

---

① PADEL R. In and Out of the Mind: Greek Images of the Tragic Self [M] .Princeton: Princeton University Press, 1992: 18-19.

② PADEL R. In and Out of the Mind:Greek Images of the Tragic Self [M] . Princeton: Princeton University Press, 1992: 46-47.

③ 转引自安东尼·朗 . 心灵与自我的希腊模式 [M] .何博超，译 .北京：北京大学出版社，2015：34.

进一步而言，荷马的世界与世界中的人类心灵，还不曾拥有柏拉图厄尔神话，抑或《斐多》《理想国》等作品中一再重述的"灵魂三分法""灵魂的车马喻"那种充满不朽与高贵的灵魂的独特性，充满"最真、最善，也最为实在"。而是如我们之前所看到的，荷马式的 ψυχή，一旦离开了活人的生命，它们尽管"自由"了，然而也只能归向"哈迪斯"黑暗、阴郁的冥府，毫无生气，了无善恶：

当荷马式的人断气之时，它们呼出了自己的全部气息，也就是 ψυχή，然后彻底了结。当灵魂把尸体遗弃在了身后时，他们曾经拥有的生命也就走到了尽头。所以《伊利亚特》的开篇，我们读到无数武士的灵魂去到冥府，离开了他们自己（也就是身体），身体变为腐肉，为禽犬吞食。①

造成这种无善无恶的灵魂样式的根本原因，在于荷马从未对他的英雄做一种善恶二元式的区分，而是归于一种灵魂的个性，如"坚韧的或狡猾的奥德修斯、睿智的佩涅罗普、行走如飞的阿喀琉斯"等。他们是完整的人，拥有自己"自由 - 灵魂"所支配的完整的个性，而这类个性，并非"善恶"的区分所能涵盖，如同我们在上一章所揭示的，荷马笔下的人物，其心灵绝非可以寻找到具体的位置，也绝非某个表征心灵的词语或某种灵魂的分类法能完全涵盖对一个人物的心灵的解释。

荷马的世界是如此复杂与多元，如同安东尼·朗为我们演示的，奥德修斯内心情感的纷乱状态，其中 thumos、phrenes、kardie 竞相出现，用以表征奥德修斯作为一个完整的人"能够与自己的身体对话，也能对抗身体的冲动"。这种对抗，并非柏拉图式的灵魂的理性部分与非理性部分的斗争，荷马也并没有最终让奥德修斯追随一种"明智"的最终理想状态，而是赋予他独特个性中的"狡猾"形象与摆脱灾难的"能力"，甚至荷马用了一个修饰语——"犹如一只母犬狂吠"来形容这种复杂内心的冲突状态：

---

① 安东尼·朗. 心灵与自我的希腊模式［M］. 何博超，译. 北京：北京大学出版社，2015：13.

奥德修斯的血性烦愤，在他的胸腔鼓起，

思考斟酌，在心胸里再三思量，

是冲扑上前，把她们全都杀光，

还是让她们和狂傲的求婚人再睡一回，作为

最近、最后一次合欢——他的心灵在胸中吼响。

犹如一只母犬狂吠，守护弱小的犬崽站防，

面对不识的生人，咆哮着准备斗打，

奥德修斯的心灵咆哮，暴怒于坏毒的事项。

他挥手拍打胸脯，责备自己的心灵说讲：

坚持住，我的心灵，你曾忍受更坏的景况。(《奥德赛》卷二十，行9—18)

最终心灵的决断并非来自"理性"，而是"坚持住"这样一句内心的自我与自我的对抗。因为，对荷马世界的人物而言，他们悲剧式的高贵，来自个性和职责的符合，来自履行贵族的义务、神的护佑和连诸神也无法逾越的更高的"命运"。他们无须柏拉图式的灵魂的"自我统治"，因为更高的命运和诸神统治着他们，他们也并不更多地承受理性或哲人式的"认知性"的主导、反思的主导，因为"荷马的世界"的"目的"并非如此黯然，如"理念"般如此纯粹，因为这是"关于死亡与承受死亡威胁"的世界，自有其"活力、欢欣、痛苦与悲怆"，自有其"混乱中的统一"。

综上，我们可以说，《荷马史诗》所描绘的"英雄时代"的秩序，从"理念－心灵－实践"的秩序模型来分析，可以概括为：一种提倡"诸神之争"和"崇高竞赛"的奥林匹斯"神义"秩序，投射到心灵当中则是一种充满活力的"混乱中的统一"的心灵状态，以及一种实践领域的倡导"勇德"与"义务"伦理的以"家"和"社群"为单位的"多头政制"或"家长制"。此即《荷马史诗》所描绘的时代，或希腊"英雄时代"的秩序简况。

第七章

希腊秩序：古风时代

如上，我们介绍了古希腊"英雄时代"的秩序，现在我们来到"古风时代"（公元前 8—前 6 世纪左右的希腊世界）。笔者将古风时代分为两个时期，第一个时期是公元前 8 世纪左右的古风时代早期，第二个时期是公元前 7—前 6 世纪，笔者称为"抒情诗"的时代。古风时代早期，最能代表这个时期的作家和作品首先当归属于赫西俄德①及其劝谕诗《劳作与时日》（荷马也生活在这个时期，但其作品我们主要认为反映的乃是公元前 12 世纪的希腊世界），当然还有其著名的"神义论"秩序的代表作《神谱》。我们首先简要介绍一下赫西俄德作品的相关流传情况及学界的相关讨论。

一、公元前 8 世纪：赫西俄德的神话与正义

古代世界归之于赫西俄德名下的作品大概有 16 种，而今天只有《神谱》和《劳作与时日》被看作是赫西俄德的真作。②固然，如亚历山大里亚的学者们所做的区分，赫西俄德的作品作为"赞美之歌"（hymnic epic）与"劝

---

① 赫拉克利特就曾说过："赫西俄德是众人的教师"（《赫拉克利特残篇》第 57 篇，另比较柏拉图对荷马的称呼），在 7 世纪后的希腊世界，赫西俄德声誉卓著、影响深远，甚至出现过古代城邦之间为争夺"赫西俄德之坟"而反目成仇的传闻。与《荷马史诗》的地位相似，当时的普通大众甚至小孩也通过阅读《神谱》来认识自己的诸神。参见吴雅凌. 赫西俄德和他的《神谱》[M] // 吴雅凌. 神谱笺释. 北京：华夏出版社，2010：8.

② 赫西俄德的相关作品，比如，《列女传》（*Catalogue of Women*），被认定为公元前 6 世纪的诗歌，而《赫拉克勒斯之盾》（*Heracles's shield*）的真实性也被亚历山大里亚的学者所怀疑，尽管这些诗歌在古典作品中都极具影响力，并为我们呈现了希腊文学与叙事诗的创作源头。参见 SCULLY S. Hesiod's Theogony: From Near Eastern Creation Myths to Paradise Lost [M]. Oxford: Oxford University Press, 2015.

谕之歌”（didactic epic），贡献了希腊早期文明除荷马“叙事之歌”（narrative epic）之外的全新的文学题材①，但是，今天学界对其产生起源的追溯，往往认为他与早期近东（near east）文明及埃及之间存在深刻的写作主题的“平行”（parallels）关系。②这种“平行”一方面体现在赫西俄德的希腊神谱与近东更为古老的神话信仰之间的相似，比如，存在诸神的不同世系，并且不同诸神的角色地位都环绕于一个作为中心的主神等，但最为重要的“平行”类似乃是被学界称为一种“处于天国系统中的王制”（kingship in heaven cycle，简称KIHC）的神谱范式。这种平行比较被用于赫西俄德的神谱同近东其他文明神话范式的比较当中，比如，诞生自公元前两千年中期的“北叙利亚”胡里安文明（hurrian civilisation）的由匿名作家创作的一系列“赫梯颂歌”（Hittite Songs），其中的库玛比之歌（song of kumarbi）中，就出现了与赫西俄德神话类似的“克罗诺斯 - 宙斯”（Kronos-Zeus）主神故事：其中天神阿鲁（Anu）被其对手阿拉鲁（Alalu）的儿子（Kumarbi）阉割，而诞下了风暴之神特苏比和他的其他兄弟姐妹。③此外，一些学者还发现了这种神话叙事共享的所谓“巴比伦模型”（Babylonian Models）④，以及从《神谱》的叙事到人类世系的“连续”叙事之间的更多相仿，从而凸显了赫西俄德同整个近东文明之间

---

① 有别于亚里士多德的定义，史诗（ἔπεα）一词，在更古老的时代是指被缪斯所感召（Muse-inspired）的歌。参见 SCULLY S. Hesiod's Theogony: From Near Eastern Creation Myths to Paradise Lost ［M］. Oxford：Oxford University Press, 2015: 10.

② 这些近东地区包括西亚、埃及，甚至更远的印度等东方文明。而一些学人也试图揭示赫西俄德笔下的相关主题甚至写作架构与古代近东著作文化传统之间的平行或密切关系，这些研究者中比较重要的包括 Dorrneiff、Walcot、West、Burkert 等。——笔者注

③ 库玛比神话和赫西俄德神话的相似点如下：（1）第一代主神属于天空；（2）第二代主神阉割了第一代主神；（3）从第二代主神的身体里产生了“当前”的诸神；（4）“当前”的诸神面临着试图颠覆或篡夺他们地位的其他神怪（Monster）的挑战（“挑战者”在赫西俄德中是 Typhon，在其他 KIHC 中包括 Hedammu、Ullikummi 等）。此外，两大神话体系中还存在如从第二代主神“吐出”的石块的相似性；锋利的金属制器在故事中的关键性作用，比如，分割大地与天空、脚与地面；“阉割”行为导致的血液或精液外溢而产生新神；主神想要吃掉自己的后代等类似的故事或叙事范式。参见 RUTHERFORD I. Hesiod and the Literary Traditions of the Near East［M］//MONTANARI F, RENGAKOS A, TSAGALIS C. Brill's Companion to Hesiod, 2009: 10-12.

④ RUTHERFORD I. Hesiod and the Literary Traditions of the Near East ［M］//MONTANARI F, RENGAKOS A, TSAGALIS C. Brill's Companion to Hesiod, 2009: 13.

在"范式共享"上的亲似关系。①

　　但是，这种"世界史"的视野或许并不会增进我们对赫西俄德的写作同希腊本土文明秩序之间的更层关联的理解。首先，在展开赫西俄德式的"秩序与历史"的讨论前，我们要先弄清赫西俄德与"英雄诗"歌者（ἀοιδοί）荷马的关系。② 尽管我们知道，两者各自作为其诗歌流派的创始人，都拥有崇高的权威性，并且，我们今天亦知道，在两人之前还存在更为古老的"歌者"传统——由俄耳甫斯（Orpheus）、穆萨乌斯（Musaeus）、莱努斯（Linus）等更早的"传说人物"所构成的诗人与诗歌传统。正如伍尔夫（Christoph ULF）所言：公元前 6 世纪，随着荷马和赫西俄德被广泛地承认，加诸多利安（Dorians）和伊奥尼亚（Ionians）等社会实体的形成，一种统一的"希腊"认知才得以形成③ ——因为荷马和赫西俄德的写作直接关乎统一的希腊"秩序与历史"的最初建构问题，故此，我们才在此两人身上着墨为甚。那么两人之间是否存在某种关联，或者存在同希腊秩序的构建紧密相关的关系？

　　——首先，撇开希腊秩序的建构，仅就两人的创作而言，学界基本持这样几种立场：第一类是"竞争"关系④，即暗示他们是同时代人，并在不同的

---

　　① 近东神话与赫西俄德的关系，我们大概可以总结为：首先，赫西俄德是一名歌者，而歌者意味着也是一种文明传播的使者；其次，赫西俄德的神话或许深受公元前 8 世纪的东部地中海新兴贸易的影响，以及当时希腊人在东方殖民地的影响，从而导致对 KIHC 神话的部分吸纳；最后，很大可能，在赫西俄德之前的几代人中就已经流传了赫西俄德式的神话范式，而这些范式的形成甚至早于青铜时代晚期（the Late Bronze Age）。参见 RUTHERFORD I. Hesiod and the Literary Traditions of the Near East［M］//MONTANARI F, RENGAKOS A, TSAGALIS C. Brill's Companion to Hesiod, 2009: 35. 另参见当下对赫西俄德与近东神话之间关系的最新研究进展：SCULLY S. Hesiod's Theogony: From Near Eastern Creation Myths to Paradise Lost［M］. Oxford: Oxford University Press, 2015: 30-68.

　　② 在希腊的古风与古典时代，希腊人都将荷马和赫西俄德看作"歌者"（ἀοιδοί），使用了类似的"史诗"（ἔπεα）的方言——虽然荷马来自爱奥尼亚（Ionian）地区，而赫西俄德来自希腊中东部说伊欧里斯语（Aeolic-speaking）的比奥夏（Boeotia）地区，但他们在拼写和词语上几乎没有地区差异——直到公元前 5 世纪，希腊人才将两人看作"诗人"或"作诗者"（ποιητής），而到希腊化时期，亚历山大里亚的学者们才开始区分荷马的"叙事史诗"及赫西俄德的"赞美史诗"（《神谱》）和"劝谕史诗"（《劳作与时日》）。参见 SCULLY S. Hesiod's Theogony: From Near Eastern Creation Myths to Paradise Lost［M］. Oxford: Oxford University Press, 2015: 9-10.

　　③ ULF C. The World of Homer and Hesiod［M］//RAAFLAUB K A, VAN WEES H. A Companion to Archaic Greece, 2009: 98.

　　④ WEST M L. The Contest of Homer and Hesiod［J］. The Classical Quarterly, 1967（11）: 433-450. 另参见 RICHARDSON N J. The Contest of Homer and Hesiod and Alcidamas' Mouseion［J］. The Classical Quarterly, 1981: 1-10.

地方参加"作诗"的比赛，而这也符合他们各自的"流浪"身份。除却阿里斯托芬在《蛙》中所含射的荷马与赫西俄德的"竞争"，这种关系，在公元2世纪的一篇散文《荷马与赫西俄德的竞赛》（*Certamen Homeri et Hesiodi*）中可见一二①，其中，国王克尔塔门（Certamen）判定赫西俄德在赛诗中获胜，因为相较于荷马诗歌中的杀戮与战斗，赫西俄德的诗歌表达更为睿智且对社会更有用。此外，两者的竞争还表现在古代一部托名"赫西俄德"的残篇作品中。在该作品中，赫西俄德回忆起他在一场德诺斯（Delos）的诗歌竞赛中，与荷马的相遇。②而这种同时代的"崇高竞赛"关系，据说可以帮助我们在荷马和赫西俄德各自作品的理解中，寻到互相支撑的关于那个时代的理解桥梁。

　　两者的第二种关系是强调两人之间的巨大鸿沟，而不存在竞争性。不仅体现在荷马和赫西俄德的作品风格上的差异（虽然后世各种不同风格的作品被越来越多地归于两者名下），且有别于后来将赫西俄德看作一位"泛希腊化"的大诗人，赫西俄德被视为一个"农人歌者"（当然也有人认为赫西俄德这个名字只是"口头诗歌传统"的一种通用的表述），关心的不是爱奥尼亚的贵族，而是农人的道德与信仰，尽管他用人类起源与众神的诞生开阔了"本土"的视野。并且，赫西俄德和荷马在诗歌风格上还存在"长度"、叙事情节、说教性、写作目的等差异。简言之，荷马的英雄口头诗可以看作为了"取悦"听众，并且出于所阐发事件的年代学上的连贯性，因此需要更大规模的叙事结构，而赫西俄德的作品属于史诗的旁系，它们往往被看作一种具有"分类或谱系"性质的作品，甚或一类有别于"英雄诗"的"智慧诗"，如同希腊化时期的学者和诗人将其看作"说教"（didactic）类作品那样。并且，自赫西俄德始，古代世界的诗歌开始从荷马的视域摆脱出来，更关注于"谱系"、农事、农艺、宗教、科学及道德说教等内容，且具有更为限定的诗行

---

　　① 也可能起源自公元前4世纪的"阿奇达玛斯的学院"（Alcidamas' Mouseion）或更早的传统。参见 CINGANO E. The Hesiodic Corpus[M]//MONTANARI F, RENGAKOS A, TSAGALIS C. Brill's Companion to Hesiod, 2009: 92.另外，这篇散文的中译本参见经典与解释第3辑：康德与启蒙［M］.北京：华夏出版社，2004：294-306.

　　② CINGANO E. The Hesiodic Corpus［M］//MONTANARI F, RENGAKOS A, TSAGALIS C. Brill's Companion to Hesiod, 2009: 92.

长度。

　　然而，如伍尔夫所言，荷马与赫西俄德所身处的公元前 8—前 7 世纪，已是"城邦"刚开始形成的世界，"公元前 7 世纪之前，许多地方的人口渐渐发展为'小镇'（whitley，2001），而荷马与赫西俄德的作品正是在城邦才刚刚形成的世界里创作出来的"①。无论赫西俄德和荷马，究竟谁先于谁出生，两者作品风格上的差异为何，赫西俄德作品所描绘的"政制图景"却已不同于《荷马史诗》所描绘的公元前 12 世纪的那种"诸神 - 多头政制社群（从家庭扩大为亲族，再扩大为社群）"的从 kosmos 到 polis 的希腊世界图景。如卡里埃尔（Jean-Claude Carriere）所说："赫西俄德的理论不同于《荷马史诗》所反映的社会典型：社会通过敬畏'家'或'家长'得到统一，但根据社会等级、年龄和性别的差别存在着因人而异的行为准则。（而）赫西俄德的"正义"（dike）理论首先针对贵族和骑兵这些在当时是唯一自由的人，从这层意义上来讲，它代表了某种进步。但是，为了让所有的人都接受新的正义法则，斗争冲突也随之进化，要求社会的一致同意掩盖了人持久地受物质支配的现象，反过来违背了正义的利益，造成民主的异化。"② 如是，为了揭橥这场迈向城邦政制及其新的正义构建的"秩序化与异化"进程，我们需要更为全面地考察赫西俄德作品所描绘的"世界"。以下，笔者对赫西俄德"世界"秩序的讨论，依然采用"理念 – 心灵 – 实践"（其中理念主导心灵，心灵主导实践）这个属于古希腊时期基本的秩序讨论范式来展开。首先是理念（亦含自然、神、宇宙论、本体论等诸面向）维度的秩序构建问题。

（一）理念："神谱"的创制，或希腊城邦的兴起

　　综合库朗热和芬利对古代希腊世界历史进程的描绘：希腊世界早期首先出现家庭，它们各自为政，"每家各占一地，并由不是长子的家庭和保护人围

① ULF C.The World of Homer and Hesiod［M］//RAAFLAUB K A,VAN WEES H. A Companion to Archaic Greece, 2009: 83.

② 卡里埃尔.普罗米修斯神话、人类起源神话以及城邦 - 国家的出现［M］// 居代·德拉孔波，等.赫西俄德：神话之艺.吴雅凌，译.北京：华夏出版社，2004：23-24.

绕着，过着自主自足的生活"①，家庭或家族包含父母、子女和家奴，这些家族的规模可以发展到一个家庭拥有数千人之多，且家族围绕共同的祖先，又构成族盟（φρατριᾱ，罗马人称为 Curie，族盟的组合形成部落）②，氏族包括长子家庭和非长子家庭，非长子家庭围绕长子家庭生活，他们拥有唯一的家火及祖墓，在亲族与"保护人"关系下成为一个足以护卫自身的稳定团体，这时候，作为家之纽带的除了亲族内部的权力关系（以"父权""长子之于非长子"等关系为核心），还依赖对统一的家神（δεοὶ πατρδῷοι）的信仰（当然，权力与信仰密切结合，如父亲既是"保护人"，也是家祭之主）。而家神崇拜，实际是对"家主"（ἑστία δεσποινα）的崇拜，或祖神崇拜：家主是家庭内部名义上的最高主权人，其后才是主持"家火"的父权或父亲，父亲作为家火的祭司，职务最高，是家庭实际的根基，而父亲死后又成为子孙所祈求祭祀的"家主"。按库朗热的说法，这种家神或家火崇拜乃是根植于"灵魂"的原则，如果我们认同这一说法，那么显然"灵魂"在这里，等同于荷马式的代序相传的"在世"生命的意义上，而非赫西俄德其后具有"灵魂不朽"乃至灵魂"流转"意义的用法上，这一点我们将在此文后续展开。

而在这些家神崇拜之外，希腊早期③还存在另一类基于"自然"崇拜的信仰，这些信仰指向的神灵包括："宙斯、赫拉、雅典娜、朱诺以及希腊奥林匹斯山的其他诸神。"④有别于对人类自身能力与意志的敬畏带来的"灵魂"意义下的"家族崇拜"，"自然崇拜"据说根植于对周边环境和自然威力的敬畏，尽管这种敬畏在希腊早期，还没有生发出一种统一的宇宙或唯一上帝的认识，而是将自然看作"混乱"与"互相交战"的世界。这两种崇拜据说共同存在于希腊早期，由此，生发出不同族域的不同种类的崇拜，其信仰中的"诸神之争"，成为家族间乃至部落之间，直接或间接的战争与冲突的原因——尽

---

① 库朗热.古代城邦——古希腊罗马祭祀、权利和政制研究［M］.谭立铸，等，译.上海：华东师范大学出版社，2006：119.

② 参见荷马.伊利亚特［M］.罗念生，王焕生，译.北京：人民文学出版社，2015：362.

③ 由于"早期希腊"（early greece）现在已经是学术界的一个特称，专指直到希波战争之前的希腊时段，比如，奥斯温·默里的同名著作，因此在这里我们使用"希腊早期"这一中文术语以区别于"早期希腊"，特此说明。——笔者注

④ 库朗热.古代城邦——古希腊罗马祭祀、权利和政制研究［M］.谭立铸，等，译.上海：华东师范大学出版社，2006：111.

管，通过前述"荷马的世界"的诸神阐发，我们亦知，这种诸神之争的混乱背后，也蕴含着另一层"崇高竞赛"的正面意义。

无数的世代，通过冲突与战争，许多家族的"家神"乃至"自然神"烟消云散，作为祭祀它们（家神）的家族或部落城池也最终湮灭无存。旧宗教的神灵在新家族与新部落的重整中，被新宗教的诸神所替换，而旧宗教所蕴含的"传统秩序"及其观念也在新的秩序祭坛前，不断地轮替与修正……正是在这种新旧秩序的转捩与交融中，我们才能开始展开对赫西俄德《神谱》创作的认识。

赫西俄德的"神谱"是一种统一"家神"的需要，即通过家族之间的整合，完成希腊小家族向长老制或贵族制的"早期希腊城邦"的演化之需要。而这种演化从《荷马史诗》笔下的公元前 12 世纪，一直延续到荷马和赫西俄德所生活的公元前 8 世纪。据说，《神谱》大约创作于公元前 730—前 700 年，大概正值赫西俄德的而立盛年。作为迄今发现的最为古老的希腊诗歌（据说比《荷马史诗》的成文时间还要早）和唯一流传下来的完整的古希腊"神话谱系"文本，虽然《神谱》的长度不如《荷马史诗》两部曲的任何一部，只有 1022 行，但是《神谱》用有限的篇章，实际为我们呈现了一个带有宇宙起源或世界成形的完整的史诗叙事（用《神谱》开篇中缪斯的唱词来形容，即此诗"述说现在、将来和过去"①），其中包括为后人所津津乐道的"争夺王权"的诸多"诸神之战"的描绘，亦可看作重要的"政治神话诗"。

所谓"政治神话诗"，借用沃格林关于"秩序"的符号化理解，亦即赫西俄德通过"宇宙神话"的讲述，为我们传递了当时希腊政治的某种为大家所推崇的"存在"的"理念"，只是它通过超越的"神话"叙事的范式，为我们揭示出了这种借用"神话"作为语言符号化的"存在"的某种特征，或者说当时的人所理解的"世界"的某种"秩序"状况。

而作为神话叙事的《神谱》，究竟为我们传递了时人对秩序怎样的理解呢？根据《神谱》中的相关内容，我们今天知道它至少朝向三大主题（虽然

---

① 《神谱》第 38 行，载于吴雅凌. 神谱笺释 [M]. 北京：华夏出版社，2010：95.

这些主题不是仅仅通过《神谱》一部著作就得以完成叙述的，而是存在如是的一种主题和著作的对应关系）：

1. 叙述最初的神及其后代（《神谱》）；
2. 叙述宙斯及其王权（《神谱》《列女传》）；
3. 叙述人类（《神谱》第 965 行之后、《列女传》《劳作与时日》）。①

如是，在《神谱》中，赫西俄德以"诸神的世系"为线索，描绘了一个完整的诸神的"家谱"："从最初的神讲到最后的神，从混沌和大地，讲到天神世家、夜神世家、海神世家和奥林匹斯世家。"②但是，《神谱》又不仅仅讲述神的"家谱"，它还描绘了宇宙或世界的生成过程：从混沌到天地分离，再到诸神的起源与人类的诞生。特别是借着各种神话，《神谱》实际为我们重述了多次"世界秩序"发生的重大变化：从宇宙的混沌到天地分离的最初秩序，从初代神到宙斯所重整的新的宇宙秩序和神权（其间经历了乌拉诺斯主导的秩序、克洛诺斯主导的秩序和宙斯主导的秩序），再从天神的威权到通过联姻而分享了天神血统的高贵的人类家族。从最初的混沌到天地初开（116—132行），到三代神王的秩序宕转（133—1022 行），再到宙斯主宰下的人类的秩序，《神谱》为我们呈现出一个相对完整的"世界秩序"的由来及其宇宙论、神义论背景。③同《荷马史诗》所描绘的尚显混乱与充满竞争的"世界"不同，这是一种具有明确的等级秩序、血统和美德差序的"统一"的"世界"，并且，这种"统一"的"世界"，从神义论或宇宙论的角度而言，至少具有如下

---

① 吴雅凌.神谱笺释［M］.北京：华夏出版社，2010：16.虽然《神谱》并没有提到巨人，而在赫西俄德的其他作品，如《列女传》中也没有提到巨人（《列女传》被广泛地看作《神谱》的续篇），但考虑到《列女传》中的主角赫拉克勒斯的在场，因此学界推测《列女传》的逸文中应当存在对巨人的描述。

② 吴雅凌.神谱笺释［M］.北京：华夏出版社，2010：18.

③ 如当代学人的评论："赫西俄德从世界的生成之初讲到黑铁的当下时代，再讲到末世的预言，从奥林斯神界讲到大地上的人间再讲到幽深的冥府和塔尔塔罗斯，无论时间维度，还是空间广度，叙事均更完整也更繁复。他既完整地描绘了神的世界，又全面关注了人的世界。他致力于完整地领会'世界'（Cosmos），完整地解释世界。这正是后来的希腊哲人们所走的道路。"参见吴雅凌.劳作与时日笺释［M］.北京：华夏出版社，2015：390.

三个特征：（1）统一的"诸神秩序"所赋予人类世界的统一的权力与责任关系；（2）诸神秩序和人类秩序中都体现出来的父权及其等级关系；（3）秩序中明显的"善恶"的"二元论"伦理倾向。前两者表明，赫西俄德的《神谱》工作乃是一种为了实现统一《荷马史诗》时代的分散的、充满斗争与"不和谐"的各类"家神"的需要，并且，随着"家神"逐渐被"自然神"所替代，以及原初的"自然神"体系的解体，统一的"神谱"逐渐形成。并且，如库朗热对古希腊父权和宗教关系的揭示，他强调希腊宗教既给予父权以权力，亦赋予了其相应的义务。① 而后者如德拉孔波对《神谱》的分析，他强调《神谱》的叙事基本上采用了二元对立的形式："神—人；善—恶；火—土；男人—女人；蜜蜂—胡蜂；给予—拒绝；创造—吞噬；等等。"② 而这些秩序特征与其时的政治实践、心灵的共振关系，我们将在后文进一步揭示。如下，我们来到"实践"维度，即古风时代早期的政制和伦理的建构或设计。

（二）"实践"：《劳作与时日》中的政制与正义

如同荷马为我们描绘了一个特洛伊战争为中心的希腊爱奥尼亚的广阔世界，这里有大海、天空和大地，有宏伟的城墙和恢宏的战场，更有诸神的"天上与地下"的世界。而赫西俄德自身所身处的世界显然小很多，据说，这是一个以波提亚的阿斯卡纳为中心，远及赫利孔山的"小世界"，赫西俄德自己也尝言没有出海或航船的经历（《劳作与时日》649），甚至仅仅一次，从奥利斯穿行过尤俾亚半岛去参加安菲达玛斯的葬礼竞技会（《劳作与时日》655）——如克莱（Diskin Clay）所言，赫西俄德更关注的是自己的家乡——一片不太受人关注的典型的希腊村落。然而，正是以这样的"农人视野"，在

---

① 如库朗热所言，古代家庭的最高权力"父权"，"并不是出自强权的专制，这种权力的原则建立在深入人心的信仰上，所以信仰对它也起到了限制的作用。比如，父亲有逐妻儿出家门的权力，但他认识到，若这样做，家庭就会有中断的可能，祖先就会有无人祭祀的危险。他拥有承朗他人为之子的权力，但他若已有儿子，宗教就不给他行使这种权力。他是产业的唯一主人，但至少在远古的时候，他没有售让的权力。他可以休妻，但他须有取消婚礼产生的宗教联系的勇气。可见，宗教固然给了父亲不少权力，但也给了他不少义务"。参见库朗热.古代城邦——古希腊罗马祭祀、权利和政制研究[M].谭立铸，等，译.上海：华东师范大学出版社，2006：82-83.

② 居代·德拉孔波.最后的计谋：《神谱》中的潘多拉[M]//居代·德拉孔波，等.赫西俄德：神话之艺.吴雅凌，译.北京：华夏出版社，2004：80.

缪斯的感召下，赫西俄德却为我们呈现了一个不逊于荷马所描绘的同样具有广阔秩序，以及宇宙进化论（cosmogony）或宇宙学（cosmology）的"世界"图景。①

与《神谱》提供的"诸神更迭"或"宇宙进化论"一样，《劳作与时日》亦为我们提供了著名的人类早期的进化史：五代史的神话叙事，并通过对其兄弟佩耳塞斯的"劝谕"，贡献了荷马"叙事史诗"之外的希腊文学的全新题材。

首先我们看看《劳作与时日》的主要内容，如阿里斯托芬在《蛙》中所讲述的："赫西俄德传授农作术、耕种的时令和收获的季节。"而整部《劳作与时日》，实际可以看作描绘了一个唯有诉诸"正义与劳作"的"黑铁时代"的希腊文明时期。它大概可分为这样几个部分：

1. 序歌，讲述写作的起源及两种"不和"的神话；

2. 普罗米修斯、潘多拉和人类种族的五代史神话：黄金、白银、青铜、英雄、黑铁；

3. 关于正义、礼法和农事（包括航海）的教导；

4. 时日（或历法）的教导。

而我们对《劳作与时日》中有关秩序"实践"维度的解读，主要围绕两方面来展开：（1）五代史神话所揭示的公元前8世纪的希腊文明状况。（2）赫西俄德的"正义"教诲揭示的公元前8世纪的城邦政治伦理问题。首先是五代史神话。如赫西俄德在《劳作与时日》中提到的："在这个必然过程中的第五个阶段，也就是黑铁时代，正是发生在我们这个时代。"②而这个赫西俄德所身处的时代，其特征恰如《劳作与时日》（175—200）所提到的：

人们白天没完没了地劳累烦恼，夜晚不断地死去。诸神加给了他们严重

---

① CLAY D. The World of Hesiod［J］.Ramus, 1992（21）：131.

② 译文引自克吕贝里耶.神话如辞话：《劳作与时日》人类五纪的叙事［M］//居代·德拉孔波，等.赫西俄德：神话之艺.吴雅凌，译.北京：华夏出版社，2004：203.

的麻烦。尽管如此，还有善与恶搅和在一起。如果初生婴儿鬓发花白，宙斯也将毁灭这一种族的人类。父亲和子女、子女和父亲关系不能融洽，主客之间不能相待以礼，朋友之间、兄弟之间也将不能如以前那样亲密友善。子女不尊敬瞬即年迈的父母，且常常恶语伤之，这些罪恶遍身的人根本不知道畏惧神灵。这些人不报答年迈父母的养育之恩，他信奉力量就是正义；有了它，这个人可以据有那个人的城市。他们不爱信守誓言者，主持正义者和行善者，而是赞美和崇拜作恶者以及他的蛮横行为。在他们看来，力量就是正义，虔诚不是美德。恶人用恶语中伤和谎言欺骗高尚者。忌妒、粗鲁和乐于作恶，加上一副令人讨厌的面孔，将一直跟随着所有罪恶的人。羞耻和敬畏两女神以白色长袍裹着绰约多姿的形体，将离开道路宽广的大地去奥林匹斯山，抛弃人类加入永生神灵的行列。人类将陷入深重的悲哀之中，面对罪恶而无处求助。

通过此段的描绘，我们可以看到赫西俄德对其生活的时代，也即古风时代早期的政治，其实抱有强烈的批评，主要包括：不虔敬神灵、不守礼法、信奉力量或强力等。因此，通过五代史的叙述，赫西俄德实际呈现了一个"美德"逐渐下降而命运逐渐悲惨的人类"史前史"，尽管格兰·莫斯特认为五代史的种族叙事中，前后并非完全呈现一种下降的悲剧命运色彩，比如，他认为"黄金种族支持了他的悲观信息，而白银种族支持了他的乐观信息"①。而到了古风时代，人类的美德已然下降到最为堕落的程度，然而，因着黑铁时代的结局仍然"悬而未决"，赫西俄德在本诗中，正是试图通过不断召唤或劝谕他人遵循"正义"，拥抱"智慧"，来救赎已然堕落的黑铁时代的希腊世界。

更进一步而言，赫西俄德在《劳作与时日》中还列举了当时城邦中的政

---

① 格兰·莫斯特.赫西俄德的五个种族神话［M］//从荷马到古希腊抒情诗：格兰·莫斯特古典学论文选.高峰枫，刘淳，等，译.北京：北京大学出版社，2021：190.此外，莫斯特还强调"黑铁时代"尽管糟糕，但它仍然是一个未定的或未结束的时代，就此我们可以理解赫西俄德的写作抱负：一场黑铁时代未尽的救赎。

制腐败现象,尤其作为城邦统治者的"巴西留斯"(βασιλεύς)①们。因为正是这些"巴西留斯"对法律"任意"而非"正义"的解释,不仅曾给赫西俄德本人带来不公,也给城邦带来混乱与不义:

> 巴西留斯们哪,你们也要自己琢磨这般正义!在人类近旁就有永生者,监视那些以歪曲审判相互折磨、无视神明惩罚的人……留心这一点,巴西留斯们哪,要端正言辞,受贿的人哪,要摒绝歪曲的审判。害人的,最先害了自己;使坏的,更加吃坏点子的亏。宙斯眼观万物,洞悉一切,只要乐意,也会来照看,不会忽视一座城邦里头持守着哪般正义。②

在赫西俄德的时代,正值我们所提到的英雄时代的"家族"向"城邦"转型的时代,同阿喀琉斯盾牌上所呈现的英雄时代的理想政制类似,早期城邦的统治者乃是大家族的家长或长老们,如菲利普·内莫(Philippe Nemo)所提到的,他们通过习俗,或不成文法,或简单的法条及其阐释,维持着早期城邦的非稳定结构,构建了一种特殊的贵族家长、长老制(巴西留斯制)或寡头制的统治。③而正是当时这种"不成文法"暴露的礼法不公的现状,或巴西留斯们根据各自利益"肆意"的法律阐释的流行,才导致赫西俄德自身的不公待遇,以及他在诗中,对巴西留斯和佩耳塞斯苦口婆心的正义"劝谕"。这些"劝谕"或"正义"的维度,包含多方面,笔者整理如下:

1. 听从正义,忘却暴力(213、275等行);

2. 劳作或辛劳,避免懒惰(299、309、316、382等行);

3. 遵守礼法及农时历法(320—380,383—688等行);

4. 把握好尺度,遵循适当的最佳原则(694、720等行);

---

① Βασιλεύς,译为"长老",也可根据语境翻译为"王者""君王",在《劳作与时日》中出现多次(比如,202、248、263等处)。据说在赫西俄德生活的地域及时代,当地的统治者乃是赫拉克勒斯的七个儿子的后代们,"长老制"在这里也理解为一种"贵族制",但考虑到赫西俄德诗歌中的贬义语境,这里的长老制,更应该被解读为一种寡头统治。——笔者注

② 吴雅凌.劳作与时日笺释[M].北京:华夏出版社,2015:11.

③ 菲利普·内莫.民主与城邦的衰落[M].张竝,译.上海:华东师范大学出版社,2011:58.

5. 谨慎或慎言（697、719、720 等行）；

6. 虔敬神灵（336、706、725、739—741、748—749 等行）；

7. 待人诚恳、品性规矩、表里如一（699、703、707、713、714、715—716 等行）。

　　如是，我们看到"正义"的面向包含人对神、人对他人、人对自己这样几个维度。正是"正义"全方面对政制和城邦的"照料"，黑铁时代的人们，才有可能摆脱悲惨的命运，重新收获"永福与喜乐"（εὐδαίμων τε χαὶ ὄλβιος）。[①] 如是，正是通过"正义"，我们看到古风时代的早期城邦或寡头制，内在的政治困境和不足。尽管存在更为统一的"神谱"或城邦"理念"，但人类的灵魂已然发生了与《荷马史诗》所描绘的时代不同的变化，那种曾因充满竞争而产生的灵魂的"崇高性"已然被城邦的欲望和利益所搅扰、动摇，尤其在立法还尚不清晰的古代世界，这就需要引入新的政制和伦理的规范，来教化人们的灵魂[②]，此即"正义"理念的兴起背景。

---

　　① 吴雅凌. 劳作与时日笺释［M］. 北京：华夏出版社，2015：32（826 行）.

　　② 赫西俄德对他人的"灵魂"教诲，是否也是对自身的"灵魂"教诲？或者我们仍要反思一个问题，赫西俄德自身的灵魂追寻为何？对此问题的回答，亦是为了调和赫西俄德和荷马之间的分歧，作为同时代人，荷马和赫西俄德其实展现了相似的心灵状态：一种先知式的灵魂，或者说一种具有"厄洛斯"的歌者的灵魂。我们还记得《荷马史诗》中曾出现过一位叫作卡尔卡斯的先知，这位被荷马称作"最高明的鸟卜师"（《伊利亚特》卷 1，69）的人，自始至终引导着希腊英雄在特洛伊的漫漫征程，因为据说阿波罗传授给卡尔卡斯一种特殊的技艺：让他"指导当前、将来和过去的一切事情"（《伊利亚特》卷 1，70—71），这是一种神与人沟通交流的技艺，或者将神的意志传给人类。这种灵魂，后世柏拉图亦曾在《会饮》中如是描绘："把人们的祈求和献祭传译和转达给神灵们，把神灵们的指令和对献祭的酬报传译和转达给人们；居于两者之间，爱若斯（即厄洛斯——笔者注）这种'命相神灵'正好填充间隔……感发了所有献祭、祭仪、谶语和种种占卜术、施法术。本来，神不和人相交，靠了命神的这些能力，人和神才有来往和交谈。"（202d—203a）而恰好，这种先知的，或者说具有柏拉图笔下被"厄洛斯"所激发的灵魂，我们在赫西俄德《神谱》开篇对自身"歌唱"起源的描绘处，得到了近乎完美的呼应："从前，她们交给赫西俄德一支美妙的歌，当时他正在神圣的赫利孔山中牧羊……她们为我从开花的月桂摘下美好的杖枝，并把神妙之音吹进我心，使我能够传颂将来和过去的事情。"（22—32 行）在这里，我们看到，其实荷马笔下的先知技艺、柏拉图笔下的灵魂的"厄洛斯"，和赫西俄德的"缪斯"一道，共享了一种"同一"的灵魂状态（关于赫西俄德的创作和厄洛斯之间的关系，可以进一步参考格兰·莫斯特·赫西俄德诗中的厄洛斯［M］// 格兰·莫斯特. 从荷马到古希腊抒情诗：格兰·莫斯特古典学论文选. 高峰枫，刘淳，等，译. 北京：北京大学出版社，2021：224-242.），这或许也是赫西俄德笔下"三类人"（至善的人、善人和无益的人）的区分中，那达至"至善之人"的灵魂状态……在这个意义上，荷马和赫西俄德，甚至后世的柏拉图，或许站在同一战壕中，分享着同一种有别于"生存智慧"的人类灵魂的至善。

二、公元前 7—前 6 世纪：抒情诗与僭主制的兴起

如下，我们来到古风时代的第二段时期：公元前 7—前 6 世纪。经历了《荷马史诗》所描绘的公元前 12 世纪"特洛伊战争时期在希腊大陆盛行的辽阔的附庸国和广大的、包括许多居民点的部落国家制度"①，以及 4 个世纪后的"黑铁时代"的训谕诗所描绘的"早期城邦"缺乏"正义"的"巴西留斯"制或寡头制（其理想为阿喀琉斯之盾上所描绘的"长老制"）混乱现状后，过去的"市镇"，如今逐渐成为自成一体的单一政治实体——城邦（polis）。城邦，作为一种防御与宗教的合一，正在希腊世界逐渐铺展开来……

从公元前 8 世纪的"早期城邦"到公元前 7—前 6 世纪的"城邦"真正的发育，希腊秩序也经历了其承上启下或秩序的转捩期。而在这个时代，有那样一群人——爱奥尼亚的"抒情诗人"们，他们游走于大地，手握竖琴，用诗与歌，播撒着灵魂中孕育而出的"厄洛斯"，用诗歌编织的逻各斯，歌颂着城邦的诞生与阵痛，撕裂与成长……

因此，公元前 7—前 6 世纪的古希腊城邦发育的时代，我们亦称其为"抒情诗"的时代。而"抒情诗"（lyric 根据字面含义译为"竖琴诗"）或"抒情诗人"，其实乃是一个模糊的统称，学界研究指出，该类诗歌其实难以给出准确界定。首先"抒情诗"对应的古希腊词语 λυρικός，直到公元前 2 世纪，才在希腊化时期的学者那里开始使用，以特指某一种类的诗人。而在此之前，表征"抒情诗"的相关词语——尤其当时的抒情诗人用以界定自己的作品时——则更多采用 μέλος（"歌"，即后世拉丁文中的 melicus）这个词。随后，λυρικός 才开始出现，且就当时来说，该词的使用主要用于区别于另外两类诗

---

① N. G. L. 哈蒙德.希腊史：迄至公元前 322 年［M］.朱龙华，译.北京：商务印书馆，2016：145.

体：肃歌（elegy）与抑扬体（iambos）①，抒情诗与它们的区别主要包含诸如内容、主题、表演形式等②，尽管抒情诗内部也在这些标准上呈现出极大的多样性与差异性——尽管该词在此后发生"广义"的变化，尤其歌德之后，该词的使用范围逐渐吸纳了上述两类诗歌，且与"史诗"和"戏剧"一起，并列成为"诗歌的天然样态"（naturformen der dichtung）之一。①顺道说下：该词古今用法的差异，也深深影响了当代学者在编订各自古希腊抒情诗集的时候，所采纳的不同标准。②

如上所言，今天我们所读到的抒情诗集的多样性，可以从区分标准的多样性得以瞥见，这些标准包括：主题、写作目的、诗行长度、格律、所属语系、表演模式与场所、空间地域、时间等。不过，被这种"人为标准"加以区分的抒情诗，其相同的属差又往往兼有多个划分的标准，比如，独唱抒情诗与合唱抒情诗的区分，不仅体现在表演模式上，从诗行长度、单段的格律，

---

①　iambos 这个词（有时拉丁化为 iambus，复数是 iamboi 或 iambi）是一个词源不确定的词。它最初似乎被用于公元前 7 世纪在爱奥尼亚首次证实的一种诗歌。由于幸存证据的零碎状态，已证明难以定义 iambos。现代学者通常将其理解为由内容而非形式来定义，其最显著的特征是谩骂和辱骂个人。其他特征是淫秽、叙述（通常涉及第一人称叙述者）、嵌入叙述中的演讲、道德劝告和野兽寓言的使用。最近的学术研究强调了场合在确定早期希腊诗歌体裁中的重要性，但对 iambos 来说，并没有就诗歌的表演场合达成一致。然而，形式可能与理解 iambos 无关。抑扬体节奏似乎是这些诗歌的特点，使用该术语来描述节奏似乎源于它与早期抑扬格的联系。这里的问题是，早期的抑扬格诗歌显然没有反映与抑扬格相关的特征。与 iambos 最显著的联系是与诗人 Archilochus 的关联，并且在稍小的程度上与 Amorgos 的 Semonides 以及 Hipponax 联系在一起。虽然还有其他的 iambos 作曲家，但这三位诗人似乎被认为是规范的早期 iambos 作家。在后来的古代，希腊诗人和罗马诗人都复兴了 iambos，但由此产生的诗歌在性质上似乎与早期形式大不相同。

②　费利克斯·布德曼（Felix Budelman）将这种区别概括为六大类，参见 BUDELMANN F. The Cambridge Companion to Greek lyric［M］. Cambridge：Cambridge University Press, 2009: 7.

①　BUDELMANN F. The Cambridge Companion to Greek lyric［M］. Cambridge: Cambridge University Press, 2009: 3.

②　比如，David A. Campbell 和 G. O. Hutchinson 在分别编订各自的《希腊抒情诗》（Greek Lyric）和《希腊抒情诗集》（Greek Lyric Poetry）的时候，都采用了这种"狭义的"标准，而 M. L. West 等人在其希腊抒情诗的译本中则采用了广义而非狭义的标准，将肃歌与抑扬体同样收录其中。分别参见：CAMPBELL D A. Greek Lyric: Sappho and Alcaeus［M］. Cambridge: Harvard University Press, 1982.; HUTCHINSON G O. Greek Lyric Poetry: A Commentary on Selected Larger Pieces［M］. Oxford: Oxford University Press, 2001.; BARRELL W S, WEST M L. Greek Lyric, Tragedy, and Textual Criticism: Collected Papers［M］. Oxford : Oxford University Press, 2007.

甚至地域空间，都可以被区分出来。① 此外，我们往往还会碰到以下这些按照"题材"进行的划分类别：颂诗、少女歌、凯歌、祝酒诗、格言诗、情色诗、哀歌等。而具体到抒情诗人的代表，今天我们所熟悉的，乃是被希腊化时期的亚历山大学者所拣选并推崇的九位各具特色的古希腊抒情诗人，根据诗人生活地域、"独唱/合唱"类型、生平时段：

阿尔克曼（Alcman），斯巴达，合唱抒情诗，公元前7世纪；

萨福（Sappho），莱斯沃斯岛，独唱抒情诗，公元前6世纪；

阿尔凯俄斯（Alcaeus），密提林，独唱抒情诗，公元前6世纪；

阿那克瑞翁（Anacreon），泰奥斯，独唱抒情诗，公元前6世纪；

斯泰西科鲁斯（Stesichorus），墨塔彭，合唱抒情诗，公元前7世纪；

伊比科斯（Ibycus），雷吉翁，合唱抒情诗，公元前6世纪；

西蒙尼德斯（Simonides），凯奥斯岛，合唱抒情诗，公元前6世纪；

巴库利德斯（Bacchylides），凯奥斯岛，合唱抒情诗，公元前5世纪；

品达（Pindar），底比斯，合唱抒情诗，公元前5世纪。

独唱抒情诗在希腊世界东部最为流行（萨福、阿尔凯俄斯、阿那克瑞翁），而合唱抒情诗则往往分布在希腊西部（斯泰斯克鲁斯、伊布科斯）和中部（阿尔克曼、品达、西蒙尼德斯、巴库利德斯）的相关殖民地城邦。本节主要就九诗人中的阿尔克曼、西蒙尼德斯展开论述，并主要就抒情诗的兴起与公元前8世纪之后的希腊秩序变迁之间的内外关系，展开秩序史的探究，故而，笔者将略过古典语文学或古典学有关抒情诗的相关当代论域，当然，

---

① 参见格兰·莫斯特. 从荷马到古希腊抒情诗：格兰·莫斯特古典学论文选［M］. 高峰枫，刘淳，等，译. 北京：北京大学出版社，2021：274-275. 而这些多样性也体现在现代学者对古希腊抒情诗的汇编分类上，简举一例：Douglas E. Gerber 为 Brill 出版社汇编希腊抒情诗的导读时，为更准确地反映抒情诗内部的差异，而采用了抑扬体、肃歌、私人诗歌（personal poetry）、公共诗歌（public poetry）的分类法，参见 GERBER D E. A Companion to The Greek Lyric Poets［M］. Leiden: Brill, 1997. 有别于之前一些被广泛使用的汇编本的"时序"体例（如 J. M. Edmonds, Lyra Graeca, Loeb 三卷本，1923; PAGE D L. Poetae Melici Graeci［M］. Oxford:Oxford University Press, 1962; CAMPBELL D A. Greek Lyric Poetry［M］. New York: St. Martin's Press, 1967）。从一个侧面来看，其实也反映了"抒情诗"所涵盖的诗歌类型的广泛，不可用"抒情诗人""时序先后"这样简单的划分来替代。

在经历"新历史主义"的影响后，古典学对思想史的研究或多有贡献。①

（一）"理念"：阿尔克曼的"创世论神话"

如莫斯特所言，希腊抒情诗其实由来已久，"至少与史诗一样古老"，并非公元前7世纪才诞生，只是由于过往的抒情诗人的作品没有被记录下来，或流传下来。并且因着抒情诗本身在后世"诗学"地位中的下降，才导致我们忽视了这一重要的理解希腊秩序演化的文本领域。② 而阿尔克曼，作为抒情诗人的第一位重要代表，也是公元前7世纪的希腊世界里最为重要的抒情诗人，更是被古代和现代学界所长期遗忘，更不要说从他那广泛的"爱情"诗中，着重发掘其"创世论"叙述的痕迹。③

而今天我们之所以重新关注阿尔克曼及其创世论的抒情诗，就思想史的角度，乃是因着它关乎一个重要的古风时代的秩序转捩问题：僭主制及其宇宙论或神义论的建构。我们后面再切入僭主制的兴起问题，在此，我们首先来看出土文献中，对阿尔克曼"创世论"进行评注的诗歌内容。在此，笔者参考相关文献④，首先将此残篇译文铺陈于下：

---

① 关于新历史主义对古典学以及现代语言文学研究的深刻影响，可参见格兰·莫斯特.西蒙尼德"斯科帕斯颂"的语境 [M] // 格兰·莫斯特.从荷马到古希腊抒情诗：格兰·莫斯特古典学论文选.高峰枫，刘淳，等，译.北京：北京大学出版社，2021：363.

② 相比于史诗和悲剧，抒情诗在亚里士多德的诗学中没有地位。此外，抒情诗对于古希腊社会认同的形成，以及秩序建构的重要作用，可参考最近的研究：ROMNEY J M. Lyric Poetry and Social Identity in Archaic Greece [M]. Ann Arbor：University of Michigan Press, 2020.

③ 莫斯特惊讶于这种学界的淡漠，他认为："令人奇怪的不仅是亚里士多德的沉默（对阿尔克曼的诗歌），而且在他之后，这种沉默也从未被打破。古代创世论者和前苏格拉底哲学家一直是'学术传统'（doxography）所喜爱的主题，但从没有学者提到过阿尔克曼：蒂斯真理的关于希腊学术的版本中唯一提到阿尔克曼还是手稿中把克罗顿的阿尔克麦翁（Alcmaeon of Croton）写错了。而据我们所知，阿尔克曼的创世论残篇仿佛坠入了晚期希腊文化的深井而没有溅起一丝涟漪。"参见格兰·莫斯特.阿尔克曼的创世论残篇 [M] // 格兰·莫斯特.从荷马到古希腊抒情诗：格兰·莫斯特古典学论文选.高峰枫，刘淳，等，译.北京：北京大学出版社，2021：301.

④ 参见 PAGE D L. Poetae Melici Graeci [M]. Oxford: Oxford University Press, 1962: 23-24. 需要说明的是 D. L. Page 编辑版和莫斯特参考的 C. Calame 版，在诗歌序号排上略有差异，本文依据 D. L. Page 版的排序；C. Calame 版参见 MOST G W. Alcman's "Cosmogonic' Fragment（fr. 5 page, 81 calame）"[J]. Classical Quarterly 37, 1987: 1-2. 张泽懿的汉译参见格兰·莫斯特.阿尔克曼的创世论残篇 [M] // 格兰·莫斯特.从荷马到古希腊抒情诗：格兰·莫斯特古典学论文选.高峰枫，刘淳，等，译.北京：北京大学出版社，2021：296-297.

1. Alcman 5 fr.2 ii col. i（阿尔克曼5，残篇2，第1栏）

……我祈祷，首先

向诸位缪斯神，因为

……族母……而歌队乃是……

多玛……多玛……这首歌里

阿尔克曼（讲述了）自然

我将提出（我的）看法，在其他人

之外。缪斯女神……这片土地的

女儿，当弥涅墨斯神上溯其家族的谱系……

2. Alcman 5 fr.2 ii col. ii（阿尔克曼5，残篇2，第2栏）

万物……

来自……

生出界限……

自此……

一条路径生发自……

当开始被整理

产生了一条路径，像一个起点。因此

阿尔克曼说万物的质料

都混乱而无形式，此后他又说

那位神现身，给万物

秩序，由此一条通路产生了。

当那通路浮现，接下来是

一道边界浮现；通路如同道路的开端，

而边界则是末端。当忒提斯诞生时，

以上作为万物的开端和末端。

而万物的种属

似以青铜为质料，

忒提斯的种属如同一个匠人，通路

和边界如同开端和末端。而 πρέσγυς

被用以代替 πρεσβύτης。而第三者，乃黑暗，

由于目前太阳

和月亮都未诞生，且质料仍未分裂，

因此……下方诞生了

一条通路，一道边界和黑暗……太阳

和月亮（以及第三者，黑暗）……

明亮，不仅白昼如此，且

伴着太阳。而之前只有暗夜，

但此后，它开始发生分裂……

　　从上述匿名地对阿尔克曼创世论神话进行评注的诗歌残篇中，我们看到的"创世论"经过，显然有别于赫西俄德《神谱》所讲述的宇宙发生学。在赫西俄德那里，世界的生成遵循"混沌"（卡俄斯）、"大地"（该亚）、幽冥（塔尔塔罗斯）、爱欲（厄洛斯）首先各自生发，此后彼此的世系通过内部的互相结合，从而诞生诸神、万物的原理。比如，"混沌"诞生了黑暗（厄瑞波斯）和夜晚（纽克斯），夜晚和黑暗结合又诞生了光明（埃忒尔）和白昼（赫莫拉），而大地（该亚）又诞生了天空（乌拉诺斯）、自然女神（纽墨菲）和大海（蓬托斯），而后大地和自己的孩子天空结合，又诞生了泰坦十二神，诸如此类。[①]但在阿尔克曼"创世论"残篇中，更为古老且曾一度流行的古希腊的神话体系被新的创世神话所替代[②]，在这里，我们看到：首先，阿尔克曼的创世神话，充满了理性的元素，或者后来体现在哲学尤其是亚里士多德学说中的表达，如万物（πάντα）、质料（ὕλη）、本源（ἀρχή）、目的（τέλος）、通路（πόρος）、边界（τέκμωρ）等术语，并且其诗歌中多次出现"自然"及其衍生的词语——— φυσιολογεῖ 或 φυσικός，这似乎表明阿尔克曼身处一种前苏格

　　① 吴雅凌.神谱笺释［M］.北京：华夏出版社，2010：116-135.
　　② 甚至古希腊两大神谱体系：赫西俄德（Hesiod）和费雷西狄斯（Pherecydes）的神谱都与阿尔克曼的创世论体系存在极大的差距。按照莫斯特的说法："这种差距不仅是理念上的，似乎还是时代上的。"参见格兰·莫斯特.阿尔克曼的创世论残篇［M］//格兰·莫斯特.从荷马到古希腊抒情诗：格兰·莫斯特古典学论文选.高峰枫，刘淳，等，译.北京：北京大学出版社，2021：301-302.

拉底哲学的思维范式中；其次，忒提斯（Θέτις）出现在"创世论神话"中，这位传统"神谱"中的海洋之神，色萨利国王珀琉斯的妻子，《伊利亚特》中的英雄阿喀琉斯的母亲，在"创世论神话"中扮演了重要的角色，忒提斯化身一个自身可以不断"变形"的角色，一位类似于柏拉图笔下的匠人，由她来扮演"原初女神"，主导创世的安置与建立。①

由于当今学界从"寓意性解释"等角度对这个匿名评注残篇进行解读，其间充满古典语文学的复杂与解释张力，难有定论，但是我们至少可以对阿尔克曼及其公元前7世纪的新宇宙论，做如下可能的思想史梳理，尽管这一推测的前提，处于古典语文学的巨大迷雾之中，笔者对此战战兢兢：（1）公元前7世纪，对"世界"的理解和之前的"世纪"存在宇宙论和认识论等诸多差异，而一种类似于自然哲学或逻各斯的思辨性理念，越发从神话叙事中生长出来，比如，这种解释倾向导致当今学者试图探寻阿尔克曼和斯多亚哲学的关系；（2）新的"创世论"神话更倾向于一元的创世经过，而非赫西俄德"神谱"呈现的更为多元的创世诸谱，因此，新的创世论神话具有更强的"神义论"维度的"统一性"，并且它富于哲学的"理性"表达，亦给"神义"注入了一种叙事的"严密"；（3）这种理性的、新的宇宙起源神话的诞生，必然会带来同之前神话体系的冲突或分裂，这也意味着神话所携带的一种新的"秩序"的崛起，以及与之前"旧秩序"的撕裂与阵痛。

——而这种"新旧秩序"的撕裂，把我们带向公元前7—前6世纪，希腊城邦政制内部发生的一场重要的转变之中，此即早期城邦中的"长老制"和"贵族制"遭遇挑战，以及"僭主制"的兴起。而对"僭主制"兴起的考察，我们将结合另一位抒情诗人的相关文本来展开，即西蒙尼德斯的"斯科帕斯颂"。

---

① 根据日本学者 Noriko Yasumura 的阐发，她强调忒提斯神话之所以在阿尔克曼作品中具有一种非典型的特征或者说被赋予了新的内容，其实一方面也源自我们对忒提斯女神的不了解，除了《伊利亚特》提供的相关细节，我们其实并不拥有对她更为全面的认知，因此很有可能"创世论残篇"中的描绘，只是补全了我们未知的古希腊关于忒提斯的神话细节，"通过这个过程（阿尔克曼的叙述），忒提斯的形象或许会改变了，但在更深层次、更隐蔽的层面上，她本身就是一个潜力巨大的女神。从这个意义上说，晚期评注者把她解释为万物的创造者，或许亦是合理的"。参见 YASUMURA N.Cosmogonic Fragment of Alcman（oxyrhynchus papyri XXIV）[J].西洋古典论集，2001.

（二）"实践"：西蒙尼德斯"斯科帕斯颂"笔下的僭主问题

作为公元前6世纪的抒情诗人代表，西蒙尼德斯（Simonides）亦有相关作品存世，而关乎本文主题的乃是一篇从柏拉图《普罗泰戈拉篇》中摘引还原出的一篇作品：献给克瑞翁之子、僭主斯科帕斯的颂诗，简称"斯科帕斯颂"。①

而具体《普罗泰戈拉篇》中出现这首颂诗的过程，我们简要重述如下：《普罗泰戈拉篇》339行以后，普罗泰戈拉开始向苏格拉底提问，问话中，他认为人的教育的最重要部分是"精于诗歌"，那意味着一个人必须学会用理智去评判一首诗的好与不好，并能向提问者解释其评价的依据和理由。因此，普罗泰戈拉将美德（ἀρετή）的主题转向诗歌领域，并强调这一转换（μετενηνεγμένον）并没有改变他讨论的本质，只是领域发生了些许的变化。而他此时，特别提到西蒙尼德斯的一首诗："斯科帕斯颂"，并与辩论对手苏格拉底一道认为此诗写得非常好，但苏格拉底却认为，假如西蒙尼德斯在诗歌中存在自相矛盾，那他就将收回对其的赞美，因为，此时普罗泰戈拉和苏格拉底对此诗争论的关键点在于：如果西蒙尼德斯不能免于自相矛盾的怀疑，那么哲学家也会被认定在诗歌领域（因此也在教育领域）能力欠缺。故而，苏格拉底必须完成对西蒙尼德斯的辩护或正名，而普罗泰戈拉亦想借此攻击苏格拉底……②接下来，这首诗的内容，在两人进一步的对话交锋中逐渐以残篇的形式呈现出来。而今天，经过学者的还原，尤其是19世纪"从海涅到维拉莫维兹德几代德国学者（的努力）逐渐重构出西蒙尼德斯这首颂诗较为可靠的文本"③。笔者在此，先摘录张泽懿的译文（个别术语有改动），然后再就此文本所涉及的僭主及其美德问题展开讨论：

---

① 关于斯科帕斯之为僭主，我们可以从后来漫步学派的费尼阿斯（Phainias）曾写过的一本书《谋杀僭主的复仇》中得到相关信息，其中包含的那些因复仇而垮台的僭主，其中就有斯科帕斯，他的其他相关特征还包括酗酒。参见格兰·莫斯特.西蒙尼德"斯科帕斯颂"的语境［M］//格兰·莫斯特.从荷马到古希腊抒情诗：格兰·莫斯特古典学论文选.高峰枫，刘淳，等，译.北京：北京大学出版社，2021：357.

② 柏拉图：《普罗泰戈拉篇》339行以后。

③ 格兰·莫斯特.西蒙尼德"斯科帕斯颂"的语境［M］//格兰·莫斯特.从荷马到古希腊抒情诗：格兰·莫斯特古典学论文选.高峰枫，刘淳，等，译.北京：北京大学出版社，2021：342.

很难成为真正高尚的人，手、脚与精神都造得端正无瑕……我也不觉得庇塔喀斯说的话十分适宜，尽管是智慧的人所说。他很难做个高尚的人。只有神有这种特权，而人，无论是谁，当他被不可抗拒的命运压倒时，只能是卑鄙的。在顺境中每个人都是高尚的，在逆境中则是卑鄙的，而多数情况下神所爱的人是最高尚的。

因此我将不会追寻不可能存在的事物，将有限的生命浪费在空虚而不切实际的希望上，在从广袤的土地中获取果实的我们当中追寻完美无瑕的人。如果我发现了这样的人，我会告诉你，但我会赞美并爱所有从未出于自愿而做可耻之事的人，而即使神也不会和必然的命运对抗。

我不是挑剔的人。如果一个人不卑贱，也不过于暴力，心存维护城邦的正义，为人可靠，这对我来说就足够了。我也不会责怪他，因为愚蠢之人是数不清的。而没有掺杂卑贱之物的东西都算是好的。①

从这几段诗歌的散文体译文中，我们可以看到诸如"很难成为/做高尚的人"、在逆境的命运中人"只能是卑鄙的"、"完美无瑕的人"是不存在的等这样对至善美德的否定表达。通过这种对"美德"的降低，或对至善之于现实生活的否定，西蒙尼德斯实际肯定了一种不那么完美的人的美德：如果一个人不卑贱，也不过于暴力，心存维护城邦的正义，为人可靠，这对我来说就足够了——也即一种遵守城邦正义的"好人"式的美德，就已经值得赞美了。

这段美德的表述，不仅降低了荷马的英雄式美德，亦降低了赫西俄德劝谕诗中的好公民的德性，而将至善交给了诸神的喜爱和幸临，也就是说交给了"机运"。并且，这种降低了的美德，或如鲍纳（Bowra）等学者所言："将西蒙尼德斯的诗，誉为古希腊道德发展的转折点：在此，道德价值的内在标准第一次替代了外在标准，民主理想替代了贵族理想，可达的目标替代了绝

---

① 格兰·莫斯特.西蒙尼德"斯科帕斯颂"的语境［M］//格兰·莫斯特.从荷马到古希腊抒情诗：格兰·莫斯特古典学论文选.高峰枫，刘淳，等，译.北京：北京大学出版社，2021：344-345.

对目标。"①

　　但是，贸然将这种"新道德"赋予即将到来的雅典民主，可能只是一种时代的误置，因为西蒙尼德斯的这首诗，乃是受僭主之托付而写作，并献给僭主的，尽管不一定是雇佣的关系②，故而我们必须回到公元前6世纪的希腊世界，去看看到底城邦政制发生了什么变化。

　　如菲利普·内莫所言：自公元前8世纪中叶起，希腊世界的扩张特别明显。大约2个世纪之久的时间里，大量定居点——有好几百个——在地中海及延伸至意大利、高卢和西班牙的黑海（La mer Noire）周边地区建立起来。其中大部分都是名副其实的城邦，与我们在大陆及伊奥尼亚诸岛上发现的希腊城邦不遑多让。③

　　这场希腊城邦的扩张，被看作一场移民或殖民（apoĭkia）运动。移民运动大概可以分为两类：一类是前往西地中海，时间大约为公元前750—前650年；另一类是前往希腊西北地区，时间为公元前700—前500年。有别于"宗主国－殖民地"的殖民（colonie）模式，希腊的殖民并非某座或某些城邦的向外求利与冒险之举，而是一种解决当时城邦突然出现的社会危机的举措：出于某种不得已，将一部分人口安置到不与海洋接壤的地方。根据希罗多德的直接证据，我们可以瞥见这一殖民化的"残酷"进程，在他对忒拉创建库勒尼城邦所做的相关叙述中，曾提道："移民根本不是自愿的，每个家庭抽签决定让谁离开，顽固不化的人被执行死刑，而斯巴达一部分遭强制流放的人则

---

　　① 格兰·莫斯特.西蒙尼德"斯科帕斯颂"的语境［M］//格兰·莫斯特.从荷马到古希腊抒情诗：格兰·莫斯特古典学论文选.高峰枫，刘淳，等，译.北京：北京大学出版社，2021：350.

　　② 西蒙尼德斯和斯科帕斯之间，究竟是什么关系？或者我们要问前者是否由于碍于后者的金钱或威权，而被迫做了如是之美德妥协的写作？首先我们需要了解的是，其实抒情诗人并非为了金钱而写作，尽管如柏拉图和亚里士多德都曾讽刺抒情诗人为钱写作，而当代古典学著名学者 Glenn W. Most 亦曾辛辣地试图揭示抒情诗人与恩主之间的密切关系，但正如 Simon Hornblower 所言：在任何时代，文学和艺术创作的动机，就部分而言，乃是神秘且确然复杂的，一些作者为了钱而写作，但是这种陈腐的判断不能直接加于古代希腊世界，部分因为公元前6世纪之前，当时还没有货币或者易于交易的货币这种东西，而直到该世纪，抒情诗早已产生了。因此，我们很难判断抒情诗人的写作动机，在理念、诗歌信仰、政治现实、金钱之间，存在怎样的张力和主导关系，因此，我们只能将此问题留待将来之解决。参见 HORNBLOWER S. Greek Lyric and the Politics and Sociologies of Archaic and Classical Greek Communities［J］. The Cambridge Companion to Greek Lyric, 2009: 39.

　　③ 菲利普·内莫.民主与城邦的衰落［M］.张竝，译.上海：华东师范大学出版社，2011：55.

创建了塔兰顿城邦。"①

正是在这样的城邦创建的过程中，一些旧城邦贵族之外的人，开始逐渐兴起，他们在希腊城邦创建的机遇中，得以打破传统贵族的垄断，依靠个人魅力和能力，得以成为城邦的新的统治者。这些人，用其时的称呼，叫作"僭主"。

僭主（tyrannos）或僭政（tyrany），一个在今天具有强烈贬义的词语，与"民主"一样，经历了历史与人心的淘洗，亦经历了历史评价的跌宕。为了更为真实还原公元前6—前5世纪的僭主政治的本来面目，我们需要对"僭主"问题，做一个词源学的考察。

根据安德鲁斯的权威作品《希腊僭主》的分析，"僭主"这个词，据说，最初是从古代腓尼基传入的，并且在梭伦所处的公元前7世纪之前，僭主一词并不含有贬义色彩，它是一个同"王者"相互混用的词语，其时很多人都乐于成为或被称为"僭主"。甚至有些僭主本身并非后世所认为的专制独裁者，比如，雅典七贤之一并为亚里士多德称颂的佩里安德（Periandre），他的僭主统治时期就曾被称为雅典的"黄金时代"，另外品达也曾对叙拉古僭主希伦大加颂扬。②

"僭主"一词，在希腊古典时期尤其是公元前4世纪时，突然具有了强烈贬义，也许是受到柏拉图学园派哲人的影响，尽管柏拉图也并非在完全贬义的含义上使用它，比如，在柏拉图《书简》中，柏拉图往往直呼小狄奥尼修斯为"僭主"，其时两人关系并未出现隔阂，甚至到最后也未完全破裂。柏拉图建议小狄奥尼修斯应主动避免这个称呼（柏拉图《书简八》354b），这暗示了在当时这个词具有某种尊称的意味。③

笔者粗略总结后世对僭主的批判主要来自两方面：合法性问题、僭主本身的德性或德行问题。前者又包含两个层面：权力获取的合法性、统治的守法性。在参阅亚里士多德《政治学》第五卷有关僭主权力获得方式的基础上，

---

① 菲利普·内莫.民主与城邦的衰落［M］.张竝，译.上海：华东师范大学出版社，2011：55-56.

② 参考罗梅耶-德贝尔.论智者［M］.李成季，译.北京：人民出版社，2013：160-161.

③ 另比较柏拉图：《书简三》315d、319d.

笔者总结有关僭主权力的获取方式包括：其获得权力是通过当时所认同的合法继承（如古代部落政治的继承权）或者合乎贵族与民主制的权力交接（如雅典政治的抽签），还是通过诸如暴力夺权（如民主制对部落贵族政治的挑战或贵族间的互相夺权），制度性篡权（通过扩大职务功能和范围），或是采用非法僭权（外部强权的强行安插）；另外统治的守法性包括是否遵循既有的法律习俗，如苏格拉底对僭主的批判就包括指责僭主随意破坏既有法律（《美诺》76c）；而对僭主本身德行的批评主要是从对苏格拉底以来所倡导的美德的偏离出发的，比如，色诺芬在《希耶罗》和柏拉图在《王制》和《书简》等处对僭主德行的批评就包括占有欲、私欲等方面。[1]而对僭主德行的批评又往往同其取得权力的合法性和守法性等问题相联系，比如，挑战既有的法律习俗或篡夺权位往往被认为是僭主个人欲望加于城邦守法"正义"之上的表现。需要指出的是，这些批判大多根植于柏拉图学园派的美德观点之上，而历史上的僭主政治实际发挥过远远超过"美德"所界定的希腊王制城邦的作用。[2]

如是，当我们了解了"僭主"的原初含义，即一种产生自非传统贵族的权力继承式的"一人"统治模式时，我们才能了解，公元前7—前6世纪之间所发生的城邦政治的重大转捩：从传统贵族或长老的统治，转向传统贵族之外的新崛起的新兴贵族的统治。而这些新的统治者，并非拥有传统贵族那样可以从"神谱"当中推出的天然优越的血统，并非能获得"斯科帕斯颂"中所描绘的传统"诸神"的眷爱及命运的幸临——而称为最美好的人，品德最高尚的人，相反，他们必须通过不断同传统贵族斗争，通过战胜如"命运"般压迫的传统权威，而一步步将自己提升为新的统治者。因此，对他们而言，自然无法完全用传统贵族的美德来自我约束和行动。因为僭主对传统秩序的颠覆本身，就会不断遭遇"不义"的指责，只要他们不过分违法、违背人性，

---

① 参考色诺芬：《希耶罗》2.2、4.7-8、5.4，柏拉图：《王制》573—580，《书简二》313b，《书简三》318c，《书简七》330—330b、344e，另比较柏拉图：《斐德若》248e，亚里士多德：《政治学》1312-1315.10 等处的相关说法。

② 有关僭主政治的兴起和历史作用可以参考安德鲁斯《希腊僭主》和默里《早期希腊》第九章中的相关论述，具体参见安德鲁斯.希腊僭主［M］.钟嵩，译.北京：商务印书馆，1997.；奥斯温·默里.早期希腊［M］.晏绍祥，译.上海：上海人民出版社，2008.

并在获得统治之后,能根据新的城邦约定而奉行相对"正义"的统治,就足以被称为具有美德的人,如"斯科帕斯颂"所传达的那样。

因此,为了维护这种新兴阶层的权力、新的城邦统治,他们需要时刻做出马基雅维利式的大胆而果决的行动,去击打传统"神谱"中的"命运女神",去为自己"新的秩序"寻求新的稳固的基石:新的城邦诞生神话、新的正义与道德标准。而这一切,正是抒情诗人笔下的"创世论神话",以及新的"美德伦理"诞生的背景。在这个意义上,我们或许才能理解:阿尔克曼的创世论神话或许本身就可以看作为僭主政治服务的"城邦的新起源神话",而西蒙尼德斯的颂歌,则描绘出僭主政治兴起阶段,权力与社会秩序发生剧烈更替之时,人们对美德的某种重新认识与估量。[①]

三、"心灵":迈向民主时代的"理性"与"智慧"

预示着民主时代来临的两类"心灵"结构:公共理性与民主化的美德,在古风时代逐渐"生长"出来,如我们在赫西俄德的生存智慧的劝谕,以及阿尔克曼笔下同传统"神话"逐渐分离的"创世哲思"中,都能看到一种逐渐生长出来的逻各斯的心灵结构。

在《荷马史诗》描绘的时代,人们的心灵是混沌的、身心同一的,或者说尚未从心灵中诞生更为结构化的部分,比如,"逻各斯"的部分或"理性"的部分。然而,古风时代,当我们追随赫西俄德对"五代史"的描绘时,从英雄时代滑落向黑铁时代的人们,心灵中充满了各种不义的欲望和私心,充满对强力的渴望和对礼法的忽略,导致黑铁时代充满命运的不确定性,或者如后世霍布斯所描绘的"暴死"的恐惧感。在这种生存的恶化面前,一种自我保存的智慧,或者说一种世俗的生存智慧和正义一起,被从人的心灵中开启出来,构成了一种与《荷马史诗》所描绘的时代所不同的人的心灵状态。

---

① 当然,这些结论都是建立在我们对西蒙尼德斯诗歌的一种正面教诲的理解之上,但实际上,学界对西蒙尼德斯这首诗歌的古典语文学解读,还存在大量的争议和歧义,比如,这首诗歌是不是一首反讽之作,是否存在明褒实贬?并且,新历史主义的运用,揭示出该诗大量的内外语境存在模糊,也导致我们无法真正完成对此诗的充分解读。对此略做交代,只是为了还原我们对古代文本进行阐释时,遇到的一些必要的困难和麻烦,因此,笔者并不能肯定以上判断是确凿的,可能只是所有解释中的其中一种而已。

这种心灵的生存智慧或者说最初的"逻各斯",在赫西俄德的笔下被如是呈现: 赫西俄德教导佩耳塞斯要追求这种"智慧","不要让人觉得你滥交朋友,或无友上门; 也不要让人觉得你与恶人为伍, 或与善者作对"(《劳作与时日》715—716); 同时, 也要习得一种"心智的发达、细心"(《劳作与时日》731); 去做需要做的事情: "劳作, 敬神且不冒犯神灵, 辨识卜谕(鸟卜)、公正行事而避免犯错"(《劳作与时日》827—828), 诸如此类。这一切, 构成了赫西俄德的劝谕文学, 在"正义"之外的一种生存"智慧"的教导, 或者我们也可以说, "正义"教诲本身亦属于"智慧"的一方面, 它们一并构成了古风时代早期对"心灵"理想状态的描绘。

"心灵"的变化, 既起源于对"世界"之认知与表达的变化①, 亦起源于政治实践的变化, 因为在《荷马史诗》时代的家族制当中, 人们的身份和阶层都是确定的, 只用履行"家庭"或族群的责任即可, 而在城邦的诞生过程中, 出现了许多身份游弋的人群②, 这为"智慧"提供了施展的舞台, 通过智慧, 他们也能获得好的生活, 组建和管理好自己的新家, 获得好的地位与城邦中的幸福。然而也正是从"家庭"到家族群落组成的"城邦"这一秩序"实践"维度的重大转变, 带来了某种"秩序的混乱", 要解决这种难题, 要么期待长老们或贵族寡头们能公正地解释不成文法律, 遵守不成文的礼法良俗, 或者遵守一个共同的"神谱", 要么只能教化大众, 习得一种自我保存的、符合公序良俗的"正义"的"智慧", 形成灵魂中的"理性"或"明智", 从而避免灾祸, 收获幸福——在如是秩序的重大转掘面前, 赫西俄德和抒情诗人们, 用其新的神话、人类劝谕的新文学、崭新的美德教诲, 从"神义 – 心灵 – 政治实践"的三重维度, 不仅为其时代指明了改善之道, 亦透露出时代秩序隐而不彰的某种真相。

---

① 如克莱所言: 前苏格拉底的世界并没有将神话(mythos)与逻各斯(logos)截然区分开来。《荷马史诗》描绘的时代, 人们对世界的理解, 乃是神话和理性的一种不可分割的纠缠; 而到了赫西俄德的时代, 理性开始从神话中慢慢分离出来, 对世界的认知除了对神的认知和虔敬, 亦包括对自我生存处境的认知, 这是一场重大的人类对"世界"之认知和表达的转变。

② 卡里埃尔(Hean-Claude Carriere)尤其指出"赫西俄德的正义理论首先针对的是贵族和骑士这些在当时唯一自由的人"。参见卡里埃尔.普罗米修斯神话、人类起源神话以及城邦 - 国家的出现[M] // 居代·德拉孔波, 等.赫西俄德: 神话之艺.吴雅凌, 译.北京: 华夏出版社, 2004: 24.

而随着城邦的不断发展，新的城邦构建不再仅仅出于旧式大家族的联合，而是被新崛起的僭主所统治，或者被新兴贵族主宰。他们不再热切地遵守古老而统一的从"家神"演化而来的"神谱"，而是试图开始发明自己的"创世论神话"（如阿尔克曼所做的那样），去缔造新的符合自身利益的城邦秩序，并更多地运用和激发心灵中的"理性"，运用"自我"，去抒发城邦的主体性、自我的主体性。并且，对灵魂的美德的描绘，不再遵循古老贵族对血统与至善的定义，而是着重发掘"正义""守法"的一面，发掘其不那么"高贵"，但也绝不"卑贱"的一面，如西蒙尼德斯的颂诗所揭示的那样。如是，人的理性思考从心灵中被激发出来，一种公共美德而非古老的贵族美德在城邦中散播开来，古老的神谱、长篇的神话史诗和叙事诗开始衰落，新的抒情诗者和理性的哲学及智者开始纷纷走上舞台……而这一切都朝着民主化的"新秩序"开始演化。

第八章

希腊秩序：古典时代 ①

公元前 6 世纪伊始，被誉为"雅典民主之父"的梭伦当选上执政官，"民主"作为一项重要的人类秩序安排，自此走上历史的舞台。而后，雅典的僭主政治经历了较长时段的复辟，直到公元前 508 年，克里斯蒂尼再次拉开了雅典民主改革的帷幕，自此，以雅典为重要组成的古希腊世界（如果说雅典是古希腊世界重要组成的一极，那么寡头制或双王政体的斯巴达则为古希腊世界的另一极），开始经历其近两百年的民主历程的兴衰史。"民主"，这个在人类历史上曾光耀又黯淡的名字，曾首先崛起在被后世称作"古典时代"（公元前 500—前 338）的希腊世界，曾一度绽放出其帝国的胜利与华光，而作为雅典人多少世代的"道统"，它曾护佑着一个久经内外战争摧残的文明一步步走向其巅峰，亦走向"希腊化"——自己无可挽回的命运的终结。在本章中，为了更好地呈现古典民主的秩序史，笔者将尝试调整"理念 – 心灵 – 实践"的秩序模型的展开顺序，即放弃对理念维度的考察，而直接从"实践"领域出发，即从民主政治的制度演化历程出发，来回顾这段秩序史的艰难与复杂，再回到"理念"和"心灵"层面，去追寻"支撑"民主政治的关乎本书所阐发的"中道"伦理的精神向度。首先，让我们展开雅典民主的制度史变迁的考察。

---

① 本章中的部分内容，曾以《部族、帝国与反智术师》的论文名，发表于《复旦政治哲学评论》第 9 辑，特此说明。

一、"实践"：从部族民主到帝国民主

雅典民主的诞生并非一蹴而就，而是经历了复杂的演化历程，笔者将其漫长的发展史概括为：从部族民主到帝国民主。今天，我们拥有大量的关于雅典民主历史的研究资料，而笔者在此，并不试图重述那些从德拉古（Drakon）、梭伦、克里斯蒂尼、伯里克利的雅典民主的大事记，甚至更远上溯到忒修斯、希伦的雅典古史记，而是试图从另一个角度，即从雅典民主运转的社会机制和制度史出发，或者从"民主本身所赖以存在的基础是什么""谁供养了民主"的回答出发，来展开对雅典民主历程的回顾和考察。从中，我们可以较为全面而非仅仅在理念层面，认识雅典民主的变迁与特质。

我们知道，直到公元前5世纪中后期，希腊才实行了对参与民主参政的公民每天发放两个奥波尔（Obol）少量津贴的政策，据后人估算仅足够一个家庭一日之用，可见是一种象征性的给予。①因此，很多人认为希腊民主依附于数量庞大的奴隶的存在和帝国的朝贡体系。似乎希腊人由此享有苏格拉底式的闲暇，享受会饮、公共集会及哲学的熏陶。但后世对古希腊的研究表明，希腊人大都贫穷②，并且有八成左右的人口都被束缚于土地农作之上。在这个意义上，希腊人不仅不是一个充满闲暇的民族③，甚至多数人都为农业生计所困。④在希腊民主制度中，代表民主参与主体的demos通常被翻译为"人民"，但是根据芬利的揭示，demos和拉丁语中的populus具有同样的双

---

① 普鲁塔克认为是伯里克利首创此津贴制度（《名人传》XIII.9.1），但亚里士多德认为是其后的克利俄丰创立的（《雅典政制》XXVIII.3-4），并且这种津贴最早的用途是用于支付剧场中的座位费用。

② 对雅典城邦资源匮乏和人民贫困的描述，可参考 ROBERTS J W. The City of Socrates［M］. London：Routledge，1984：9-10.

③ 伯里克利时代，为了吸引大家观看竞技和戏剧，伯里克利规定给予观看者津贴补偿，这与我们的消费时代是多么大的不同，由此也可以窥见雅典公民生计的忙碌。另外阿里斯托芬的喜剧《阿卡奈人》中所描绘的公民被红漆皮鞭驱赶着前往公民大会的情景也同样能反映出雅典平民在生计和公共生活之间的两难处境。

④ 弗格森指出："最大的谎言是，在其伟大的时代，雅典人怎么说都是有闲暇的人，其主要特点是他们活跃的智力与体力活动。实际上，他们中少数拥有奴隶以及大规模财产的人，需要进行投资和管理自己的投资，他们中的多数农民需要亲手耕种土地；许多公民，可能至少是其中的三分之一，需要通过出卖劳动力谋生。"参见弗格森.希腊帝国主义［M］.晏绍祥，译.上海：上海三联书店，2005：33.

重含义：作为整体的公民和财产意义上的"贫民"。①这种含义在柏拉图的《高尔吉亚》中有所揭示，在那里人民意味着普通民众、多数人、穷人。亚里士多德在《政治学》第三卷（1279b6-40）谈到几种政体的古典意义的区分："僭主政治是为着统治者利益的个人统治，寡头政治是为着富人利益的统治，民主政治是为着穷人利益的统治。"而民主政治和寡头政治的区分并不是人数上的多少（尽管穷人天然地比富人多），但是它们本质的区别仍然是"贫穷和富有"。

雅典贫富的问题牵连的是一个有关民主政体运转的机制问题：雅典民主的农业社会性质，笔者将其称作"部族民主"。②正是由于城邦资源本身的匮乏和生存严重地依赖土地，希腊世界才频发战争，以掠夺人口和土地为主要目标。而这种简单粗暴的土地征服大概在公元前6世纪才有所改变③，逐渐向

① 芬利.古代世界的政治［M］.晏绍祥，黄泽，译.北京：商务印书馆，2013：3.
② 对古典时期的雅典农业社会特性的一个质疑，即是雅典海洋帝国的外观。似乎海洋贸易才是雅典赖以为生的重要支柱，比如，伯罗奔尼撒战争之前，雅典的粮食很大一部分就是从乌克兰经过赫勒斯滂海峡与爱琴海运来的。但是雅典依赖对外贸易并不等于贸易就是雅典的收入来源，另外从弗格森的《希腊帝国主义》中我们得知，由于地域原因，希腊城邦的另一个面向即是海上交通，但是和伊丽莎白时代的远洋贸易相反，希腊的海上探险者们的活动更多的是寻找新定居点和新的可开垦的土地，而那个时代"一个商人或海员的野心，通常是通过购买一个农场、大农场或者果园作为其事业成功的最高标志"（参见弗格森.希腊帝国主义［M］.晏绍祥，译.上海：上海三联书店，2005：6.），因此此海洋帝国的本性仍然是农业社会。另外需要指出的是，海洋帝国的建立也是服务于雅典帝国的建立，比如，伯里克利时期，雅典所控制的帝国区域其时有近两百万人口，这些邦国位于一系列岛屿、半岛上，或海湾内，仅靠陆地军队是根本无法做到的。除此之外，根据一本色诺芬的托名作品《雅典城邦》（State of the Athenians II.10）中有关异邦人对雅典商业的描述，我们也承认如下这一点，即在雅典帝国最强盛的时期，通过控制和分配帝国内部的各种稀缺资源，雅典也获得了商业利益的不少好处（参见弗格森.希腊帝国主义［M］.晏绍祥，译.上海：上海三联书店，2005：33.）。
③ 据唐纳德·卡根（Donald kagan）在《伯罗奔尼撒战争的爆发》中的记载，伯罗奔尼撒战争的一方斯巴达联盟，最早就是采用简单地吞并伯罗奔尼撒半岛南部和西部弱小邻邦的土地，并将原住民变成类似于农奴的城邦边缘人的方式来进行土地扩张。而在公元前6世纪（但有学者认为是在公元前5世纪左右）在对付北方强敌泰耶阿（Tegea）的时候，斯巴达采取了有别于之前的兼并策略，而是同其签订了一个服从性的盟约，自此以后斯巴达改变了扩张策略，并逐渐确立了自己的盟主地位，合约内容后人不得而知，从色诺芬《希腊史》（2.2.20）中我们读到这样的话：其所有盟邦均承诺"拥有共同的朋友和敌人，无论在陆地还是海上，都将永远追随拉希迪梦人"。这个相对松散的盟邦一方面建立在斯巴达的战争威胁下，另一方面斯巴达的军事实力也能帮助他们抵御强敌，比如，当时伯罗奔尼撒半岛的阿尔戈斯（Argus）；另外，或许同雅典三十人僭政时期所培育的亲斯巴达政权类似，斯巴达也通过战胜国向这些城邦培育自己的嫡系政权和进行制度移植，而斯巴达的寡头制度与希腊世界传统的部落合议的自由制度存在抵牾，因此这些城邦的新僭主出于自身统治的需要也会受制于斯巴达所提出的要求。

联盟式的帝国之路迈进。雅典民主的这种农业社会的特性,我们可以通过追溯雅典民主和土地改革的相互关系来加以认识。

亚里士多德曾将土地所有权定义为包含一般平民在内的土地的可转让权[1],而希腊的社会历史早期,私人其实并不能随意转让土地。据国内学者的研究认为直到公元前7世纪,雅典的土地实际掌握在传统氏族手中,私人并不拥有土地。[2]就算其可以继承,也只是在氏族认可的范围内,土地由氏族成员耕种并均享收获,据说这也是希腊最古朴的民主观念的来源。但是丹麦古典学家汉森(M. H. Hansen)认为直到公元前630年左右,希腊更多的土地拥有状况是存在两极分化:拥有大量土地的贵族和被称作"六一汉"的大量的佃农与小自耕农。由于人口增加,或借贷造成的负债,"六一汉"被大量卖身为奴,在这个时候,为了争取废除债务的奴隶和加诸"六一汉"的义务,社会激增的矛盾引发了从基伦(Kylon)到梭伦及后来佩西斯特拉托斯(Peisistratos)等的一系列改革和计划,从而为民主制的建立打下了基础。[3]从基伦首次谋求担任雅典僭主开始,到德拉古严酷的成文法的首次创立,再到梭伦首次废除债务奴隶的义务,允许"六一汉"拥有土地,传统氏族的土地本位制仅仅缓慢得到了松动,并未得到本质改变。比如,后人谈到梭伦改革时,认为其最重要的步骤在于创立了四百人议事会,与苏格拉底时代的五百人议事会的民主制设定有某种亲缘关系。但必须指出的是,梭伦从来不是一个后人眼中的民主派领袖,而是彻底的传统土地贵族的代表,因为四百人议事会乃是依据财富而非传统氏族出身来加以选定的。因此,梭伦改革保留了传统土地氏族的基本权力结构,仅在此

---

[1] 与马克思传统理论——私有权的确立即标志着现代资本主义民主的诞生相似,亚里士多德的定义也可以看作对雅典民主制发展顶峰的描绘,不过民主的顶峰也是雅典帝国没落的标志,亚氏的定义实际可以看作雅典帝国没落时期的哲人改革理想:土地私有化的顶峰也是军事民主化的顶峰,原因在于传统贵族土地占有秩序的进一步瓦解,贵族军事体制的衰微,土地制度民主化将以提升雅典普通民众的军事抵御能力为目的。另比较中国秦朝军事民主复兴中的商鞅变法,基于同样的军事目的,这也是中国封建土地制度的一次较彻底的私有化革命,即从传统井田制到阡陌制度的改变,而它重要的一步就是定义了土地的私人可转让性。参见杨宽.战国史[M].上海:上海人民出版社,1998:205.

[2] 黄洋.古代希腊土地制度研究[M].上海:复旦大学出版社,1999:117.

[3] 汉森.德摩斯提尼时代的雅典民主[M].何世健,欧阳旭东,译.上海:华东师范大学出版社,2014:37-38.

之外适当提升了自耕农和佃农的身份与土地所有权。如此保守的改革却最终触怒了传统氏族权力，导致梭伦自我流放十年。

随着雅典贵族之间的分化和斗争，诸如佩西斯特拉托斯这样的僭主作为穷人的代言人并借助后者的暴力支持登上雅典的政治舞台，试图通过偏向穷人的土地制度改革动摇传统的氏族权力，以确立自己新的统治地位。历史上，暴力和冲突从来只是催化剂，权力才是政治事件发动的内核。包括克里斯蒂尼在内的希腊民主的"国父"，如果没有对权力的爱欲追求，民主本身并不能作为一个道德理想，仅仅通过其感召力得到自我实现。在通过与伊萨哥拉斯（Isagoras）的贵族派斗争的过程中，为了争取支持者，克里斯蒂尼建立了一个未来理想制度的雏形：民主制。其制度概况我们大都耳熟能详，在此，笔者想要再次强调的是其改革最重要的部分：对传统氏族土地的重新划定。据说古代雅典分为 4 个部落，每个部落有 3 个"三一区"和 12 个"造船区"。而克里斯蒂尼的改革，将阿提喀重新划分为 10 个部落，30 个"三一区"和 139 个村社，自此彻底分裂了传统的氏族权力，并重建了各个部落的新的崇拜组织。尽管这些崇拜后来并未得到广泛接受，但他对土地权力的重新划定，为民主稳固所建立的防御性制度，比如，发明了让民主制挑战者不寒而栗的陶片放逐法[①]，最终，赋予了雅典民主制度所赖以继续的某种

[①]　对陶片放逐法的批评，包括以下一些实例，比如，公元前 406 年，公民大会对阿吉纽西海战凯旋的六将军的处死及对"公正者"阿里斯蒂德（Aristides）的放逐。该放逐法首创于克里斯蒂尼，其直接原因在于提防类似庇希特拉图僭政的事件再次发生。显然这是出于个人权力的维护所采取的一项措施，但是从这项措施执行的方式可以看出其制度文化的保守性的面向：该投票是基于部落投票，投票时十个部族通过各自的入口进入封闭的公民大会堂，如果总的票数少于 6000，则不执行放逐，如果多于 6000，最多得票者被流放十年。考虑到公元前 4 世纪，雅典军事动员在最紧急时期只能动员 5000 重甲兵的数量，而公元前 5 世纪初所有陆海军尚有接近 30000 的人数，此后因战争的频繁迅速减少，因此 6000 人的规定至少对公元前 4 世纪后期的雅典城邦而言，基本已失去了存在的价值，而其实际使用的跨度也只有 71 年（参见汉森.德摩斯提尼时代的雅典民主［M］.何世健，欧阳旭东，译.上海：华东师范大学出版社，2014:6.）。而之前的时期，这样的召集也具有相当的困难性，除非绝大多数部族都认为某人对其构成了威胁，否则这种大规模动员是难以发生的。并且放逐法实际上也只执行了不到一百年，从公元前 507 年首创到公元前 415 年后便渐渐退出了历史舞台。参考芬纳.统治史：第一卷［M］.王震，马百亮，译.上海：华东师范大学出版社，2010.

必要的"权力均势"格局。①

之后的年代，从克里斯蒂尼到伯里克利，雅典开始逐渐成为海上帝国，而雅典的制度也从之前作为民主兴起必要条件的僭主色彩过渡到更成熟的民主法制。该时期的前半部分，从米提亚德（Miltiades）到地米斯托克里（Themistokles），是作为重装步兵的土地中产者向更底层化的双牛级和日佣级的小生产者与平民让权的时代。对战争频发而艰难维持的希腊城邦而言，军事就是政治的主体，而从陆地到海洋的军事化转变也意味着徜徉在海洋中的雅典平民获得了更稳固的城邦统治的平等权利。也正是这个时期，雅典通过海洋军事的壮大，开始从抗击波斯的希腊同盟中独立出来，通过主动担当抗击波斯的重任而摆脱斯巴达的束缚，获得了提洛（Delos）同盟的主导权，而这也就是后人所津津乐道的雅典帝国的开端。从公元前 478 年同盟创立到尼基亚斯（Nikias）最终惨败，雅典帝国经历的是民主政治之黄金时代的兴衰过程。它的顶峰和滑落都被一个人的名字所标注，这个人就是"伯里克利"。苏格拉底生长于伯里克利治下②，他对民主所有的爱恨情感也都来自对伯里克利时期民主制现状的感受。

我们首先简单分析一下当时民主制的构成。伯里克利时期的民主制主要依托于如下几个主要机构：公民大会（ecclesia）、陪审法庭（helitaca，形成于公元前 462 年前后）、议事会及若干处理专门事项的委员会（专业委员会参考亚里士多德《雅典政制》中的描述），公民大会包括大概 5 万人的雅典男性公民（18 岁以上），是城邦主权机构。而陪审法庭由公民中每年遴选品德优

---

① 必须强调，克里斯蒂尼是以"三一区"（trittyes）而非"德谟"（deme）为单位进行"均势意义"上的分割的。据考证克里斯蒂尼所创建的"德谟"有 139 个，但是它们大小不一，最大的"德谟"和最小的"德谟"的地域面积差距有数十倍之多，这说明克里斯蒂尼并非在同一时间创建了如此多的"德谟"，而是有计划地逐步进行，甚有时是出于某种私人目的，比如，有人考证克里斯蒂尼为了报复支持过其政敌佩西斯特拉托斯的四个城镇，将其中一个抹去，另一个肢解，并将剩下的城镇与北边的另一个"德谟"合并，以达到彻底瓦解该地区的目的。但是"三一区"则不然，汉森提出 30 个"三一区"在人口上大致相等的均衡说，而公元前 4 世纪出现的"三一区"差异不等的状况则是粉碎三十人僭政（公元前 404— 前 403）后，由阿里斯托芬（Aristophon）和尼科门尼斯（Nikomenes）重新恢复与立法的结果。参考汉森.德摩斯提尼时代的雅典民主［M］.何世健，欧阳旭东，译.上海：华东师范大学出版社，2014：62-66.

② 伯里克利时期的公民组成大概是这样的：雅典其时大约拥有 15 万城市人口，而雅典周边的阿提卡地区拥有与此相当的人口，也就是总共 30 万人，其中三分之一是奴隶，六分之一是外国人，而自由人大概为总人口的一半，其中有 5 万的成年男性公民。

良的人组成，最多为 6000 人（人数根据案件大小有差异，最少有 201 人，而苏格拉底审判时为 501 人，并且 501 人也是诉讼案件最通常的人数，但亚里士多德记载最重要的案件才有 1500 人①），议事会则由 500 名行政官组成（30 岁以上），从构成雅典的十个部族中选出，每 36 天（雅典人一个月的时间）轮流由其中一族的元老担任主席团，而主席则抽签选任，任期一天（克里斯蒂尼制定）。而专业委员会（30 岁以上）集中受议事会的监督，人员每年轮换，大概有 700 名行政官，涉及从治安清洁到宗教祭祀等各方面，大概十人一组。这些机构的混合治理效应，早已成为当代民主的教科书，其参与的平等性、普及性而非权力均等性也逐渐树立起一尊后世雅典人为之膜拜的"民主女神像"。而在上述民主管理机构之外，是掌管雅典军事的十位将军。与柏拉图在《王制》中对护卫者的叙述相似，将军采用遴选而非民选抽签，根据的是军事能力（包括军事开销和军事统率，故而将军也起于土地贵族阶层），但是他们必须向公民大会和议事会述职。在帝国时代的雅典，将军具有崇高的威望，伯里克利通过在这个职务的连选连任，其实已经享有雅典僭主似的权力，所不同于僭主的地方在于伯里克利怀有的"帝国民主"的野心，或者说独特的心性抱负。

需要在此特别补充的是，要理解伯里克利的帝国民主，除了观察其制度本身的设计外，必须联系伯里克利本人的性格。与柏拉图哲人王的理想相呼应，伯里克利本人的德性对于帝国民主的绽放无疑具有重要意义。而要追随他的性格，就必须回到他的教育。我们知道，芝诺（Zeno of Citium）和阿拉戈萨哥拉是伯里克利的老师，这两人无疑为他灌输了一种具有决定性的个人品性。作为前苏格拉底最重要的自然哲人，他们所创造的自然哲学的真谛在于挑战任何可能的传统和边界，那意味着没有什么是凌驾于个人意志之上的事物，因此也意味着：只要你的意志足以承受这种意识所施加于个人的那令人窒息的压力，你就等于拥有了无限的改造自我命运的可能性。自然哲学因对理性（nous）的强调，认为世界的混沌或"同一"终将因带给世界运动某种"心灵"或"理智"，从而产生"秩序"。这种对产生"秩序"原理的深信和探究从人性深处就

① 亚里士多德.雅典政制［M］.冯金朋，译.长春：吉林出版集团股份有限责任公司，2013：LIXVIII. 1-2.

要求一种超越一切的姿态，一种对人性自然的洞察而非拘泥于道德或习俗的视野。认识的目的不会止步于知识本身，当它一旦进入政治行动的领域，就意味着创造而非顺从的意志。这种意志意味着承认政治人性中的愚陋不堪，接纳构造个人幸福必不可少的私人阴暗面，同时并不因之造成的受迫感而诉诸偶然性，而正是后者无数次担当了磨灭了个人雄心和意志的刽子手，它要求个人肩负起为世界注入"理智"和秩序的义务感，那种尤其体现了远古先知的"建国"意志，它承认这个世界具有通过深思熟虑加以定型并持久维持的可能性。但与阿拉戈萨哥拉不同，伯里克利并没有把自然的探究仅仅停留在对知识的无限发现的永无止境的过程中，因着一种显在然而幸运的思想缺陷，他走向政治，拒绝那些拖延其展现政治意志的创造性行动的发生。他显然自信于发现了关于政治的某种既定秩序，用他自己的话来说即是"所有公民的幸福"。这种幸福包含在作为自然人的那些基本需要当中：物质享乐的需要、个人生命保全的需要、政治分享和参与的满足感。那意味着雅典政治的需要乃是最大限度地获得物质安逸和精神审美的满足、平等政治参与的集体荣耀和正义感、不断劫掠外族的财富为己所用但同时最大限度地减少生命不必要的损失。这种理念的首次展现大概可以追溯到伯里克利初入政治同客蒙的政治斗争中，在数次远征尤其是对萨摩斯的战役中加以固化，接着绽放在伯罗奔尼撒战争和其葬礼演说中，并在其临终遗言中最终达到顶峰。作为在个人意志中追求实践其政治想象力极限的政治家，他在行动而非思想中或多或少地迎合了时代所能承纳的有限度的至善。虽然他追求政治和自然纯粹的美，如同他为雅典城构造的巨大而美幻的艺术氛围那样，但这种对美的追求被政治斗争的苍白和凝重的心性所节制，因此与尼禄追求泛滥然而不屈的政治、艺术实践不同，伯里克利对美的实践抑于对艺术心性的有效克制当中，这种心性是那些来自底层或渐进而非突然获得政治权力的人所能感受到的特有的恐惧，正是这种特殊的民主政治氛围所施加的持久不断的恐惧要求政治家恒久的政治节制。也正是如此，伯里克利努力保持了追求至善的那类哲学家所特有的纯洁自制，除了个人私生活中那些并非作为其时政治道德上可加以大肆批判的风流韵事外，他温和自足，严肃而大度，似乎超然于现实政治的得失之外，不悲不苦。他一生唯一为人所发现的流泪发生在自己最后的嫡子死去的葬礼上，而之前他几乎因瘟疫失去了所有的亲人，但从未悲痛欲绝。总之，个人生活中名誉和利益的得失、战争和瘟疫中丧失骨肉亲人、民主政治对伟大人物出于本性的误解和背信弃义都没有令他丧失其哲性中的理智与自足，并迫使其屈从于外在命运。仅在一次对话中，他透露出对"时间"的畏惧，因为只有时间的流逝可以泯灭政治家的雄心，可以了断政治意志的自然属性。据此，我们可以理解伯里克利通过葬礼演说所传达的帝国意识，那是一种尼采式的创造者的强力意志，包藏着一种中国古代思想所蕴藏的天下观式的帝国理念，因此伯里克利一方面严格界定雅典的公民身份，纯化民族性，另一方面将雅典打造为希腊精神的核心地带，艺术和美善交融的地域，让雅典民主具有一种精神辐射性，照耀向那些被寡头和僭主所遮蔽的城邦世界。因此"帝国民主"不仅仅依赖物质的朝贡，也依赖各邦对雅典精神的朝贡等级。

伯里克利的这套民主制度的安排继承自克里斯蒂尼（Cleisthenes）的设计，其经济基础依托于底米斯托克里和客蒙所创建的雅典帝国的强硬对外政策。需要指出的是，克里斯蒂尼并不是一个后人所称道的民主圣人，他的改革动力来自为扩大自身势力的阿尔克梅家族（这个家族是新贵族势力，伯里克利也出自这个家族），为了在公民大会（ecclesia）赢得多数票，他拉拢雅典无地平民，通过地域划分重整，削弱当地贵族选举所必须依赖的农业附庸者（client）的数量，并使前者转变为自己的附庸（clientele），让后者陷入更弱的依附链条。[1] 在这个意义上，克里斯蒂尼的改革依托于"部族民主"，并打击了已然寡头化的传统"部族民主"本身。而伯里克利的改革也是如此，出于同一家族的阿尔克梅后人，他的民主化改革很大一部分是出于与客蒙寡头式的依靠财产贿赂本部落博得选票的行为进行对抗，如亚里士多德所披露的：伯里克利认为自己财产不如客蒙，就试图将国家权力更多授之于民，以此来博得政治好感。[2] 也正是出于这种民主背后的权力动机，以及后来因伯罗奔尼撒战争所导致的公民纷纷涌入雅典城区，战时政治被迫向民主倾斜，才加剧了民主发展为最终的激进民

---

① 笔者参考了唐纳德·卡根和 D. M. Lewis 的说法，参见唐纳德·卡根.伯罗奔尼撒战争的爆发 [M].曾德华，译.上海：华东师范大学出版社，2014：70.

② 亚里士多德.雅典政制 [M].冯金朋，译.长春：吉林出版集团股份有限责任公司，2013：XXVII. 4-5.

主的倾向。因此我们不能简单地认为伯里克利仅仅出于如下政治理想来试图建构雅典未来的帝国民主原型：将雅典变成"全希腊的教师"，将跨越地中海、北非的庞大地域纳入雅典帝国民主的殖民范围。

除此之外，我们还须进入一个重要的概念性比对，才能理解伯里克利时期的民主氛围：部族民主和帝国民主。如前所提到的：希腊城邦的起源是各个部族（phyle）和氏族（phretras）合并与共存的结果。① 而之后的发展如弗罗洛夫所描绘的：希腊城邦形成具有阶段性，"起初，在公元前 9—前 8 世纪人口爆炸的条件下，它作为设防的城市居民点；而后，在公元前 7—前 6 世纪革命民主运动过程中，它作为等级公民公社；与上述两阶段同时——它作为有主权的政治整体，作为存在于城市自给和公社自治条件下的国家"②。这段论述告诉我们城邦具有防御和公社相互合并以达到"自治"两方面的起源与作用。从地域分布上看，古代城邦是农村和城镇的结合；从人口来看，绝大多数人是围绕家庭农业展开活动的。区别于现代资本主义城市兴起的范式，对雅典城邦而言，土地制度是早期城邦结构中最根本的制度，其稳固带来早期城邦制度的稳定和扩大，但其寡头化倾向又带来僭主的兴起，以及平民斗争等诸多动荡。总之，我们可以看到至少在克里斯蒂尼改革之前，希腊城邦本质上是农业文明为主导的部落间相互的妥协和依存关系。从治理来看，农业部族文明的治理依靠的是传统习俗（nomos），至少在梭伦立法之前它表征为一种"不成文法"，而传统的氏族崇拜又稳固了这种纯朴的精神秩序。因此部落民主的稳定我们可以说是作为"习俗"的精神秩序和作为"自然"的土地秩序共同维持的结果。而从风俗上讲，它的特点具有对外排挤异族、对内保守秩序的特点，而其民德也主要是守护性的，讲究节制和勤苦。

而随着僭主式权力的兴起及后来海洋军事化的发展，部族民主的长老会

---

① 参考荷马《伊利亚特》卷二：361—363。另外关于雅典起源的部族和氏族各自特点与相互关系的讨论可参考黄洋《试论荷马社会的性质与早期希腊国家的形成》一文，国外学界的讨论结果是部族是一个地域行政概念，氏族按照通常的理解是以血缘关系为纽带的，但是古希腊社会中，氏族之间的血缘关系，相对较少。载于黄洋.古代希腊政治与社会初探［M］.北京：北京大学出版社，2014. 需要强调的是笔者在地域和血缘两个层面上探讨雅典民主的原初面貌，因此笔者使用"部族"一词来表征"部落"（phyle）和"氏族"（phretras）两个词的含义。

② 弗罗洛夫.现代古希腊罗马著作中的城邦问题［M］//安德列耶夫，等.古代世界的城邦.张竹明，等，译.上海：华东师范大学出版社，2011：4.

中的旧贵族权力被打破，旧的习俗和信仰也被人为取代。随着雅典帝国的扩张，一种新的城邦信仰接踵而来，这就是伯里克利试图在全希腊推广的新的"民主"原型，它以伯里克利所打造的雅典城邦的盛局为标榜，尽管在某种程度上它或多或少是伯里克利人为放大的结果，但作为一种新的繁荣而开放生活的方式，对于全希腊无疑都具有某种象征的吸引力，这可以从雅典公民身份的珍贵中得到启示。① 这种新民主的原型就是伯里克利念兹在兹的"雅典帝国"制度，就是以物质殖民和精神繁荣所奠基的"帝国式的民主"。

区别于传统部落的长老会商议的寡头倾向和保守习俗，帝国民主在伯里克利的治下呈现为一种更加具有接纳性的开放色彩，正如伯里克利在《葬礼演说》中谈道：我们的城邦的大门向全世界敞开，我们从未通过排外法案，从未禁止任何人了解或观察任何事情，这种情况或许正好便宜了敌人，因为我们没有设防。（《战争志》2.39.1）伯里克利一方面赋予雅典公民身份的严格界定，排除外己②；另一方面在公民当中最大限度地普及民主制，拓宽民主制带来的繁荣和权力分享，建造大型的公共设施，举办大型公共集会，甚至出钱鼓励公民的民主参与，吸引希腊诸邦的精神向度。因此，民主制本身被塑造成一种理想的政制范式，也难怪这种范式在经历了公元前 5 世纪的寡头政治洗礼后，直到德摩斯提尼时代的又一个百年期间再也没有被改变过。但需要指出的是，伯里克利时代的雅典帝国民主在激进的色彩下，同样难以掩饰其保守的面向。我们需要记住汉森的提醒，尽管伯里克利时代的民主具有内容的丰富性和制度的复杂性，但是参与政治的常规人数依然是有限的，甚至将全部时间用于公共政治的只是公民总数的"千分之一"。③ 并且公共生活之下依然是不可触动的私人生活领域，这个领域里经济的贫穷和守成决定了他们意识理念的固化。雅典人依然生活在尽管被重新界定的氏族和血亲关系当

---

① 伯里克利时代的雅典人非常珍惜公民身份，极少将其轻易地授予他邦，一个例子可以看出来：在伯罗奔尼撒战争期间，雅典人曾破例授予萨摩斯人公民权。萨摩斯人为了表示巨大的感谢声称：他们宁愿牺牲自己的领土，也不愿意抛弃雅典盟友。参考弗格森.希腊帝国主义［M］.晏绍祥，译.上海：上海三联书店，2005：16.

② 亚里士多德.雅典政制［M］.冯金朋，译.长春：吉林出版集团有限责任公司，2013：LLVI. 4.

③ 汉森.德摩斯提尼时代的雅典民主［M］.何世健，欧阳旭东，译.上海：华东师范大学出版社，2014：454.

中，依然依赖土地维持着不变的"劳作与时日"。而反过来看，公共层面的帝国民主一方面依赖庞大的军事开支，另一方面导致私人领域的收入减少，前者常常亏空雅典本来拮据的公共税负①，后者只能用拮据的日常津贴和诸如一年一度的普尼克斯的表彰宴会来加以鼓励。故此，我们能体会帝国民主的维持是艰难的，加之曾提到的土地人口的增长导致雅典人口的迁移，而公民身份的严格限定又迫使更多的雅典人离开本土，从而加剧了公民参与人数的下降，这一切都是激进民主背后无法抵御的农业文明的自然瓦解的倾向。在这个意义上，伯里克利时代的雅典既是帝国的，又是部族的，如果我们将前者理解为民主的激进，后者理解为民主的保守，至少伯里克利之后的民主历程就证明了，民主的激进和保守对雅典人民而言都是不可或缺的"种属关系"。比如，在"三十人僭政"或寡头革命后，公元前403年的立法决定性地向梭伦更"温和"的民主立法回归②，其原因就在于经历了伯罗奔尼撒战争后期民主派的惨重损失后，雅典人民一方面熟悉并依赖伯里克利时的表面辉煌，另一方面又惧怕民主的激进再次带来动荡和惨败，这种农业文明所衍生出来的意识形态的两难，最终让雅典民主呈现出守旧与激进之间的折中倾向。

　　而经历寡头革命的阵痛之后，当雅典重新回到民主的怀抱时，公元前403年，在经过温和派民主立法改革后，雅典进入一段相对稳定的战后恢复期。我们简单地提一下这个时期的立法特色：经过五百人法律委员会的批准，雅典建立起了这样一个混合的民主制体系，一方面它维系了伯里克利的制度设计，另一方面在法律层面，它重新确立了包括梭伦和德拉古在内的"原始

---

　　① 汉森.德摩斯提尼时代的雅典民主［M］.何世健，欧阳旭东，译.上海：华东师范大学出版社，2014：451-452.

　　② 在亚里士多德的描绘中，这个时期的立法无疑具有激进民主的特征，他强调："人民使自己成为一切的主人，用命令，用人民当权的陪审法庭来处理任何事情，甚至议事会所审判的案件也落到人民手里。"(《雅典政制》XLI.3）但是，除了我们提到的对梭伦法律的回归，还需强调的是我们判断民主的激进和保守应基于民主的实行是处于宪法或制度（constitution）框架内还是破坏了这个框架。如果我们考虑雅典历史上在经过大小十一次的宪制改革后（亚里士多德所列举的），这一次改革决定性地主导了雅典未来百年的制度框架，并再无大的更动，并且这一时期民主的制度化程度相当高，诸如审判制度的程序规定，让"民主"的价值往往被"公正""平等"这样的价值所框定，这种民主的"理性化"大大约束了民主的非理性的暴力和亢奋倾向，因此我们不能仅仅从人民参政的范围来判断其激进的程度，而应当将其认作一种更温和的民主制度体系。而对雅典政制向温和民主制回归的揭示，亦可参见雅克琳娜·德·罗米伊.希腊民主的问题［M］.高煜，译.南京：译林出版社，2015：154-155.

民主"法典的有效性，并在此基础上确立了多部法律及相关补充文件。[①] 而且也正是在此时，雅典人开始将法律和法令区别开来，认为法律是永久而总体性的，而法令则具有可更改性。在这个意义上，公元前403年建立的民主政体是一个以法律为依托的温和民主制，一种将古老部落礼法与帝国民主制度加以混合的新秩序。而这种混合的礼法制度还将护卫着"衰落时期"的雅典走完未来的百年征程，直到那个介于"征服者"与"哲人王"之间的马其顿国王挥师南下……[②] 在这个意义上，我们可以说公元前403年的温和派立法，构建了雅典此后百年无论"衰落"还是"稳固"的民主制度的"新道统"。

二、"理念"：雅典民主的定义、理想与批评

追寻古希腊关于"民主"的"理念"，即是在追寻希腊先贤对雅典民主的定义、民主的理想与对民主的批评。它们一并构成了我们对古希腊相关理念中的民主的全景认识。首先是民主的定义。其实古希腊对雅典民主的定义是一个历史性的过程，即从早期克里斯蒂尼的民主记录，到伯里克利时代的葬礼演说，再到普罗泰戈拉中的民主叙事，再到柏拉图的民主批评，再到亚里士多德《政治学》的论说……民主在不同先贤的定义中，呈现出不同的面貌，而这些定义背后，可能基于不同的定义的语境。

（一）雅典民主的定义

具体而言，我们列举以下一些古希腊时期的雅典民主定义。首先是希罗多德的定义，作为迄今最早的"政体分类学"的出现，希罗多德在《历史》第三卷中，借着波斯人欧塔涅斯之口，道出这种"人民的统治"的政体的特征："人民的统治的优点首先在于它的最美好的声名，那就是，在法律面前人人平等。其次，那样也便不会产生一个国王所易犯的任何错误。一切职位都抽签决定，任职的人对他们任上所做的一切负责，而一切意见均交由人民大

---

① 汉森.德摩斯提尼时代的雅典民主［M］.何世健，欧阳旭东，译.上海：华东师范大学出版社，2014：478-479.

② 陈彦.置身古代的现代人——格林《马其顿的亚历山大》简评［M］//娄林.亚历山大与西方的大一统.北京：华夏出版社，2020：300-311.

众加以裁决。"① 法律面前人人"平等"（ἰσονομία），这种古老的关于政治面前人人平等的定义，就被称为"民治"或"民主"，它保留了"民主"最古老的含义。同时，我们可以看到，民治在希罗多德描绘的公元前 6 世纪，具有"美好的声名"。我们亦可以将此看作对民主的正面评价。

其次，对民主的典型赞美，来自修昔底德《伯罗奔尼撒战争史》第二卷中记录的著名的"葬礼演说词"：公元前 431 年，伯罗奔尼撒战争进行的第一个年头的冬天，伯里克利发表了那篇著名的葬礼演说，他以运化言辞的大气概溯往继来，以透人心魄的力量给在战争面前或无知沮丧或担忧畏缩的雅典人注入勇气并开启了他们战时的强悍心智。与林肯的葛底斯堡演说一样，或者说同任何足以伟大流芳的演说一样，它不仅是伯里克利作为雅典将军的自我意识的彰显，同时作为一篇亡灵的讣告，它也是一篇战争的宣谕和雅典民主政制的自我主张：

> 我们的政治制度不是从我们邻人的制度中模仿来的。我们的制度是别人的模范，而不是我们模仿任何其他的人的。我们的制度之所以被称为民主政治，是因为政权在全体公民手中，而不是在少数人手中。解决私人争执的时候，每个人在法律上都是平等的；让一个人负担公职优先于他人的时候，所考虑的不是某一个特殊阶级的成员，而是他所有的真正才能。任何人，只要他能够对国家有所贡献，就绝对不会因为贫穷而在政治上湮没无闻。正因为我们的政治生活是自由而公开的，我们彼此间的日常生活也是这样的。当我们隔壁邻人为所欲为的时候我们不至于因此而生气；我们也不会因此而给他以难看的颜色，以伤他的情感，尽管这种颜色对他没有实际的损害。在我们私人生活中，我们是自由的和宽恕的；但是在公家的事务中，我们遵守法律，这是因为这种法律使我们心悦诚服。②

如上，修昔底德所记录的伯里克利这段关于雅典民主特点的表述已经作为民主政治的经典语录而名载史册，它既为我们展现了伯里克利作为一个民主杰出

---

① 参见希罗多德. 历史：上册［M］. 王以铸，译. 北京：商务印书馆，2022：271.
② 修昔底德. 伯罗奔尼撒战争史：卷二［M］. 谢德风，译. 北京：商务印书馆，2018：37.

捍卫者的翩然风度，也同时给出了民主的一项重要的定义和正面评价：民主，不仅意味着希罗多德所指出的"法律"面前人人平等的古老含义，更意味着政治权力向"全体公民"敞开，或属于"全体公民"。并且，从"政治文化"而言，民主还意味着：政治上的自由与公开、对他人的宽容，以及守法的习性。

此外，经典的民主定义，还包括柏拉图和亚里士多德的阐发。其中，在柏拉图《理想国》中对民主产生的过程描绘如下："依我之见，当穷人们获得了胜利，杀了一些富豪，贬黜了另一些人，并使其余的人平等地参与城邦政治和管理，最常见的做法是，官职往往就靠抽签来分配。"① 此外，柏拉图还进一步强调民主的相关特征：（1）城邦允许人们随心所欲；（2）民主是一种取悦于人、毫无专制、形式多样的城邦政体，它把某种平等均匀地分配给地位相同或者地位不同的人们。② 在这里，民主被看作一种官职的抽签分配制度，以及公民对政治的平等参与，此外，从政治文化而言，民主倡导一种自由、平等与生活的多样性。而亚里士多德在相关著作中则如是界定民主，笔者参考罗米伊（Jacqueline de Romilly）的相关转述：

> 亚里士多德在《修辞学》中，在对各种政体进行分类时写道："在民主政体中，人们靠运气分配职位。"他在《政治学》中再次写道："抽签被认为是民主政体的，选举被认为是寡头政体的。"最后，在分析作为民主政体基础的原则时，他没有忘记把这种习俗包括进去："对所有职位，或者至少对所有那些不需要实践经验或技术知识的职位，就通过抽签来分配。"③

我们看到，在从柏拉图到亚里士多德的"政体分类学"中，民主尽管作为一种"变态"或败坏之政体，但其特征亦是明显和可辨识的：除了必要的需要技术和实践知识的职位，一般公职，都由公民采用抽签方式来获得，或者说，政治向所有公民敞开。

如是，尽管我们不能将上述经典作家对民主的描绘，都认作其时代真实

---

① 柏拉图.理想国［M］.郭斌和，张竹明，译.北京：商务印书馆，1986：305.

② 柏拉图.理想国［M］.郭斌和，张竹明，译.北京：商务印书馆，1986：306.

③ 雅克琳娜·德·罗米伊.希腊民主的问题［M］.高煜，译.南京：译林出版社，2015：11.

的"民主"理念的阐发，因为不同的经典作家，其写作的语境各不相同，以伯里克利的葬礼演说为例，他对民主的理想蓝图的描述，在某种层面上，也是为了回应当时的人对民主制度限制了人们在战争中的能力发挥并由此带来的灰心丧气的指责，因此或多或少，伯里克利其实"美化了"民主制度的本来面目。①但语境之外，上述对于民主的经典阐发，其实背后都存在一些共同点，我们可以从中提炼出来，作为"民主"的原初理念：（1）法律面前的人人平等；（2）从抽签制体现出来的政治权力的公开性。此外，从属于"政治文化"的，比如，公共生活与欲望的自由、平等、多样性等，则属于民主相应的"性征"。

（二）雅典民主的理想追求和批评

从民主的上述定义和特征中，其实我们也能窥见古典时期的希腊社会所寄托的某种民主理想：用汉森的话来描述就是"以自由、平等和对幸福的追求为理念中心"。

汉森的表述里，至少能窥见民主的"三重"理想：对自由的追求、对政治平等的追求和对某种定义下的"幸福"的追求。其中，对自由的追求至少包含两个层面：（1）政治上的"轮流统治"之意；（2）个人选择的生活，不受任意专断的侵害。而"平等"意味着：（1）法律面前的人人平等；（2）不受能力和身份限制的参政机会的平等。而对某种定义下的"幸福"的追求——这种幸福当然与哲学家笔下的幸福大相径庭，绝非以"爱智慧"为追求和目的，如亚里士多德笔下的"εὐδαιμονία"—— 一个人能够过自己想过的生活，或者用

---

① 此外，对伯里克利葬礼演说的语境解释，还包括伯里克利对政敌的担忧，比如，色肯（C. M. J. Sicking）认为："葬礼演讲，似乎是伯里克利正确意识到这是一个至关重要的时刻，利用这次机会以抵消那些（民众的）不满和强烈的压力：担忧的战争的第一年的结果，为他们提供了一个机会来证实自己对这个城邦来说不可或缺，赋予了伯里克利的支持者们积累权力和财富的风险。因此，伯里克利决定进行一场政治宣传，以防止他的对手利用那些他为执行他的政策所需要的人的怀疑和恐惧。"参 见 SICKING C M J. The General Purport of Pericles' Funeral Oration and Last Speech［J］. Hermes, 1995: 419.

亚里士多德的话"按照你喜欢的方式生活"的幸福及其追求。① 这"三重"追求，或许我们还能提炼出更为根本的民主理想出来，比如，汉森延续亚里士多德在《政治学》（1317a40-b17）中的说法，认为最为根本的民主理想，其实就是"自由"。② 对此看法，我们稍做保留。

最后，对于古典时期的雅典民主"理念"的探讨，我们还需要简单考察对民主理念的相应批评，从而完善我们对民主"理念"的认识。古希腊时期对民主理念的批评最重要的来自柏拉图和被称为"老寡头"（the Old Oligarch）的匿名作者（又被称为"伪色诺芬"）。我们先看"老寡头"的批评：在其创作的《雅典政制》（Ἀθηναίων πολιτεία）当中，"老寡头"批评雅典民主，在民主制下，虽然人民掌握了政权，但出现了许多"不正常"现象。比如，人民显得贪得无厌，从国家和盟邦中取得大量利益，对高贵者横施暴政，强迫富人承担各种义务，使国家得不到正常管理。③ 这些批评，可概括为如下几点：

1. 民主为"穷人"或"平民"（πένης）的利益服务，而有损富贵阶级；

2. 平民愚昧无知，桀骜不驯，行止无方等，总之平民不辨是非，缺乏必要的教育；

3. 民主政体中生活有更多不义的事情发生，且坏人在民主政体中更容易

---

① 如汉森所言，这种民主理想不仅是理念层面的，在实际雅典城邦中，民主的运转，亦保留了公共领域"城邦"和私人领域"非现代意义的个体，而是除城邦之外的其他私人和社会性事务领域"的区分，城邦并不规范所有的事务，而是规范一定范围的社会活动，而诸如教育、工商业、农业和贸易方面的事务都交给私人去操办，这就是公共和私人二分的现实运作模式，并且这种私人生活的自由也并非只给公民，也包括给外邦人，有时甚至包括奴隶。参见汉森.德摩斯提尼时代的雅典民主[M].何世健，欧阳旭东，译.上海：华东师范大学出版社，2014:108-109.

② 汉森.德摩斯提尼时代的雅典民主[M].何世健，欧阳旭东，译.上海：华东师范大学出版社，2014：100.

③ 亚里士多德.雅典政制[M].冯金朋，译.长春：吉林出版集团股份有限责任公司，2013：212-227.

逃脱制裁。①

此外，我们再回顾一下柏拉图对民主制的经典批评。比如，在《理想国》卷七结束处，苏格拉底提出自己的政体分类学，其中民主制从寡头制演变而来，而其特征可以归结为如下几方面：

1. 民主虽然强调个性和多样性，但欠缺统一性，城邦没有纪律、法律和社会秩序，没有普遍被尊重和认可的善；

2. 城邦允许人民可以随心所欲，没有区分必要的和不必要的欲望（寡头制下被压抑的不必要的欲望被释放出来），拒绝理性的规劝，因此民主的许多价值也变得扭曲，比如，把羞耻看作愚蠢，把自我控制当作怯懦，傲慢无礼，无法无天，奢侈又无羞耻感等；

3. 民主制过于宽容，哪怕对罪犯，或者说民主在试图讨好所有人；

4. 民主过于强调"自由"。②

如是，我们汇总"老寡头"和柏拉图对民主的相关批评，大概可以归为

---

① "老寡头"或伪色诺芬，尽管对民主制作出了相应的批评，但整篇《雅典政制》却因为充满了修辞的叠转，而难以判断其对民主的真实意图，甚至我们可以看到《雅典政制》最后实际是在说服那些反对民主的人接受民主的现状，或者我们可以说，他很可能是在明贬暗褒民主制。故而，我们对"老寡头"的民主批评，当采取一种更为保守的理解，如同有人认为"老寡头"实际属于那种虽赞同寡头但是又倾向于民主的派别："学界普遍认为，《老寡头》是一篇演说词，是为一次寡头派集会而作，大概写于公元前446年至公元前415年之间。关于作者的政治立场，学界观点大致分为三派：激进的寡头派，强烈敌视雅典民主；温和的寡头派，承认雅典民主在实践上和逻辑上的合理性；中立派，虽然带有某些亲寡头倾向，但积极肯定雅典民主的合理性。不过，在笔者看来，这位'老寡头'在某种程度上是一位亲民主派。他在批判雅典民主制的同时又为其辩护，一再强调它的合理性、优越性和牢固性，并且暗示寡头派放弃推翻民主政体的幻想，适应当下的民主政体。"参见冯金朋."老寡头"的民主观——论伪色诺芬《雅典政制》的写作意图［J］.政治思想史，2019（3）：100.

② 自由既是民主的特征，也是民主的弊端，比如，柏拉图认为：民主制下的自由让人总是听从某种强烈的及时性的欲求，并拒绝理性的规劝，认为一切欲望和快乐都是平等的，做事三心二意或随心所欲，在生活中既没有规律，也无使命感，过着一种所谓的"甜蜜、自由、幸福"的生活，"人可以放言高论，人人有可能在里面做他愿意做的事，每个人都按照每个人所喜好的方式在城邦里安排一种他所自有的生活方式"等，如《理想国》第八卷和第九卷中所描绘的那样，因此，对"自由"的批评主要在于缺乏"理性"，如柏拉图在此后《法篇》中所强调的那样："民主政制可以由理性和知识引导，在这种情形下，它会是一个好的政权形式。"故而，柏拉图强调自由需要约束，而非导向放纵。

两点：（1）民主偏袒贫民；（2）民主释放了过多的无节制的欲望和自由，且缺乏政制的纪律与统一性。当然，我们要强调，这些对民主的批评，其实也是针对民主的某种极端理念，而真实的民主进程，往往会在寡头、民主等政制之间，寻求一种主动或被动的调和，如古希腊政治理论中，对"激进民主"和"温和民主"的讨论，总是不断交叠出现。尤其以亚里士多德的理论和其笔下的塞拉墨涅斯（Theramenes）的实践为典型的"温和民主派"（moderate democrats），试图将"老寡头"或柏拉图笔下描绘过的过于激进的民主生态，引向一种更为温和或者调和的方向。

三、雅典民主的"中道"实践：亚里士多德笔下的塞拉墨涅斯问题 ①

在这里，我们提及一下亚里士多德笔下的塞拉墨涅斯问题，亚里士多德在其散佚数个世纪又在 19 世纪被重新发现的《雅典政制》中，曾特别提到古希腊"三十人"僭政时期的一位著名人物：塞拉墨涅斯，此人在伯罗奔尼撒战争中如阿吉纽西战役、羊河之战中都发挥过重要作用，尤其在公元前 421 年即"尼西阿斯和约"之后，在雅典民主制的多次推倒与重建中发挥过积极作用。② 此人在古代，曾长期被看作政治中的"骑墙派"，直到亚里士多德《雅典政制》的重新发现，古代世界对他的评价才得到学界的重新审视。因为这关乎"温和民主"的重要议题，笔者在此冒昧赘述。首先，笔者结合相关史撰，将塞拉墨涅斯及其"温和民主"实践的相关原委，更详细呈现如下：

自 421 年"尼西阿斯和约"后，雅典和斯巴达签订了 50 年同盟，伯罗奔尼撒战争进入一段休整期，而另一场针对科林斯在地中海东部霸权的西西里远征的失败（公元前 413）——加上斯巴达此时占领了迪凯丽亚，导致雅典被迫关闭劳里昂的银矿，此时雅典国库空虚，兵力匮乏，为了走出危机，雅典

---

① 本节内容曾在韩潮教授的课堂上宣读，其间见解并非个人所得，乃是得益于韩潮教授在课堂上的相关讲解，特此说明。

② 根据当前学者的总结，塞拉墨涅斯一生的大事记主要包括：（1）公元前 411 年，积极参与政变并建立了"四百人"寡头政府；（2）四个月后，成为推翻"四百人"政府，建立"五千人"政府的主要领导者；（3）此后四年，在赫勒斯滂地区指挥舰队作战，致力于恢复雅典海上霸权；（4）公元前 406 年，参加阿吉努塞海战；（5）成为战后挑动民众处决 6 名将军的主要推手；（6）伯罗奔尼撒战争末年，率使团与斯巴达人谈判，成为"三十人"僭政的主要组建者和领导者之一。参见徐松岩.塞拉麦涅斯与公元前 5 世纪末的雅典政治 [J].世界历史，2015（2）：101.

从此时的五百人议事会选出一个十委员会或叫"预审团"来解决此时的危机，并进行了港口税代替盟邦供税的改革，目的在于一方面缓和与盟邦的关系，另一方面提高自身收入，但此时盟邦的反叛不可避免，诸多同盟倒向斯巴达，因为雅典此时已经无力维持其同盟霸主地位。

而雅典同盟转向斯巴达，也导致斯巴达与波斯订立了新的为了维持政治均势的"米利都条约"，该条约将雅典在小亚细亚诸邦的供赋转交给波斯，而波斯承诺，当斯巴达同雅典交战时，向伯罗奔尼撒战舰上的战士支付薪水。自此，雅典一边承受盟邦的背离，一边通过局部进攻与受到波斯支援的斯巴达，以及来自西西里的斯巴达盟军周旋。此时雅典的战略任务就是拆散斯巴达和波斯同盟，并且雅典自身的政体也亟须变革（一方面出于寡头派的不满，他们认为民主制妨碍了雅典精英在政治上发挥作用；另一方面出于波斯对雅典民主制的敌意，要试图打破波斯和斯巴达的同盟，赢得波斯的支持，就必须瓦解掉雅典的民主制），而他们试图建立一种更温和的政体，介于二者之间，而塞拉墨涅斯（也是预审团成员之一）此时开始在雅典的政治舞台发挥重要作用。

首先，他们的口号是恢复"祖先政"（patrios politeia），要求回到梭伦之前的时代，即某种形式的德拉古时代的政体（四百人议事会，虽然有人认为德拉古宪法从来没存在过，提出这一祖先政制，只是为其变法而创制出来的）。在同寡头派的合作中，以及与试图回到雅典而极力促成波斯和雅典结盟的亚西比德一道，他们共同完成了对雅典民主制的颠覆（尽管塞拉墨涅斯并非想建立一个极端寡头政体）。

接下来，虽然与波斯的和谈没有进展，但雅典自身酝酿的变革势在必行了。他们取消了公民大会，代之以五千名享有完全公民权，且身体强壮、家财富足的人，轮流充任议事会，而高级官吏也从议事会中选出。[①]

这种由四百人召集的五千人议事会政体其实属于寡头制，虽然他们声称是恢复了德拉古的宪法，而这种政体又保留了克里斯蒂尼政体的总体结构，因为它保留了十部落制和村镇制度。但需要提及的是，这只是一个"临时政

---

① 这种"五千人"政体的大概运作，参见 J.B.伯里.希腊史：第二卷 [M].陈思伟，译.长春：吉林出版集团股份有限责任公司，2016：598.

府"，它是当时的两种势力均衡的结果：安提丰代表的寡头派和塞拉墨涅斯代表的温和派的一种互相妥协，因为寡头派希望政权稳定，但温和派希望它只是临时性的。而这一临时政府统治了雅典大概三个月的时间。它之所以建立也因为雅典民主派不在城内，而是驻扎在萨默斯的水师舰船上。而正是水师舰队的反戈导致了该临时政府的覆灭。此时非常重要的雅典民主领导人特拉绪布鲁斯（Thrasybulus）登上舞台——雅典在伯罗奔尼撒战争中最终战败后，正是此人再次恢复了雅典的民主制，并整合了各方敌对的势力。

此后，在一场与斯巴达的海上会战中（厄律特利亚战役），雅典惨败，导致四百人寡头政体被罢黜，宣布能自备武器的人成立五千人公民团体，而寡头派逃亡，安提丰被处决。新政体由塞拉墨涅斯提出，修昔底德认为"这种政体能将多数人统治和少数人统治很好地结合在一起"，即一种民主制和寡头制的结合。伯里（J. B. Bury）认为他之前认同四百人寡头是一种权宜之计，而寡头派送给他的"Kothurus"（原意为一种宽松的两只脚都能穿的鞋，意译为"墙头草"）的罪名是不恰当的。从中我们可以看到在当时批评塞拉墨涅斯墙头草的乃是寡头派，而非大多数雅典人。

而随着一场新的海军战役的胜利（居其库斯海战），民主派再次获胜，并一举颠覆了塞拉墨涅斯的混合政体，再次回到了没有财产限制的民主制和克里斯蒂尼的五百人议事会政体下。而希腊海军也逐渐在亚西比德的领导下在赫勒斯滂（Hellespont）和小亚细亚取得了一系列战果……但战争的转折点来自波斯和斯巴达联盟的两位统帅的换帅，波斯方面是小居鲁士担任萨迪斯新的总督，而斯巴达则换上了终结伯罗奔尼撒战争的水师提督莱山德（Lysander），两人的友谊和互相支持奠定了战局的胜利。正是此时，一场阿吉努塞发生的海上激战，让塞拉墨涅斯再次出现在公众视野中，此战虽然雅典最终获胜，但25条战船被毁，并且大部分人浮在沉船周边，因为没有及时营救而遇难。将军被指控，且将军和舰长互相推卸责任，塞拉墨涅斯正是其中一名舰长。塞拉墨涅斯发起了对将军的控诉，并由两次法庭审判最终将8名将军判处死刑并剥夺财产（6人被立即处死，另外2人逃走，该判决违背了雅典的一项准则，即不是逐个审判，而是集体判决，实属不合法）。

此后，莱山德再次获得斯巴达海军大权，在羊河之战中他们最终彻底击溃了雅典海军。此后，莱山德采用封锁战术，试图用饥饿瓦解雅典最后的斗志。雅典也最终被迫提出和平议案，愿意放弃帝国，且最后由塞拉墨涅斯出使，拜访莱山德，但他却在斯巴达帐下待了三个月，而这三个月的饥饿彻底地摧毁了雅典的斗志，让他们愿意接受任何斯巴达的条件。雅典战败投降了，在接受了一系列的战败条约后，寡头派流放者得以返回雅典，其中就包括塞拉墨涅斯的对手克里提亚斯（Critias），流放者和国内的寡头派一起对雅典民主派进行了清洗，并在莱山德的支持下，任命了三十人以起草新的宪法，这就是"三十人"僭政。而克里提亚斯和塞拉墨涅斯皆为三十人之一。

而克里提亚斯和塞拉墨涅斯的政治冲突也最终爆发了，导致该三十人集团的决裂。原因在于克里提亚斯是极端寡头派，偏向独裁，对民主派采取杀戮清洗策略，而塞拉墨涅斯则属于温和派，致力于扩大公民权的范围。最终一场针对塞拉墨涅斯的生死审判展开。在议事会过程中，克里提亚斯首先指责塞拉墨涅斯是卖国贼，试图颠覆城邦，然后塞拉墨涅斯反击，并赢得大多数的掌声，在关键时刻，克里提亚斯采取极端手段将塞拉墨涅斯从三千人公民中除名，并宣布其死刑，因为不在三千人名单中的人可以不用审判而直接处死。自此，塞拉墨涅斯告别了雅典政治舞台，其"温和民主"的实践也暂告段落。

接下来就是寡头派和流亡民主派的较量，并最终以克里提亚斯被杀，特拉绪布鲁斯（Thrasybulus）带领民主派返回雅典，最终放逐并暂时地宽容了寡头派"三十人"僭政时期的罪行而告终，雅典在战败后迎来了久违的民主复辟与和平。①

---

① 以上对塞拉墨涅斯及其"温和民主"实践的相关历史经过的简述，参考了古代作家修昔底德的《伯罗奔尼撒战争史》、色诺芬的《希腊史》和当代学者哈蒙德和 J. B. 伯里各自所著的《希腊史》中的相关叙述。

我们接下来，来到塞拉墨涅斯的历史评价环节。[①]可以分为四大类：墙头草或机会主义者；激进民主派的领袖；温和民主派；对其派系不置可否。具体而言：

1. 认为他是墙头草（kothurus），两面派，或政治机会主义者。批评在同时代主要来自当时的雅典寡头派，也来自民主派，因为当时的民主派将他看作寡头派，而寡头派又对他不信任，认为他属于民主派。而在现代主要来自乔治·格罗特《希腊史》第八卷中从捍卫雅典民主角度的强烈批评。[②]

2. 认为他是值得称颂的民主派，或叫激进民主派代表，"五千人宪制之父"。主要来自古代世界的埃弗厄洛斯（Ephoros），其对塞拉墨涅斯采取了一种民主辩护策略[③]，将其描述为一个好的雅典民主派，且没有提及他与五千人宪制的关系，以及传统上所认为的那种政治温和派的特征，其叙述的一条连贯逻辑是：塞拉墨涅斯和四百人团的关系旨在颠覆它们，他召回了阿尔克比亚德（Alkibiades），并颠覆了帕洛斯（Paros）的寡头政权，为人民恢复了自由。并且在基希科斯（Kyzikos）和后来的赫勒斯滂（Hellespont）的行动中，他扮演了一个领导的核心角色。与色诺芬叙事略有争议的是，他没有提到他是被授权调查海难的，但他参与审判是被授予了权力的。而将军们的被告乃是因为将军们犯下了错误，因为他们反过来在信件中说他们指派了塞拉墨涅斯和萨拉绪波罗斯（Thrasyboulos）去打捞死者，这把本来是他们盟友的塞拉墨涅斯推向了反面。埃弗厄洛斯也并没有提及塞拉墨涅斯同莱山德谈判的事情。同时，塞拉墨涅斯参与三十人僭主一事，也被认为是当时环境下，为了

---

① 笔者对塞拉墨涅斯的评价史，做如下划分：（1）同时代人；（2）稍后时代的学者；（3）近代和当代。其同时代人对他的评价基本是负面的，一般把他看作一个奸诈的变节者、两面派或机会主义者。而稍后时代的学者，比如，根据修昔底德和色诺芬的历史描绘，以及普鲁塔克追随亚里士多德《雅典政制》而得出的相关评价，另外有尼西阿斯（Lysias）的讲稿。而近代学者，典型如乔治·格罗特的《希腊史》，以及当1891年亚里士多德的《雅典政制》抄本残篇被重新发现后的研究和相关注疏。而当代研究，比如，哈蒙德、J. 伯里、哈丁及所谓"塞拉墨涅斯文献"（考古发现的少量纸莎草纸文献）所掀起的德国学界的研究。需要着重提及的是，正是德国历史学界，首先对塞拉墨涅斯的历史公案进行翻案，根据亦是来自重新发现的亚里士多德的《雅典政制》。——笔者注

② 如当代学者哈丁的观点是：其同时代人对他的评价是负面的，一般把他看作一个奸诈的变节者或两面派（treacherous turncoat）。参见 HARDING P. The Theramenes Myth［J］.Phoenix, 1974（28）：102. 另研究塞拉墨涅斯的早期当代学者桑迪斯（Sandys）也认为：传统的观点是将他看作一个机会主义者。参见 SANDYS J E. Aristotle's Constitution of the Athenians［M］.London：Macmillan, 1893.

③ 狄奥多罗斯（Diodoros）所著历史丛书第 13、14 卷。

捍卫民主的好人们、为了抵制三十人政权而将塞拉墨涅斯选入其中，引为一种政权审查的作用。因此他的死，被看作是值得称颂的。

3. 赞扬其为介于寡头和民主之间的温和民主派或温和派、法律的捍卫者。该种评论，在古代世界主要来自亚里士多德的《雅典政制》，而在当代来自诸如哈蒙德、J. 伯里等。比如，亚里士多德在《雅典政制》的讲稿残篇中曾这样细数过迄及其时代的那些最杰出的雅典政治家：

> 在老一代政治家之后，尼西阿斯、修昔底德斯和塞拉墨涅斯被认为是雅典最优秀的政治家。至于尼西阿斯和修昔底德斯，几乎每个人都同意，他们不仅出身和品质高贵，并且治国有方，他们悉心管理国家。而对塞拉墨涅斯的评价却是褒贬不一，因为在他所处的时代，国家局势极为动荡不安。但是，深思熟虑的观点认为，他的所作所为并不像那些批评家错误论断所说的那样，他没有推翻任何类型的政府，只要它合法，他便一直支持它；这表明，他像一个良好公民应该做的那样，能够生活在任何形式的政体下，却又绝不容忍其不法行为并坚决与之作斗争。①

又比如，伯里的总结：

> 就政治斗争手段而言，塞拉墨涅斯或许捉摸不定、立场不坚，但是，他的政治祈愿却始终未变。他渴望建立一种温和政体，扬长避短，将寡头政体与民主政体的优势有效结合起来。毫无疑问，他一直在坚持不懈地进行这种政治试验。然而，这种政体的特殊性给人以虚伪的外观，常常招致人们的怀疑，使他在寡头派与民主派之间摇摆不定，努力在两种政见迥异的派别中寻求影响与支持，也只有这样，才可能最终实现他的中间路线。结果，民主派将其视为寡头党人，寡头派对他也不信任，认为他属于民主派。在那个动荡不安的时代，对于一个将国家纳入中道路线的政治家，他的政策不可避免会在两种极端对立的党派中摇摆不定，此人几乎注定了会得到"库塔布斯"的

---

① 亚里士多德. 雅典政制［M］. 冯金朋，译. 长春：吉林出版集团股份有限责任公司，2013：108-109.

恶名。①

　　两者都对塞拉墨涅斯给予了正面评价，亚里士多德强调其捍卫民主及法治，维护政治的边界而不惜树敌。而伯里则进一步肯定了其"温和"政治的实践，即一种在寡头和民主派之间的"中道"路线。

　　4.一种不置可否的评价。代表为古代世界的色诺芬，在其《希腊史》（Hellenika）中的描绘。但根据当代学者菲利普·哈丁（Phillip Harding）的分析，尽管色诺芬在其同克里提亚斯（Critias）的最后法庭申辩中给出了他是一个温和派政治家的言辞，但从色诺芬对他之前事迹的描绘，以及结合色诺芬在《回忆录》等处的评价原则、文风（stylistic）及可能的写作背景（来自其同时代依然存在的塞拉墨涅斯派的压力，或来自色诺芬自己的政治倾向）来看，很难说色诺芬对塞拉墨涅斯的评价是正面的，甚至可以说是隐隐地在批评。②

　　如上，了解了古代和学术史对塞拉墨涅斯的评价，笔者来到对此问题的总结，这关乎古代世界重要的民主"理念"："中道"或"温和民主"。根据上述的评论，我们似乎难以得出塞拉墨涅斯的真实理念或动机，即他的行为到底是否真的属于温和派或遵行"政治中道"，抑或只是一个彻底的政治现实主义者？

　　根据菲利普·哈丁对相关问题的辨析，我们得知：对塞拉墨涅斯"温和派"或"温和民主"的评价，既非当时的塞拉墨涅斯派系同伙对他的评价，也并非公元前4世纪出现的，比如，为伊索克拉底、德摩斯提尼等人所称道的那种"温和政体"的意识形态所造就的，乃是一种对公元前5世纪末的雅典精神理想的发明式的追忆，或亚里士多德本人的政治观念的投射。说得更为直白，也即"温和政治"的评价，乃是亚里士多德所发明，并授予塞拉墨

————————————

　　① J. B. 伯里 . 希腊史：第二卷［M］. 陈思伟，译 . 长春：吉林出版集团股份有限责任公司，2016：620.

　　② HARDING P. The Theramenes Myth［J］. Phoenix, 1974（28）：101-111.

涅斯的。[①]因为，并没有可靠的文本证据证明存在一个塞拉墨涅斯的"理想宪制"，并且在现实中，塞拉墨涅斯很可能根本就是一个无原则的政治骑墙派。

然而，是否亚里士多德的评价就失去了意义，或者我们是否该从理念分析，回到政治现实的层面，如同当代学人所给出的判断：塞拉墨涅斯实际上是当时民主派和寡头派之外的工商派的所谓"麦特克"的利益代表者，旨在扩大雅典公民权，将其利益团体纳入雅典的政体利益当中，同时也壮大了雅典本身。[②]就此，笔者仍然相信，我们或许有理由怀疑亚里士多德的评价之于塞拉墨涅斯本人的理念的"真实性"，但亚里士多德通过塞拉墨涅斯所"提供"或"发明"的寡头和民主相互混合的政体"中道"理想，无疑也给出了我们反思雅典民主其时理念的另一条重要进路，即在强调"人人平等、自由、多元性"的激进民主理念之外，还存在着一种重要的更为"中道"的民主理念。而这种存在于公元前5世纪，且深刻影响公元前4世纪希腊民主最后百年的"中道"与"温和民主"政治理念，这个为晚期柏拉图、亚里士多德、伊索克拉底、德摩斯提尼等人所分享的"中道"理念及其伦理，或许，曾通过一个叫作塞拉墨涅斯的政治家，出现过、闪耀过，并被看作"中道"与"温和民主"政治理念的、可能的"现实政治样板"。

四、"心灵"：雅典民主的心灵与"中道"的发明

古典时期的雅典民主制下的"心灵"，其实在我们上述关于民主的定义、理想和批评中，早已有所体现。在此，可以从正、反两个维度来呈现对这种心灵的评价：

---

① 需要注意的是亚里士多德的看法来源，学界亦存争议，一说这个观点就是亚里士多德本人的，证据为它的评价是亚里士多德式的，即一种moderate（"中道"或"温和"派）；另一种观点认为亚里士多德有其评价的依据来源，有人认为是来自Atthidographer Androtion的Atthis，但问题在于这本书失传了，我们找不到任何第一手的证据证明这个观点，所有的推论都来自一种背景式的证据（circumstantial evidence），比如，亚里士多德使用过Androtion的On Ostracism；而Androtion的父亲Andron是塞拉墨涅斯阵营的成员之一，参加过"四百人"寡头政府；此外，基于Andron的生平和政治观点，他分享了这样一种Androtion所继承和偏爱的，温和的或温和而保守的政治观点（moderate-conservative），因此，有人推论塞拉墨涅斯正是持有这样的观点，它被Andron及塞拉墨涅斯的政治圈所接纳，并被Androtion所记录下来，在他失传的Atthis这本书中。而亚里士多德看到了这个观点，并加以转述出来。

② 徐松岩.塞拉麦涅斯与公元前5世纪末的雅典政治［J］.世界历史，2015（2）：99-108.

对民主式心灵的正面评价，主要来自一种公共论辩的维度，强调一种具有理性的、自由开放的和商议的态度，同时在公共理性的维度，还强调对他人的尊重与宽容。典型描绘的即是伯里克利葬礼演说当中所呈现的心灵样式。

当我们隔壁邻人为所欲为的时候我们不至于因此而生气；我们也不会因此而给他以难看的颜色，以伤他的情感，尽管这种颜色对他没有实际的损害。在我们私人生活中，我们是自由的和宽恕的；但是在公家的事务中，我们遵守法律，这是因为这种法律使我们心悦诚服。①

但在古代世界，由于哲学家对"德性"或美德伦理的构建，对民主制下的心灵或灵魂及其美德的批评，显得尤为激烈。比如，柏拉图《理想国》卷八对寡头制下的灵魂向民主制下的灵魂衰变的相应描绘：

当一个年轻人，既无文化教育，又节俭悭吝，一旦他尝味到了雄蜂们所享用的蜂蜜，并且和这些暴烈喧嚣的可怕的虫兽相厮混在一起，后者能够提供五花八门的各种花样各式格局的快乐，到了这里，你必须认为，这就是在他之中的寡头政体向民主政体的转变开始了。②

这种政体的转变，也意味着心灵或灵魂的转变，即建立在"城邦即大写的人"的"心灵－政制"同构的理解基础之上。按照柏拉图的说法，民主制下心灵最大的变化乃是"欲望"（指"必要的欲望"之外的那种导致自我沉溺的欲望）的释放。如柏拉图所形容的，欲望占据灵魂，如同"攻克了"一座"卫城"，而此灵魂之"卫城"的状态乃是空空如也，"既无学问，也无高尚的工作和事业，更无真实的理性（λόγων ἀληθῶν）"。在这种丧失"理性"控制的状态下，人们的心灵变得"傲慢不逊、混乱骄纵、放荡不羁、恬不知耻"，并且"他们把傲慢不逊称作为教养，把混乱骄纵说成是自由，把放荡不羁说

① 修昔底德.伯罗奔尼撒战争史：卷二［M］.谢德风，译.北京：商务印书馆，2018：37.
② 柏拉图.理想国［M］.郭斌和，张竹明，译.北京：商务印书馆，1986：559e.

成是慷慨，把恬不知耻说成是勇敢"。①

"欲望"对"理性"的颠覆，乃是基于柏拉图灵魂"三分法"做出的灵魂描绘②，也是柏拉图对民主的批判所赖以自我证成的基本原理：只有当理性、血性和欲望各归其位，并且如真正的哲人那样，用对智慧的爱，即"理性"牢牢主宰血性和欲望的时候，人的灵魂及与灵魂匹配的城邦政制，才能处于最佳的状态，此状态就是柏拉图所阐发的"正义"，或者我们也可以说，此即哲学的"正义"。

如上，我们看到古希腊对民主心灵的正、反两种评价，其实归根结底，乃是对"理性"的界定的差异，即"理性"究竟应该止于一种公共层面的协商，还是朝向更高的哲学或哲人的"爱智"，这即是"哲学与政治"两者之间关系的古今争议所在，也是柏拉图晚年及其弟子亚里士多德的进一步思考所在。

比如，柏拉图晚年在《法篇》中的反思，可以看作其"政治-哲学"关系的经典刻画，即他不再试图将哲学的正义强加于政治的正义之上，不再混淆哲学和政治两者之间的边界。尽管，这一问题仍然处于巨大的迷雾之中，因为学界对此也是争议不断，比如，我们从学界对《法篇》第十二卷末尾处有关"夜间议事会"（the Noctural Council）的讨论，就可以看出这一公案的复杂性。笔者在此稍做赘述：如当代学者勒维斯（V. B. Lewis）所言：后世诸多对于"夜间议事会"的解读，往往将其看作文本错置（ill-fitted），因为其内容同整部《法义》似乎存在或显或隐的分裂关系。但是，出于对柏拉图作品的一种"整体"（the whole）的考量，如施特劳斯的柏拉图阐释观念那样，我们又不能随意地忽略该部分，将其轻易抹去，因为，对"夜间议事会"的不同理解、阐释，或者抹杀，将直接导致我们对整部《法义》作品，甚至柏拉图晚年立法思想及其总体思想的理解产生分歧，故而，它成为法理学的重要公案之一。在此，笔者试追溯该公案的展开。柏拉图之后，自拉尔修（Diogenes Laertios）开始，古代世界关于该公案的解释就扑朔迷

---

① 柏拉图.理想国［M］.郭斌和，张竹明，译.北京：商务印书馆，1986：560e-561a.

② 柏拉图把人对饮食、性、利益和金钱的爱比作"欲望"；把对优越感、胜利、名誉的爱比作"激情"；把对知识、真理探究的爱比作"智慧"。

离，因为拉尔修最早将该部分判为伪作，并与柏拉图另一部作品《厄庇诺米斯》（*Epinomis*）一起，看作柏拉图后学的仿作［据说伪作者乃柏拉图后学俄普斯的菲利普斯（Philippus of Opus）］，乃《法义》原著之外一段多余的"附属"（appendage）①，从而避开了其文本所深藏的古代"立法"教谕中至关重要的"法律统治"和"哲学统治"的关系问题。自19世纪末以来，以策勒（Eduard Zeller）和巴克（Ernest Barker）为开端（1888），开始了对这段著名"法理学"公案的重审。该重审的争议核心大概可以概括为：其一，"夜间议事会"的设定到底是否在柏拉图整部《法义》所讨论的"法律统治"之内，还是游离于"法律统治"之外；其次，"夜间议事会"的成员到底是不是"哲人"；再次，"夜间议事会"的制度设计，对"政制"而言，到底是属于"正式参与"，还是"非正式参与"；最后，该部分同整部《法义》原旨是融合的，还是与前十一卷存在根本性的断裂，即到底柏拉图认为"哲学"当高于或凌驾于"城邦立法"之上，还是"哲学"和"城邦立法"存在根本的互相轩轾、彼此分畛的难容性……至此，"夜间议事会"也开启了柏拉图政治思想或立法思想的前后"断裂论"和"融贯论"的漫长学术争议，并足足蔓延了一个世纪。比如，从萨宾（Sabine，1950）到格罗斯科（G. Klosko，1988）的学术脉络，强调"夜间议事会"对法律统治的"正式参与"，但其"立法原旨"却与前十一卷有根本性断裂，或者说柏拉图的立法思想在《法义》前后发生了根本性的改变；但是，20世纪重要的《法义》研究学者莫若（Morrow，1960）则强调："夜间议事会"对城邦制度的参与是"非正式"的，并认为柏拉图立法思想并不存在前后的断裂……如是，通过以上西方学术界对此问题的梳理，我们能看到，柏拉图晚年是否发生过"哲学－政治"思考的重大转变，是否对两者之间的鸿沟有了不同的认识，我们依然无法达成确凿的定论，但至少这为我们留下了"柏拉图晚年进路"这一可能的探究方向，以待我们去深入。

由此，我们也才能来到亚里士多德对心灵的"中道"美德的阐发。"中道"（希腊文：μεσότητος，英文：mean 或 golden mean），如我们在本书第三章和第四章中所反复赘述的：作为一种"道德德性"而非"理智德性"的

---

① MORROW G R. Plato's Cretan City: A Historical Interpretation of the Laws［M］. Princeton：Princeton University Press, 1993: 500.

标准，在亚里士多德那里，它不仅主导了"最佳灵魂或心灵"的标准，也主导了"最佳政制"或"最佳政体"的分类标准，由于这种标准，主要围绕伦理实践维度，而非认知维度。因此我们也可以说亚里士多德发明的"中道"美德是一种公共理性的或政制的优良法则，而非哲人的理性即爱智的优良法则，因为对爱智而言，永无穷尽的理性追求，才是更为优良的品性。因此，也正是在这种哲学与政治实践二分的前提下，我们才能谈论"中道"与希腊秩序之间的关系，否则，如果我们以某种爱智灵魂的标准，去评价希腊秩序本身，那样只会导致一种以过高的"哲学"标准，对现实政治进行评价的"暴政"。

我们首先回顾一下笔者在本书第三章中对亚里士多德灵魂或心灵（ψυχή）的阐发的相关概括：根据《尼各马可伦理学》中的描绘，灵魂的样态可分为三类：πάθη、δύναμεις、ἕξις。其中，πάθη表征"欲望、愤怒、恐惧、信心、妒忌、愉悦、爱、恨、嫉妒、怜悯"[1]等，又或理解为"七情六欲"；而δύναμεις即灵魂中的"潜能"部分，乃是"使得我们能获得这些七情六欲，比如，使我们能感受到愤怒、痛苦或怜悯的东西"[2]；ἕξις即灵魂的"品质"，按亚里士多德的阐发："品质是一种被塑造的性格的状态，关乎我们或好或坏地对待七情六欲，比如，我们处理怒气，过于暴怒，或怒火不够，我们就有了坏的品质，（反之）如果我们惯于持有一种发怒的适中状态，那么我们就有好的品质，而对待其他七情六欲亦是类似的。"[3]而"德性"就是从属于灵魂的ἕξις，因为"它使其德性的那事物的状态好，又使得那事物的活动完成得好"[4]。进一步而言，"德性"中的"道德德性"的目标，被表述为一种既不落"过"和"不及"之"两个极端"，又属于"最高之善"的"中道"（μεσότητος）。这种习俗或道德实践中的"中道"的"选择"（προαίρεσις），其标准根植于灵魂中的"逻各斯"，因此，"道德德性"也可看作一种严格按照正确的"逻各斯"去行动的人之灵魂的品质。显然，对正确的"逻各斯"的认识，是拥有"道德德性"的关键所在，而这种"正确认识"，来自"德性"

---

① 亚里士多德.尼各马可伦理学［M］.廖申白，译.北京：商务印书馆，2003：1105b20.
② 亚里士多德.尼各马可伦理学［M］.廖申白，译.北京：商务印书馆，2003：1105b25.
③ 亚里士多德.尼各马可伦理学［M］.廖申白，译.北京：商务印书馆，2003：1105b30.
④ 亚里士多德.尼各马可伦理学［M］.廖申白，译.北京：商务印书馆，2003：1106a15.

的另一个分类即"理智德性"和从属于"理智德性"的"明智"〔φρόνησις，"明智"不同于"聪明"（δεινότης）和"狡猾"（πανουργία），因为"聪明"表示尽快实现任何预定"目的"的能力，而"狡猾"，其所实现的"目的"则是卑劣的，相反，明智的"目的"从属于"高贵"；此外，我们还须知道，"明智"低于"智慧"或"理智"，因为后者朝向更纯粹的"真"或"真理"，乃是更高的〕。因此，两相结合，我们可以总的认为："德性"或"中道"乃是一种合乎"明智"的人的灵魂的"品质"。

从中，我们可以看到，同公元前 12 世纪的英雄时代或公元前 8 世纪的古风时代已然不同，那时的灵魂尚处于一种活跃于身体内外且具有独立性的"自由 - 灵魂"（free-soul）样式，同时，欲望、血性、理性这些心灵的组成或样式，还不具备概念的统一性，或者说灵魂的结构性，而是处于"混乱的"或"多样的"灵魂状态中。而到了古典时代，如柏拉图在《斐德若》和《理想国》等处对灵魂构造进行了新的描绘，灵魂此时已然具有了一种固定的成分和层级性：其中理性、血性和欲望，共同存在于心灵当中，它们对心灵或灵魂的不同程度的主宰（如《斐德若》中描绘的理性对灵魂车马的驾驭和主宰①），也决定了灵魂不同的成色（金银铜铁）与高贵的层级，从而也决定了实践维度的政制或政体的高贵等级——对哲人王统治的极端赞美和对民主制的极尽贬抑。

而亚里士多德通过对灵魂采用的新的"三分法"：πάθη、δύναμεις、ἕξις，其中潜能（δύναμεις）与品质（ἕξις）的区分，为我们打开了判断灵魂更为细致和精密的途径，尤其品质（ἕξις）及从属于"品质"的两类"德性"——道德德性和理智德性的区分。这一区分，或灵魂的"新发明"，直接为我们打开了一条通往"实践"美德，而非仅限于柏拉图"爱智"美德的"灵魂秩序"的新通途。

这种新的灵魂样态的"发明"，将雅典民主制下的秩序，导向了一条朝向"中道"而非柏拉图式的，刻板遵循逻各斯不断攀升的"极端"灵魂秩序和政制秩序。因为，如果"灵魂"的法则严格遵循柏拉图"灵魂三分法"中的

---

① 柏拉图.斐德若篇［M］.朱光潜，译.北京：商务印书馆，2018：246a6-b4.

"爱智或理性至上"的标准，那么对城邦秩序的期待或秩序的设定标准，将陷入一种"理性的暴政"当中：民主将永远被打上"不必要的欲望"的标签。这种"理性的暴政"也是柏拉图式的政治哲学对民主制及其心灵批评不绝的理论关键背景。

而亚里士多德的"中道"伦理，即通过"品质－道德德性－中道伦理"的灵魂构造与秩序的新发明，为"古典时期"的希腊秩序，指明了一条实践之维的新方向：欲望只要被加以适当的调和，避免"过"和"不及"的状态，亦足以符合"道德德性"的标准，或"中道"的标准，如我们在本书第三章"亚里士多德'道德德性'分类表"中所看到的那样。而这种灵魂内在秩序的"中道"也造就着外在实践秩序的"中道"，如同亚里士多德试图将"民主制"导向一种"温和政治"的理念与实践的努力，亦如同其对政治家塞拉墨涅斯的赞美那样。

而以雅典为核心的希腊秩序（从英雄时代到古典时代），经历了历史的动荡、更替与兴衰，仍然可以在公元前 400 年时，以一种"温和"民主政治的理念与实践的非激进方式，持续将近一百年。① 而随后，这条贯穿"理念－心灵－实践"的秩序路径——"中道"的路径，亦将护佑和缝补着米南德所身处的"希腊化早期"的崩塌的希腊秩序，使其不断弥合、不断向前。

---

① 当然这种"温和"政治的实践，亦是存在其现实前提的，即雅典拥有希腊世界的主导权，此即后来雅典政治家德摩斯提尼一再强调的雅典古老的"自由"权，在伯里看来，这种"自由"，乃是一种帝国民主式的自由，一种对希腊世界的控制的"自由"。没有这种政治主导权，民主内部的"温和"亦无法实现。参见 J. B. 伯里. 希腊史：第二卷 [M]. 陈思伟，译. 长春：吉林出版集团股份有限责任公司，2016：1036. 另外汉森认为，"温和"（praotes）固然是雅典民主的一种美德，但它"只限于个人品行的范围，而不是适用于政治领域的理想"。参见汉森. 德摩斯提尼时代的雅典民主 [M]. 何世健，欧阳旭东，译. 上海：华东师范大学出版社，2014：467. 然而，这种说法或许有悖于从亚里士多德到伊索克拉底和德摩斯提尼对政治理想的文本阐发，笔者对此结论存疑。

下　篇
米南德的喜剧伦理与希腊化
早期的秩序重建

第九章

失序：希腊化早期的雅典秩序

公元前 4 世纪下半叶，作为后世史家笔下的"哲人王"、半神式的英雄和征服者，曾师从亚里士多德的马其顿年轻的王储亚历山大（Alexander the Great）继位，面对其时内外交困的局面，他不仅迅速平定了宫廷动乱，击败各种反对势力，且于公元前 335 年成功统一了希腊全境，并在帝国不断向东方扩张的过程中将希腊文明传播开去。而当其于公元前 323 年英年早逝时，其身后的时代，也是米南德喜剧创作的时代，史称希腊化时期（Hellenistic Period）的开端。

当然，亚历山大究竟是典型的古代"哲人王"还是一个残暴的征服者？这关乎所谓"亚历山大形象"的问题，我们在此简要做一点论述。首先，有关亚历山大生平事迹的史料，可简要归纳为两类源头：史撰（history）和传奇（legendary）。在此，笔者简单回顾一下这两种早期史料的来源：自亚历山大去世三四个世纪后，一些今天我们主要采纳的源头性史料作品才陆续产生。尽管我们得知，最早的时候，亚历山大本人就有意在其远征途中，保留那些原始的或"粉饰"的行军记录，但连同他的部将即后来的托勒密一世（Ptolemy Ⅰ）、亚里士多德的侄子卡利斯狄尼（Calisthenes），以及同时代的诸如阿里斯托布洛斯（Aristoboulos）、卡瑞斯（Chares）、奥涅西克里托斯（Onesicritus）等人的回忆——这些"一手或准一手"材料都湮没在了历史的乱葬岗里，只存片段或部分被采信于三个世纪后的狄俄多儒斯（Diodorus of Sicily）的《历史文库》（*Bibliotheca historica*）、四个世纪后普鲁塔克的《对比名人列传》（*Parallel Lives*）和《伦语》（*Moralia*），以及约五个世纪后的阿里安的《亚历山大远征记》（*Alexandri anabasis*）等作品中。这些"吉光片羽"与托名卡里斯特涅斯（Pseudo - Callisthenes）的传奇叙事、儒福斯（Quintus Curtius Rufus）等人的传记作品一起，构成了后人对"亚历山大形象"诸多想象的史料源头。① 随之而来的，是"亚历山大形象"的变迁。如今，我们已习惯将亚历山大看作一位希腊半神式的英雄人物，但其实，自亚历山大死后相当长的一段时间内，他仅被看作一个暴虐的侵略者和独裁者，"只会用暴力将自己的意志强加在他人头上"。据说，这种观念之深入人心，不仅在数万英里范围的"东方化"世界绵延，连希腊本土也分享了这种看法。如当亚历山大死讯传到雅典时，演说家德马德斯（Demades）高声向民众说道：亚历山大死了？不可能；要是那样整个大地就会散发出他尸体的臭味。虽然古代世界一度试图恢复其"巨人、半神或者超乎凡人的传奇"形象，但正如彼得·格林（Peter Green）所言："我们如今知道，在后世希腊化时期，他并不受欢迎。"②在中世纪漫长的希伯来传统中，通过诸如"圣经注疏"和"犹太律法"中的刻画，如《塔木德》（31b—32a）、《米德拉什》，以及《但以理书》（7:8—11、8:3—26、11:1）和《马喀比书（上）》（1:10）等，"亚历山大形象"作为异教的希腊王权和世界统治者的面向，部分得到了"恢复"。追溯犹太拉比的工作始因，据说，他们看重的其实是通过比对亚历山大君临天下（overlord）的抱负，从而试图恢复犹太自身源头的"伟大和古老"。而且，这类书写除利用传统历史材料外，很大程度上源于历史悠远的拉比口传传统（oral tradition），而该传统可追溯至同亚历山大本人有密切联系的犹太人圈子。③ 紧随这种"友好"的态度，中世纪诸多的罗曼（romance）文学，也径直将"亚历山大形象"改造为一个"正直的犹太人"（righteous Jew），据说此风气后来渐漫至整个欧洲的非犹太文化圈。这种文学或传奇的"跨界"描绘，一方面，根植于上述希伯来拉比传统，另一方面，主要得自伪卡里斯特涅斯（Pseudo-Callisthenes）（亚历山大的御用史官）的《亚历山大传奇》（*The Romance of Alexander*）和《普里利斯历史》（*Historia de Preliis*）的启发。《亚历山大传奇》有着多个校订版的公元 3 世纪的汇编性作品不仅影响了后世包括乔叟在内的一批主要的英国中世纪传记文学，也被翻译为俄、法语等多种版本，成为基督教、犹太教和伊斯兰教共享的"亚历山大形象"的源头之一。此外，中世纪还存在一

---

① 对于亚历山大传记在古典时期——从马其顿到希腊化时期——的作品分类，可参考陈恒.亚历山大史料的五种传统［J］.史学理论研究，2007：65.

② 彼得·格林.马其顿的亚历山大［M］.詹瑜松，译.北京：民主与建设出版社，2018：397.

③ VAN BEKKUM W J. Alexander the Great in Medieval Hebrew Literature［J］. Journal of the Warburg and Courtauld Institutes, 1986: 218-226.

个哲学化了的"亚历山大形象"，强调其战略战术能力所基于的智慧，从而试图将他塑造为一个希伯来式的圣人（sage）或哲人（philosopher）。当然，我们能猜到，这一形象主要源于他与亚里士多德的特殊师承关系。随着时代变迁和历史理性的不同诉求，亚历山大的古典形象也在发生着改变。秉承阿里安"君主之鉴"（specula principum）的写作原则，近代以降的史家、作家也开始将那尊泛着希腊异教荣光和希伯来救赎之光的马其顿征服者形象，重新烧炼、熔铸进各自的"民族发明史"。自近代第一部亚历山大传记——德罗伊森笔下寄托了普鲁士统一梦业的《希腊化史：亚历山大》（*Geschichte Alexanders des Grossen*，1833）开始，诸如身处维多利亚帝国迷梦中的塔恩（W. T. Tarn）、历经纳粹统治的沙凯尔迈尔（F. Schachermeyr），他们各自笔下的"亚历山大形象"都散发着浓浓的"政治哲学"气息（如塔恩倾向于亚历山大行动中的理想主义信念，而沙凯尔迈尔严厉地将其判为暴君），激发着"同时代人"和后来者更为敏锐的政制洞见和历史眼界。[①]

如是，亚历山大虽然从政治上击溃了雅典与希腊全境，但并没有在文明或希腊秩序的层面，将雅典或希腊文明完全抹去。雅典和希腊世界也并没有因为这位年轻国王对希腊世界的两次入侵与占领，如底比斯那样沦为文明身后的废墟。相反，无论是亚历山大还是其父腓力二世，都对雅典和希腊世界采用了一种"自主自治"与"合作"的原则，不但保留了"希腊联盟议事会"这样的让希腊可以相对自主地决定自身内部事务的机构，并且如腓力二世那样宽厚以待："没有剥夺雅典的自治权，甚至不对其舰队、陆军或财政王家侵犯。"[②]因此，直到亚历山大去世，雅典和希腊世界依然维持着类似于公元前403年，即"三十人僭政"被推翻后所重建的民主政治"秩序"。

为了弄清楚希腊秩序在希腊化早期的"失序"原委，首先，我们应回顾一下公元前403年到亚历山大去世之间的雅典政治秩序的状况：

在经历了伯罗奔尼撒战争的失败后，在斯巴达的扶持下，公元前404年，雅典经历了一场寡头革命或者叫"三十人僭政"，但几个月之后就被雅典民主派推翻，但这些民主派成员并没有选择报复，而是通过战后的和解与重新立

---

① 以上论述，亦可参见笔者的刊文：陈彦.置身古代的现代人——格林《马其顿的亚历山大》简评［M］// 娄林.亚历山大与西方的大一统.北京：华夏出版社，2020：302-305.

② N.G.L.哈蒙德.希腊史：迄至公元前322年［M］.朱龙华，译.北京：商务印书馆，2016：1036.

法，于公元前403年，重新建立了一种更为温和的民主制度。

亚里士多德在《雅典政制》中对此阶段立法有过如是描绘，他强调此一时期："人民使自己成为一切的主人，用命令，用人民当权的陪审法庭来处理任何事情，甚至议事会所审判的案件也落到人民手里。"① 亚里士多德的描绘为我们揭示出民主制在此时的重新"回归"，但却并没有给出民主制在此一时期的主要特征。而根据汉森的描绘，这一时期，一方面，雅典完成了其民主制的重建；另一方面，这种民主制的特征主要表现为对梭伦立法的回归，以及恢复了伯里克利所确定的"公民权利法"。

根据笔者在上一章的判断，其实这种民主制的回归，乃是完成了一种"中道"的或者"温和"的民主秩序的建立，即确立了一种将古老部落礼法和帝国民主制度加以混合的希腊秩序：其时，经过五百人法律委员会的批准，雅典实际建立起了这样一种混合的民主制体系，一方面它维系了伯里克利的制度设计，另一方面在法律层面，它重新确立了包括梭伦和德拉古在内的"原始民主"法典的有效性，并在此基础上确立了多部法律及相关补充文件。② 而且也正是在此时，雅典人开始将法律和法令区别开来，认为法律是永久而总体性的，而法令则具有可更改性。通过将法律区别于法令，而赋予其不可更改性，自此，雅典民主也通过法律层面的固化，完成了民主制本身的固化，其结果就是一直到马其顿入侵，甚至亚历山大去世前，这种制度都不曾有过大的更改。

然而，亚历山大的后继者则开始摧毁这一秩序，如N. G. L.哈蒙德的描绘：

马其顿诸将在公元前322年背弃了腓力和亚历山大的（希腊）政策。安提帕特在公元前331年作为亚历山大的代理时，曾把叛乱事件交付希腊联盟议事会处理。在公元前322年他不再理会它。希腊联盟和使它诞生的那种政策一同寿终正寝了。安提帕特对雅典的处置以及在伯罗奔尼撒派驻一支马其顿军队表明，希腊人作为一个民族曾享有的千年之久的自由已经结束。③

---

① 亚里士多德.雅典政制［M］.冯金朋，译.长春：吉林出版集团股份有限责任公司，2013：XLI.3.

② 汉森.德摩斯提尼时代的雅典民主［M］.何世健，欧阳旭东，译.上海：华东师范大学出版社，2014：478-479.

③ N. G. L.哈蒙德.希腊史：迄至公元前322年［M］.朱龙华，译.北京：商务印书馆，2016：1038.

自此，"希腊秩序"开始遭遇外部的改变、转换和失序的过程。为了呈现这一时期的秩序状况，在此，我们亦追随"理念－心灵－实践"的希腊秩序模型，来展开此一时期的秩序描绘。首先，为了阐发之需，笔者先从此时期的政制实践层面，来展开米南德所主要生活和创作的"希腊化早期"时代的论述。

一、"实践"：希腊化早期的政制变迁

如我们之前所提及的，米南德的创作处于希腊化的早期阶段，并且他深深地卷入了希腊化早期的雅典政治生活中，这一点从他与希腊总督德莫特里乌斯的关系及后来遭到的牵连，可以窥见一二。尽管今天，我们获知：德莫特里乌斯在其雅典的十年任期内，主要采取了一种"避免激进民主政治和贵族寡头政治的极端，以建立比较稳定统治"的秩序安排①，这似乎也符合后人对他作为亚里士多德学院哲人的"中道政制"的想象，故而我们会先入为主地假想米南德作为其好友，大概率也分有了他的这种中道理念。然而，为了更好地理解米南德作品中的政制与美德伦理问题，我们有必要先对希腊化早期的总体政制情况，做一段简要的考察。

首先，根据一些当代的研究作品，我们知道作为希腊化奠基的马其顿城邦，最早出现于公元前 4 世纪左右，在腓力二世或亚历山大大帝之前，这个国家或城邦还一度如同荷马时代的部落组织，保留着"原始君主制"样式，这种样式更如同荷马的"家族"式共同体。在这种共同体中，族长或贵族领袖，或如沃格林所言的"英雄的君主制"，以其有别于一般希腊城邦的动员能力，得以"促使马其顿的军事组织能完成希腊的城邦所不合适的任务"②。这种所谓的"英雄式君主制"的特点，我们可以在两个政治实例中窥见一二。比如，在公元前 337 年，腓力二世在科林斯召开全希腊会议，成立了"科林斯联盟"，首先，该联盟由希腊城邦派出自己的代表参加，而马其顿国王实际执掌了该联盟的最高长官职位，可以号令联盟的军队。但是，这个最高职位并非来自马其顿城邦在该联盟中的地位，或者马其顿对其他城邦的统治地位，

① 参见王焕生.米南德喜剧译序［M］//古希腊悲剧喜剧全集：米南德喜剧.南京：译林出版社，2015：6.

② 沃格林.政治观念史稿卷一：希腊化、罗马和早期基督教［M］.谢华育，译.上海：华东师范大学出版社，2007：109.

因为马其顿本身并非该联盟的一员,腓力二世是作为"独立"的长官,独自执掌该联盟的,这反映了腓力二世作为君主,乃是基于家族首领的权力和实力,而非基于马其顿城邦。此外,在公元前 357 年爆发所谓的"福喀斯圣战"后,当福喀斯人从德尔菲同盟中被驱逐时,他们的土地并没有被马其顿城邦接管,而是被腓力二世本人所接管,由此,我们可以看到他的权力早已凌驾于城邦共同体之上,且并不需要城邦来赋予其任何正当性与合法统治地位。因为据说,腓力二世本人的皇室脉络可以一直上溯到赫拉克勒斯的古老种姓神话,这是荷马式家族共同体的统治范型。从上面两个例子我们可以看到,马其顿的"英雄式君主制"乃是一种家族式的古老贵族权力,它高立于城邦共同体之上,倚仗于自身家族和血脉,不受城邦普通公民的约束,具有权力运用的不规范性和较强的部落动员能力。这种君主制并非希腊世界自公元前 7 世纪以来兴起的城邦僭主或君主制的典型类型,因为后者极大地依赖城邦新神话叙事赋予其正当性及城邦平民的支持。①

所以,这种制度所体现出的权力运用的不规范性和较强的动员能力,在腓力二世的"国王御前同盟"(该同盟是由仅仅依附于腓力二世个人的马其顿贵族骑兵组成)和后来亚历山大高效率的军队动员与征伐中可见一斑。但是,这种制度过于依赖君主的个人能力和魅力,缺乏稳固而统一的政制体系的观念,恰如沃格林所说:

---

① 经历了《荷马史诗》所描绘的公元前 12 世纪"特洛伊战争时期在希腊大陆盛行的辽阔的附庸国和广大的包括许多居民点的部落国家制度",以及 4 个世纪后的"黑铁时代"的训谕诗所描绘的"早期城邦"缺乏"正义"(dike)的"巴西留斯"制或寡头制混乱状态后,过去的"市镇",逐渐成为自成一体的单一政治实体:城邦(polis)。城邦,作为一种防御与宗教的合一,在希腊世界逐渐铺开,如菲利普·内莫所言:自公元前 8 世纪中叶起,希腊世界的扩张特别明显。大约 2 个世纪的时间里,大量定居点——有好几百个——在地中海及延伸至意大利、高卢和西班牙的黑海(La mer Noire)周边地区建立起来。其中大部分都是名副其实的城邦,与我们在大陆及伊奥尼亚诸岛上发现的希腊城邦不遑多让。这场希腊城邦的扩张,被看作一场移民或殖民(apoïkia)运动(移民运动大概可以分为两类:一类是前往西地中海,大约为公元前 750 至前 650 年;另一类是前往希腊西北地区,约为公元前 700 至前 500 年),有别于"宗主国 - 殖民地"的殖民模式,希腊的殖民并非某座或某些城邦的向外求利与冒险之举,而是一种解决当时城邦突然出现的社会危机的举措:出于某种不得已,将一部分人口安置到不与海洋接壤的地方。比如,根据希罗多德的直接证据,我们可以得见这一殖民化的"残酷"进程,在他对忒拉创建库勒尼城邦所做的相关叙述中,曾提道:"移民根本不是自愿的,每个家庭抽签决定让谁离开,顽固不化的人被执行死刑,而斯巴达一部分遭强制流放的人则创建了塔兰顿城邦。"公元前 7 世纪的这场殖民运动,带来了一种有别于传统部落或寡头的新的城邦制度的崛起,此为希腊僭主制或君主制的起源。

亚历山大并没有什么前后一致的政治观念体系，我们不知道他想赋予他的帝国什么样的形态，因为在他死的时候，他的军事征服仍在继续进展，这种军事征服的目的越来越不明确。①

而到了马其顿统治的希腊时期，尤其是米南德生平所处的时代里，一系列的动荡笼罩着此时的雅典城邦。当腓力二世于公元前338年取得查罗尼亚（Chaeronea）胜利（底比斯和雅典从此彻底丧失抵抗力，除了斯巴达，希腊南部诸城邦都接受了腓力二世所强加的协议）的时候，米南德还是一个懵懂无知的幼儿，而当公元前322年，雅典向马其顿无条件投降的时候，米南德正值青春盛年。他目睹了亚历山大大帝死后，当时的马其顿摄政王安提帕特（Antipater）在雅典建立军事驻军，并通过给雅典公民强加一种基于一定财产数量的选举权，从而终结了雅典的民主制。而那一年，米南德的第一部戏剧《愤怒》上演。

接下来的三十年，是雅典政制生活急剧动荡的岁月，可谓"你方唱罢，我登场"——米南德的戏剧就如此交融于其间，深深嵌刻进希腊化早期的雅典政治生活中——公元前319年，安提帕特去世，雅典民主党人曾短暂而血腥地接手了雅典的政治，然而随后，安提帕特的长子卡山德（Cassander）任命来自普哈勒赫姆的德莫特里乌斯（Demetrius of Phalerum）统治和稳定雅典。② 由于德莫特里乌斯曾受教于亚里士多德学院，据说其在雅典长达十年的统治时期，"主要从富有阶层的利益出发，采取了一系列措施，力图缓和富人和穷人之间的政治和经济矛盾，避免激进民主政治和贵族寡头政治的极端，以建立比较稳定的统治"③。

然而，十年之后，雅典人转而驱逐了德莫特里乌斯（又说是德莫特里乌斯自己因担忧安全而逃走），支持战胜了卡山德的马其顿安提柯王

① 沃格林.政治观念史稿卷一：希腊化、罗马和早期基督教［M］.谢华育，译.上海：华东师范大学出版社，2007：113.

② MAJOR W E. Menander in a Macedonian World［J］. Roman and Byzantine Studies, 1997(spring): 41.

③ 王焕生.米南德喜剧译序［M］//古希腊悲剧喜剧全集：米南德喜剧.南京：译林出版社，2015：6.

朝（Antigonid Dynasty）的统治者德莫特里乌斯·波利奥塞特（Demetrius Poliorcetes，他曾与其父亲安提柯一世共同统治卡山德之后的马其顿王国）。而又过了些年，公元前301年，随着安提柯一世（Antigonus Monophthalmus）战死，其子德莫特里乌斯·波利奥塞特战败后遭到雅典人城门紧闭的放逐，而后，雅典又被所谓的"温和寡头派"（moderate oligarchs）所掌控，此后又经历了公元前296年的短暂僭主统治，即拉夏勒斯（Lachares）的僭政。直到米南德去世的前些年，公元前294年，安提柯一世之子，德莫特里乌斯·波利奥塞特经过旷日持久的封锁战，卷土重来，重新获得雅典的统治权，并开启了新的民主变革与寡头制的重建，尽管这一对传统民主制的再度摧毁，被普鲁塔克称赞为"他建立了对人民而言，最易接受的执政"①。

如是，我们看到希腊化早期，尤其米南德所处时代，将近半个世纪的雅典政制，经历了多番变化：安提帕特基于财产限制的寡头民主制、雅典自身的极端民主制、德莫特里乌斯趋于中道或调和的寡头制或贵族制、来自雅典内部的温和寡头派、拉夏勒斯的僭政、德莫特里乌斯·波利奥塞特的新寡头制。这可谓在不断变革和动荡中，寻求着雅典内外秩序的重建。而米南德的作品正是诞生于这样激烈变革的雅典政制生活当中。

二、"理念"：希腊化早期的知识构成

希腊化时期的秩序，其"理念"维度复杂而难以归一，而"理念"及其所统摄的整个"知识体系"，或者用古代希腊世界的一个更具统摄性的词语，即就其"哲学"而言，可谓充满了竞争、多样和复杂性。如安东尼·朗（Anthony A. Long）对这一时期几大哲学流派并行状况的描述：

在（希腊化）这三个世纪里，占据着古代哲学的核心位置的，既不是柏拉图主义也不是亚里士多德建立的漫步学派，而是斯多亚学派、怀疑派和伊壁鸠鲁学派，它们都是在亚里士多德之后发展起来的。这些思想运动界定了

---

① 参见 Plutarch 的 *Life of Demetrius*。米南德生平时期的雅典政治变革，可参见 GREEN P. Alexander to Actium: The Historical Evolution of the Hellenistic Age ［M］. Berkeley: University of California Press, 1990: 1-134.

希腊化世界主要的哲学脉络。①

　　安东尼·朗所描绘的哲学状况，乃是从希腊化三个世纪的总体角度而言的，其实在"希腊化早期"，无论是柏拉图"老学园派"②，还是亚里士多德开创的漫步学派，甚至毕达哥拉斯学派，都继续在雅典和希腊世界发挥着重要的影响作用，除此之外，除了怀疑派——希腊怀疑派的开创者皮浪（Pyrrōn）虽然生活于米南德同时代，但是其影响主要是通过柏拉图学园派的继承者阿凯西劳斯（Arcesilaus of Pitane）传播开去的，而阿凯西劳斯主掌柏拉图学园派已经是公元前265年之后了——那时，早期犬儒学派、早期斯多亚学派、伊壁鸠鲁派等，也都开始融入"希腊化秩序"的竞争性生成当中。比如，我们之前提到米南德曾经和伊壁鸠鲁学派的开创者即伊壁鸠鲁本人过从甚密，此外，他还与漫步学派的后继者存在政治和学术上的往来，并且作为芝诺的同时代人，其著作中还多次批评过斯多亚学派的"命运"理论，足见在米南德所生活的希腊化早期阶段，这些哲学、理念或知识体系已经开始在雅典及希腊世界开始流传，并产生潜移默化的影响力——而这一切，构成了"希腊化早期"复杂的知识学背景。为了梳理清楚希腊化早期的这一复杂而充满张力的知识与秩序现状，首先，笔者将追溯亚历山大去世之前的雅典思想状况，然后介绍相关学派理论的评述。

（一）希腊化早期的知识构成之早期犬儒派

　　亚历山大去世前的雅典知识界现状，除了毕达哥拉斯等"智者"流派，主要为苏格拉底学派所主导，我们知道，从苏格拉底的学生沿流中，不仅产生了柏拉图的阿卡德米（Academy）学园及亚里士多德的吕克昂（Lyceum）学园，也产生了以安蒂西尼斯（Antisthenes）、拉尔修（Diogenes of Sinope，公元前404—前323）为代表的早期犬儒派（Early Cynicism），而从早期犬儒

---

　　① 安东尼·朗.希腊化哲学：斯多亚学派、伊壁鸠鲁学派和怀疑派［M］.刘玮，王芷若，译.北京：北京大学出版社，2021：1.

　　② 老学园派，又称"早期柏拉图学园派"。柏拉图学园派的发展被学界划分为早期、中期和晚期。对于老学园派的发展与流变，可以简要参考策勒.古希腊哲学史：第三卷［M］.詹文杰，译.北京：人民出版社，2020：401-456.

派，还直接产生了芝诺为代表的早期斯多亚学派。

为了还原这一时期的知识现状，我们先主要对早期犬儒派中的最为重要的代表拉尔修的生平和思想做一点简要的介绍。对于他，我们熟悉的一则故事乃是，亚历山大曾说过："我若不是亚历山大，我愿是拉尔修。"①——从中我们可以一窥拉尔修在当时可能的影响力。

追随古代作家的描绘，今天我们可以了解到一些拉尔修的生平及其哲学理念：他出生于黑海沿岸的锡诺普（Sinope），是一位银行家的儿子，但后来定居在雅典，从此他开始通过苏格拉底的弟子安蒂西尼斯（Antisthenes）②，接触和了解到一些苏格拉底的道德思想，后来，他将一种苦行僧式的生活方式，发挥到了极端的地步，抛弃了他拥有的一切生活，在街上如乞丐一样地生活，并自称为 dog-like 含义下的"犬儒"（Cynic）。③

由于古代世界没有为我们留下拉尔修的著作，尽管有数部作品被归于他，但已有古代作家认为"拉尔修没有留下任何作品"④，除了逸闻和别人对他的传言，今天我们对拉尔修的认识，主要来自古代作家的传闻和描述，比如，卢西安（Luian）、迪奥·克瑞索托（Dio Chrysostom）、拉尔修（Diogenes Laertios）等人的转述性作品。⑤

拉尔修的生平，如一则古代警句铭文所揭示的：他的生活方式，从另一面揭露了人类生活的矫揉造作。⑥换句话说，他彻底放下了人类生活的面具，而生活于彻底的自然当中。而拉尔修的思想，则可以看作这种生活实践的一种理念层面的提炼。根据拉尔修的转述，尽管存在模糊不清的地方，我们可

　　① 拉尔修.名哲言行录［M］.徐开来，溥林，译.桂林：广西师范大学出版社，2010：6.32.
　　② 古代世界一般认为安蒂西尼斯是犬儒派的开创者，或者我们也可以说犬儒派是苏格拉底学派的一个分支。对犬儒派的苏格拉底学派起源的揭示，参见 NAVIA L E. Classical Cynicism: A Critical Study［M］. London: Green Wood Press, 1996: 1-36.
　　③ ROBIN H. Diogenes the Cynic: Saying and Anecdotes with Other Popular Moralists［M］.Oxford: Oxford University Press, 2012: 1-2.
　　④ 拉尔修.名哲言行录［M］.徐开来，溥林，译.桂林：广西师范大学出版社，2010：6.80.
　　⑤ 今天关于拉尔修及早期犬儒派的原始文献，主要收录在 GIANNANTONI. Socratis et Socraticorum Reliquiae［M］. Náples: Bibliópolis, 1990. 而拉尔修传闻的古代文献介绍，可参见 ROBIN H. Note on the Ancient Sources［J］. Diogenes the Cynic, Saying and Anecdotes with Other Popular Moralists, 2012.
　　⑥ NAVIA L E. Classical Cynicism: A Critical Study［M］. London: Green Wood Press, 1996: 81-82.

以看到拉尔修拥抱了如是这样一些可能的理念：

1. 拥抱哲学、理性、智慧或（勇敢的）德性，蔑视群氓及服务于群氓的民主制中的煽动家或演说家，同时也蔑视高贵的出身、声望，以及追求财富和荣誉的人，蔑视强权（如僭主）；

2. 拥抱某种灵魂未经修饰的自然或简朴，将其看作真正的高贵与良善，而反对人类的那些虚荣、矫饰的行为；

3. 提倡依自然而生活，寻求自然的和谐，提倡对精神和身体的艰苦训练以达到健康活力，而对痛苦，如疾病显得漠视；

4. 敬神，但反对迷信（比如，反对释梦者、占卜者、密教和不恰当的敬神方式）；

5. 以信心对抗命运，以自然对抗习俗或律法，以理性对抗激情，以哲学的智慧对抗死亡；

6. 相信经验，反对理论或书本上的理论（如多次表露出反对柏拉图的理念论和逻辑学）；

7. 甘于被流放而拒绝城邦中的身份，或者自称无归属的"世界公民"（主张在"世界"中生活乃是唯一真正的公民生活），因为这样有助于爱智与成为哲学家；

8. 认为从事哲学的人，应当"知"和"行"统一，并且对不善的行为采用勇敢而犀利的批评方式指出（但却轻视音乐、几何学、天文学等知识）；

9. 认为万物彼此相通相融（包括人死后，不应埋葬，而应反哺自然），归于神，亦归于智慧的人，因为智慧的人是神的朋友。①

从中我们可以看到，拉尔修的生平和理念的主要方面，乃是围绕如何从事"哲学"或成为"哲学家"而展开的。他的哲学理念，进一步概括而言，包括：热爱智慧，倡导回归灵魂与生活的自然、简朴，倡导经验、实践而反对空洞的理念，提倡灵魂的高贵而反对对灵魂的各种矫饰，反对民主制下的

---

① 以上概括自拉尔修. 名哲言行录［M］. 徐开来，溥林，译. 桂林：广西师范大学出版社，2010：6.20-81.

灵魂堕落亦反对僭主和贵族的虚荣、残暴，提倡做"世界公民"而反对单一的城邦习俗、礼法和身份……总之，拉尔修乃是一种纯粹地追随"自然"而思考和生活的哲学家，他所有的行为的"荒诞"，都只是相对于狭隘或单一的城邦礼俗、人的德性败坏而言的。并且，他强调知行合一，试图以犀利的言辞或极端的批评与反讽效果来实践其哲学的纯粹，故而带来了其哲学家肖像的某种强烈的世俗冲击感。而这些，都只是他勇于实践苏格拉底式的"爱智"的"纯粹与自足"的结果而已①，如同他的自我评价：一位"发了疯的苏格拉底"②。这为我们揭示了犬儒派的开创者与苏格拉底学派之间的深刻关联，其生平的戏剧性，也为我们揭示了"哲学"与"城邦"之间的深刻鸿沟，以及一种可能的苏格拉底或柏拉图式的"政治哲学"的重要性。③

拉尔修之后，生活于希腊化早期的有名的"犬儒"还包括克拉蒂斯（Crates of Thebes，公元前 368/365—前 288/285）及其学生门尼普斯（Menippus，具体生平时间不详，只知道他生活在公元前 3 世纪上半叶）、庇翁（Bion of Borysthenes，公元前 335—前 245）、塞尔希达斯（Cercidas of Megalopolis，公元前 290—前 220）等人，他们一并构成了早期犬儒（Early Cynics）这个重要的希腊化时期的思想或知识流派。④——而据说他们在古代的"形象"，无论思想和实践，有一个共同点，即以苏格拉底和拉尔修为其学

① 如拉尔修去世后，同胞在其青铜雕像上篆刻"只有你给予终有一死的人以自足生活的教导，向他们指出最容易的生存之路"的铭文。参见自拉尔修.名哲言行录［M］.徐开来，溥林，译.桂林：广西师范大学出版社，2010: 6.78.

② 参考自拉尔修.名哲言行录［M］.徐开来，溥林，译.桂林：广西师范大学出版社，2010: 6.54.

③ "哲学"和"城邦"（或"政治"）之间的深刻差异，导致一种苏格拉底式的"政治哲学"的诞生，即哲学如何在城邦中保全自身，同时哲学的实践又不伤及城邦的礼法和习俗，如拉尔修本人也看到的那样：没有习俗和礼法，就没有城邦，"没有礼法，也就没有城邦生活；没有城邦，也就没有文明的用处；城邦是文明的，并且没有城邦也就没有礼法的用处；因此，礼法也是文明的。"（拉尔修.名哲言行录［M］.徐开来，溥林，译.桂林：广西师范大学出版社，2010: 6.72.)，故而哲学无节制的城邦实践活动，必然会伤及城邦礼法本身，从而伤及城邦的存续、文明的存续——"哲学"与"城邦"的相冲与相融，构成了苏格拉底或柏拉图式的"政治哲学"的题中之义。近些年，国内学界通过不断引介国外"施特劳斯学派"的作品，以对此不断加以强调，而拉尔修的生平或许正可看作此"政治哲学"问题的典型案例：拉尔修的"发疯"究竟是否"正当"？而苏格拉底的哲学实践到底为我们呈现了何种拉尔修未能明晓的"不疯"的智慧？——笔者注

④ BRANHAM R B, GOULET-CAZE M. The Cynic Movement in Antiquity and Its Legacy［M］. Berkeley: Unversity of California Press, 2000: 1-12.

派正统的圣人原型，而后来希腊化早期的另一个著名知识流派——伊壁鸠鲁学派径直将"早期犬儒"看作一场诸人参与和领导的伦理层面的智识运动。①尽管他们并没有流传下来足够的知识文献，而只能有待于后来斯多亚学派将其建构为关于伦理学的系统讨论。②

但是，我们今天依然可以辨识出早期犬儒派的如是一些伦理理念的主张与"幸福"的认知密切相关：

1. 幸福是生活在对"自然"的认同中；

2. 幸福存在于愿意从事充分的身体和精神磨炼的人当中；

3. 幸福的本质是一种"自我控制"（self-mastery），即能够快乐地身处于哪怕非常困难的环境中；

4. 自我控制等同于或意味着一种具有美德的品性；

5. 如是被认为是幸福的人，是那种绝无仅有的具有真正智慧、王者风范与自由的人；

6. 通常被认为对幸福而言是必要的，比如，财富、名誉和政治权力，在自然中却是毫无价值的；

7. 对幸福而言，最主要的障碍在于错误的价值判断、情绪的动荡，以及从他们错误判断中产生的恶的品性。③

综上，我们可以看到希腊化早期的犬儒学派，所具有的那种抛弃城邦中

① LONG A A.The Socratic Tradition: Diogenes, Crates, and Hellenistic Ethics［J］. The Cynics: The Cynic Movement in Antiquity and Its Legacy, 2000: 29.

② 安东尼·朗.希腊化哲学：斯多亚学派、伊壁鸠鲁学派和怀疑派［M］.刘玮，王芷若，译.北京：北京大学出版社，2021: 10.需要指出的是，安东尼·朗强调要总结出早期犬儒派的伦理观点是很麻烦的。比如，首先，我们关于早期犬儒的可靠的事实证据是分散和难以估量的；其次，从早期犬儒蓄意的奇特行为和文字表达风格中，我们难以抽象概括出犬儒运动本质的一种纯粹理论化地表述；再次，犬儒的那些能被他们规范表达出来的关于行动的诸原则，与同时代理论更为精密的斯多亚和伊壁鸠鲁主义者相比，略显得幼稚和不成熟……故而对早期犬儒的判断，我们似乎只能跟随黑格尔的观点：对犬儒的学说来讲，没有什么特别之处，因着他们缺少哲学，以及并不将他们拥有的理论转化为一种科学的系统理论。参见 LONG A A. The Socratic Tradition: Diogenes, Crates, and Hellenistic Ethics［J］. The Cynics: The Cynic Movement in Antiquity and Its Legacy, 2000: 29.

③ LONG A A. The Socratic Tradition: Diogenes, Crates, and Hellenistic Ethics［J］. The Cynics, The Cynic Movement in Antiquity and Its Legacy, 2000: 30.

的世俗快乐，而只身拥抱"自然"的强烈伦理理念的诉求。这种基于"自然"的幸福观，与米南德在《古怪人》中所呈现和试图加以劝诫的主人翁克涅蒙那种只身于田间劳作，对世俗采取愤世嫉俗态度的性格特征，似乎存在某种"理念"的共鸣。

（二）希腊化早期的知识构成之伊壁鸠鲁学派

伊壁鸠鲁（Epicurus）生活于米南德的同时代，且与米南德关系密切，如是，我们现在来考察伊壁鸠鲁的相关理念。我们先简要提及其生平和著作。

伊壁鸠鲁出生于公元前 341 年的萨摩斯岛，据说伊壁鸠鲁年少的时候曾跟随特奥斯的瑙希法内斯（Nausiphanes of Teos）学习，由于瑙希法内斯是一名德谟克里特主义者，因此，很早就消除了伊壁鸠鲁对柏拉图学园派理念的兴趣，并让他熟悉了原子论等相关知识，尽管后来据说伊壁鸠鲁与瑙希法内斯因不明原因而反目。

而在 18 岁的时候，据斯特拉波（Strabo）转述，伊壁鸠鲁来到雅典，与米南德一起参加了为期两年的军事和公民服务，成为亲密的"战友"。后来，经过很长一段时间的辗转，于公元前 307—前 306 年，已过而立之年的伊壁鸠鲁再次回到雅典，并创建了后世著名的"伊壁鸠鲁花园"，在此度过了余生。据说这个花园同柏拉图和亚里士多德的学园有很大的不同，因为它是一个严格基于"友爱"而非"师生"关系的团体，一个伦理而非公开教学的场所。

细数伊壁鸠鲁的相关著作，经常被提及的包括：《论自然》《论生活》《论目的》《论选择与避免》《基本要道》《驳自然哲学家》《驳麦加拉学派》及《书信集》。但是，由于这些作品只有很少的一部分以他人转述的方式保留下来，今天我们理解伊壁鸠鲁的学说，仍然被迫依靠"二手文献"的帮助，其中最有名的"二手文献"当属于罗马著名诗人卢克莱修的《物性论》（De rerum natura）。卢克莱修作为一个热切的伊壁鸠鲁主义者，他的六卷本史诗为我们记录下了伊壁鸠鲁主义的诸多思想及其论证，包含如事物的基本构成、原子运动、身体和灵魂的结构、感觉和思想的渊源与本质等，尽管这些知识或多或少存在掺杂，要么改变要么扩充了伊壁鸠鲁原来的表述。此外，重要的二手文献还包括拉尔修的《名哲言行录》、塞涅卡的《道德书信》及普鲁塔克的相关著作等。这些一并构成了今人理解伊壁鸠鲁思想的重要的文献来源。①

伊壁鸠鲁本人的理念或哲学，从今天学术的视角来划分，包括物理学或自然哲学与伦理学等部分，但如同詹姆斯·尼古拉斯（James H. Nichols）所言：

> 伊壁鸠鲁主义不仅仅是一种物理学理论，它首先是一种关于人生的教导，指导人们如何尽可能地获得最好的生活，以及为了实现这一目的他们必须拥有什么样的知识。伊壁鸠鲁认为，自然哲学（physiolgoia）并不意味着仅仅是自然哲学，它还可以让我们从恐惧中摆脱出来，去过一种可能的幸福生活；通过对自然哲学这样一种作用的表达，伊壁鸠鲁揭示了上述那些人类问题的至高重要性。换而言之，对伊壁鸠鲁而言，伦理学优先于物理学，最重要的是人的幸福。②

因此，伦理学占据了伊壁鸠鲁思想中最为重要的部分，出于本书的研究重心的考量，如下我们暂时略过伊壁鸠鲁的知识论、逻辑学等部分，直接来到伊壁鸠鲁的伦理学的评述。需要指出的是，与苏格拉底学派一样，伊壁鸠鲁伦理学的最终任务仍然是描绘出"幸福"（audaimonia）的本质及达到"幸福"的相应途径。③并且，由于伊壁鸠鲁将"快乐"（hedone）等同于"幸福"，因此，在伊壁鸠鲁的理论中，"对快乐的讨论成为其伦理学说的核心"，以至于"古代和现代很多批评家都认为，伊壁鸠鲁整个伦理学方案都系于或者囿于辨明快乐就是我们的终极目的"④。

同样根据安东尼·朗的相关研究，我们得知伊壁鸠鲁将"快乐"既做了一种"动与静"的区分，也将其拔高为幸福的最初与最终的"目的"。首先，与亚里士多德和柏拉图不同，伊壁鸠鲁并不认为美德或德性是幸福的基本构

① 安东尼·朗.希腊化哲学：斯多亚学派、伊壁鸠鲁学派和怀疑派［M］.刘玮，王芷若，译.北京：北京大学出版社，2021：19-25.
② 詹姆斯·尼古拉斯.伊壁鸠鲁主义的政治哲学［M］.溥林，译.北京：华夏出版社，2004：2.
③ 弥特希斯.快乐、幸福和欲望［M］//罗晓颖，吴小锋，等.菜园哲人伊壁鸠鲁.北京：华夏出版社，2010：3.
④ 弥特希斯.快乐、幸福和欲望［M］//罗晓颖，吴小锋，等.菜园哲人伊壁鸠鲁.北京：华夏出版社，2010：3.

成要素，只不过是一种实现幸福或获得快乐的手段而已，或者说快乐对"所有的生物"而言，具有一种"自然性"或"首要性"，而跟美德或"理性"无关——此乃一种本体论式的快乐的阐发。其次，伊壁鸠鲁认为与快乐相对的痛苦，乃是对这种快乐的自然状态的破坏。由此，他区分了两类快乐：除却痛苦的过程所带来的快乐感觉，被称为一种"动态的"快乐，比如，肚子饿了而进食的快乐；而欲求得到完全满足所带来的快乐，被称为一种"静态的"快乐，其特征是没有痛苦的享受状态，比如，吃饱喝足的感觉。

但是，伊壁鸠鲁并非主张我们追求如饮食、性生活等的快乐，因为"它们没有构成一种平静的和稳定的身体和心灵状态。免除痛苦才是衡量不同行为相对价值的标准。也是伊壁鸠鲁快乐计算的基础"①。故而，我们不应沉迷于某种动态或静态的快乐，尤其某种行为所产生的短暂的快乐。

而要获得最大的快乐就要懂得消除痛苦，最大的痛苦在伊壁鸠鲁看来即是"关于事物本性、诸神、灵魂命运的错误信念所导致的心灵的搅扰"，因此要获得最大的快乐，带来心灵的平静，需要德性（比如，节制、勇敢、智慧等）的参与，尽管"德性"本身并非具有独立于快乐之外的独立价值。总之，如安东尼·朗对伊壁鸠鲁快乐学说或伦理学说的总结：

> 快乐与德性之间的必然联系是因为想要获得快乐，就要合理地评价某个行动和事件相对的优点与缺点，需要控制欲求的能力，欲求的满足会给行动者带来痛苦，免除惩罚的恐惧和类似的情感。人们应该追求的快乐不是边沁的"最大多数的最大快乐"。伊壁鸠鲁从来没有主张他人的利益应该高于行动者本人的利益，或者要独立于行动者的利益进行衡量。他的快乐主义是完全以自我为导向的。②

——追求行动者自身的快乐最大化，而非整个社会层面的快乐最大化，

---

① 安东尼·朗.希腊化哲学：斯多亚学派、伊壁鸠鲁学派和怀疑派［M］.刘玮，王芷若，译.北京：北京大学出版社，2021：87.
② 安东尼·朗.希腊化哲学：斯多亚学派、伊壁鸠鲁学派和怀疑派［M］.刘玮，王芷若，译.北京：北京大学出版社，2021：90-91.

并且使用德性来免除那些错误观念和错误行为带来的痛苦，是伊壁鸠鲁伦理学的主要方面。这让伊壁鸠鲁既区别于功利主义者，也区别于一般的快乐主义甚至享乐主义者，在"德性"与"欲求"，"个人"与"集体"之间，他显然都站在了前者一方。

（三）希腊化早期的知识构成之斯多亚学派

公元前 310 年，斯多亚学派的开创者芝诺来到雅典，而早期犬儒派经由克拉蒂斯（Crates of Thebes）[1]，将相应的理念传授给了芝诺（Zeno of Citium），芝诺则将之加以改造，并发扬为一种希腊化时期最为重要的学说流派——斯多亚学派（或称为"斯多亚学"）。[2]

首先我们简单提及一下芝诺的生平和著作。根据拉尔修在《名哲言行录》中的记载，芝诺大概出生于公元前 333 或公元前 332 年的塞浦路斯，大概 22 岁的时候来到雅典，在这里创办学园，并生活了半个世纪。有别于伊壁鸠鲁在雅典乡间开辟的友爱共同体，芝诺一开始来到雅典，就在雅典中心的公共场所开始其教学，面对他的追随者们，他以身作则地为年轻人树立了德性的典范。

芝诺的哲学发展的一个主要影响，如我们所提到的，很可能来自早期犬儒派。此外，据说他曾创作了一部与柏拉图著作同名的作品——《理想国》（*Republic*），今天我们从其残篇来看，具有明显的犬儒派风格，并且很可能此作，意在抨击柏拉图。而今天，后人所知晓的芝诺的作品名称，大概包括《依据自然

---

[1]　早期（始于芝诺及其学生）、中期（始于公元前 2 世纪中期）和晚期斯多亚主义（始于罗马帝国时期）的区分及理论的差异，可以参见章雪富.斯多亚主义：第一卷 [M].北京：中国社会科学出版社，2007：11-39.早中晚各期斯多亚哲学的代表可参见章雪富.斯多亚主义：第二卷 [M].北京：中国社会科学出版社，2009：367-370.

[2]　芝诺和犬儒主义之间的关系，其实颇为微妙，有些古代事迹的传述表明，尽管芝诺接受犬儒主义对身体和世界的真实性的看法，对自然的态度，以及对名誉、财富等的漠视，但因芝诺天性中的某种羞涩或不适的倾向，他实际上无法实践犬儒主义对自然和身体的坦然或袒露，而另选择了与犬儒主义不同的实践伦理路径，如国内学者所阐发的："犬儒主义从行为的真实性出发使思想的一切演说表象成为虚假的东西裸露出来，而回到行为的真实或者说身体的真实。这里面包含着非常深刻的思想。这既可以说是一种对身体的'漠视'，因为它宣告身体的自然状态并不是值得羞耻的事情；然而它又不只是漠视，因为它把身体的真实性当作唯一的真实性。斯多亚主义接受犬儒主义前半部分，却抛弃了后半部分。"故而，犬儒主义和斯多亚主义之间，存在共性，比如，它们都接受知识乃是对身体、世界的真实性的一种自然的体现，但也存在伦理实践的差异。参见章雪富.斯多亚主义：第一卷 [M].北京：中国社会科学出版社，2007：4-6.

生活》《论情感》《论恰当之物》《希腊文化》《普遍物》《荷马问题》《论辩集》等。芝诺身前身后曾享有极高的殊荣，据说雅典人曾授予其金冠，并为其公费建造坟墓和多处浮雕等有传克里安特斯（Cleanthes）和克律希波（Chrysippus）继承了芝诺身后的学术遗产，尤其克律希波更是成为早期斯多亚学派的领袖，且极大地影响了后来晚期斯多亚学派的理论走向。①

斯多亚学派，在希腊化三百年间，是与伊壁鸠鲁学派、学园怀疑派相颉颃论辩的重要流派，分为早、中、晚三个时期，考虑到本书的研究重心，我们仅涉及早期斯多亚学派的思想，并且由于流传文献的原因，如策勒（Eduard Gottlob Zeller）所言：我们很难区分斯多亚理论中哪些属于芝诺，哪些属于其再传弟子克律希波，"要弄清楚克律希波之后的斯多亚主义理论的发展，没有什么困难，但对于克律希波和他的前辈之间的不同，我们就只能了解到少数的要点"②。故而，笔者在此对米南德同时代的芝诺思想的描绘，亦只是对早期斯多亚学派，甚至斯多亚学派思想的某种整体描绘而已，特此声明。

首先，据说芝诺的理念或哲学由三方面构成：物理学、伦理学和逻辑学。如后来阿波罗多洛斯、克律希波等人所认为的，这三者的关系如同：哲学如一只动物，逻辑学是骨骼，伦理学是血肉，物理学是灵魂③——而本章主要就其伦理学展开简要的介绍。

1.最高的善与理性：首要的目的或幸福，对斯多亚学派来说，意味着"存在于与本性相适宜的事物之中"，这种同个体本性相适宜，"需要满足与宇宙的进程相一致，而在有意识和有理性的存在物那里，与它们本性相适宜的事物必须出自对这一普遍法则的认识，简言之，必须出自理性智慧"④。因此，斯多亚学派所提倡的"遵照自然而生活"，实际上乃是遵照"与世界普遍进程相一致的理性生活"，在芝诺那里，尤其意味着"与自我相一致"的生活，斯多亚学派笔下的"自然"，既表征"世界"整体，亦指向人的独特本性。⑤

① 安东尼·朗.希腊化哲学：斯多亚学派、伊壁鸠鲁学派和怀疑派[M].刘玮，王芷若，译.北京：北京大学出版社，2021：152-153.
② 策勒.古希腊哲学史：第五卷[M].余友辉，译.北京：人民出版社，2020：54.
③ 拉尔修.名哲言行录[M].徐开来，溥林，译.桂林：广西师范大学出版社，2010：39-41.
④ 策勒.古希腊哲学史：第五卷[M].余友辉，译.北京：人民出版社，2020：130.
⑤ 策勒.古希腊哲学史：第五卷[M].余友辉，译.北京：人民出版社，2020：129-132.

2. 善与恶的评价：斯多亚学派有自己独特的善恶观，他们强调只有那些"具有无条件价值的事物才是善的"，而学园派或漫步学派理论中那种包含机运在内的外在之物的善，在斯多亚学派看来都不是真正的善，而常人口中的健康、财富、荣誉和生命，都不是善，而其相反面的疾病、贫穷、羞耻和死亡，也同样不是恶，它们只是服务于善或恶的事物而已。①

3. 快乐问题：与伊壁鸠鲁不同，斯多亚学派认为快乐不应当被看作是善的，更不应该被看作生命的最初、最终和最高的目的所在。因为斯多亚学派专注于理性主导的德性，许多低等动物的享乐无疑是一种无理性的，哪怕德性不可避免地会包含快乐，但快乐只是德性的一种自然结果而已。如果说什么是真正的快乐，当属于那种在德性中的"一种独特的满足，一种持久的喜悦和心灵的平静"②。

4. 德性问题：斯多亚学派并不满足于德性即知识的信条，或者如柏拉图和亚里士多德那样将知识置于实践活动之上，对斯多亚学派来说，德性确实可以被称为知识，"但它同时也是灵魂或心灵的健康和力量，是灵魂与其恰当本质一致的正确状态，需要人们持续献身于公共之善"。因此，德性乃是理论知识和实践的联合，实践建立在理智知识之上，同时，知识也把德性的行为当作自己的目标。

此外，斯多亚学派还强调德性的统一性。比如，普鲁塔克就曾批评芝诺将德性看作是不可分离的"多数"，即"多"之中的"一"，并且把所有的德性纯粹看作智慧的某种确定表达。这表明，斯多亚学派持有德性统一的观点：德性品质要么完全存在，要么不存在，因为德性是一个整体，不可分割，我们不能只拥有其中的一部分，必须要么完全拥有要么完全没有，没有德性善恶的某种中间路径。因为斯多亚学派认为："诸德性之间相互区别，各有其自身首要指向的目的；但就没有哪个德性能在追求自身的目的的同时，不追求其他德性的目的而言，它们又相互联结在一起。与此相应，没有德性的哪个部分能够离开它的其他部分，有一种德性存在，就会有其他德性存在，有一种失误，则全是失误。"这就是德性的"多"与"一"的关系所在。而唯一能被称为德性的乃是

---

① 策勒.古希腊哲学史：第五卷［M］.余友辉，译.北京：人民出版社，2020：132-134.
② 策勒.古希腊哲学史：第五卷［M］.余友辉，译.北京：人民出版社，2020：134-136.

这样的一种行为：它不仅自身是善的，而且出于行善的意愿。①

5. 个体与利他：斯多亚学派强调个体与社会并不矛盾，"人越是在进行着自我的道德完善，他就越能感受到进入社会的冲动"。更进一步而言，从德性或理性的角度来说，"由于理性，人意识到他是整体的一部分，因而必须使自己的利益服从于整体的利益"——斯多亚学派的哲人通过利己而达到利他，将两者融为一体，正如策勒的判断："如斯多亚主义所言，贤哲绝不是个孤僻的人。"②

6. 一种"世界公民"的身份：斯多亚学派强调一种世界公民的身份，这一点和犬儒主义类似，即它并不看重具体城邦或国家的身份，同时亦排斥"家庭"等限制性和约束性的身份，因此尽管斯多亚学派强调公共实

---

① 策勒.古希腊哲学史：第五卷［M］.余友辉，译.北京：人民出版社，2020：143-150.

② 策勒.古希腊哲学史：第五卷［M］.余友辉，译.北京：人民出版社，2020：174-175.此外，在此着重介绍一下关乎"个体与利他"的斯多亚伦理学的一个重要词语：oikeiōsis（视为己有）。该词深刻揭示出斯多亚哲学在"自爱"和"利他"、"个体"和"社会性"之间理论转化、融合的不可分割的相互关系。可参见李猛.自然社会［M］.北京：生活·读书·新知三联书店，2015：70-89.；于江霞.自爱与他爱是一：论斯多亚学派 oikeiōsis 观念的内在一致性［J］.清华西方哲学研究，2018（2）.；丁福宁.斯多噶学派的视为己有（oikeiōsis）［J］."国立台湾大学哲学论评"，2013（46）.在此，我简要概括一下这个词的理论意义。这个词实际上是斯多亚哲学完成从亚里士多德意义上的自爱（philautia），再到父母之爱，再到社会之爱即社会性的整个转化的一个关键性概念。就是说：一个人最根本的机能是"自我知觉"（aisthēsis），从自我知觉发展出自爱，而人一开始最先产生的自爱是对肉体的快乐、有用之物而言的，但他不会停止于此，会逐步地扩展其自爱的归属（oikos）和关怀，进而将通常排除在自我归属与关怀之外的"他者"容纳进来，视之为己有，从而完成从自爱到爱他、从个体到社会的转化。这个转换，就是人从最初的"自然冲动"走出来，逐渐形成容纳他者和社会的"理性"美德的过程。我们知道，对斯多亚哲学而言，"理性"又属于整个宇宙神圣秩序的表现，因此，Oikeiōsis 作为一种人的心灵机制，实际的最终目的是要让人从动物的自利自爱进行提升并融入社会，直到融进神圣的宇宙大秩序或神意中，不断吸纳、接纳他者及万物，与自我融为一体，并最终结合在神圣的理性或神意当中。因此，"社会性"或许还不是斯多亚的最终理论指向，而是一个朝向宇宙万物更大秩序的"阶梯"。而学界的争论主要在于，是否存在"个人的"和"社会的"两种 oikeiōsis，如英伍德（Brad Inwood, 1983）最早提出 social oikeiōsis 概念，且认为个体和社会两种类型的 oikeiōsis 存在微弱的联系，两者实际上是一种"取中"后选择"恰当行为"的关系，参见 INWOOD B. Comments on Professor Gorgemanns'Paper: The Two Forms of Oikeiosis in Arius and the Stoa［J］. Fortenbaugh, 1983: 190-201. 而其他学者如阿纳斯（Annas, 1993）就认为这是两种截然不同的人的机能，即人生来就具有爱己和爱他两种完全不同的各自发展的能力，参见 ANNAS J. The Morality of Happiness［M］.Oxford: Oxford University Press, 1995（4）.但布伦南（Tad Brennan, 2005）则认为不存在 social oikeiōsis，从自爱到爱他是这样一个过程："一个人将某物视为己有就意味着视它为一个关怀的对象。尤其是，当你将某物视为己有，你就将它的福利视为你行动的理由。"因此，从自爱到逐渐将他爱纳入一种"理性"指导下的自爱是基于一种机理，换言之，只存在一种 oikeiōsis，一个作为连续发展过程。另外，oikeiōsis 对现代社会形成的影响，可参见 BRANDT R. Self-Consciousness and Self-care: on The Tradition of Oikeiosis in The Modern Age［J］. Grotius and the Stoa, 2004.

践，但却会产生"对政治生活实践拒斥"的这种看似独特的爱比克泰德式的理念，因为后者甚至劝阻人们结婚和生育。此外，斯多亚学派还强调，所有人，除了他们通过自我努力而成就的那部分之外，都是近乎平等的，因为他们都平等地分有了理性。所有人都是一个身体的部分，同一个自然依据同样的命运凭借同样的元素把他们塑造成形。故而斯多亚学派称呼所有人都为弟兄（brethren），因为所有人都同等地是神的子女："不管他是谁和是什么样的人，每个人就其一个人而言，都是我们关爱的对象。我们的仁慈之心不应受到敌意和错待的干扰。没有人是如此低下的，以至于没有权利要求于他同胞的关爱和公正对待。甚至奴隶也应该得到我们的尊重，有资格向我们宣称他的权利。"[①]——在此，斯多亚学派将所有人都统一进了"理性"法则之下，这种理性的存在物，本身就构成一个共同体，这个所有人共属的共同体，高于人们偶然生活其间的具体的共同体之上。由此，人们从外在世界的"身份政治"中得以返回自身，回到自我理性和德性的深处，去感受和接纳自身与他人一起所共同"分有"的，同一的自然、同一的命运和宇宙的进程。[②]

综上，我们可以借助安东尼·朗的概述，来总结斯多亚学派的相关理念：

他们（斯多亚主义者）相信宇宙可以从理性上加以解释，并且宇宙本身就是一个理性组织的结构。那种使人能够思考、计划和说话的能力——斯多亚学派称之为逻各斯——就蕴含在整个宇宙中。人类个体就其本质而言分有一种属于宇宙意义上的自然的属性。而且因为宇宙自然包含了所有存在的一切，确切而整体说来，人类个体是世界的一部分。因此，宇宙中的事件和人类的行动并非拥有两种截然不同的秩序：归根到底，它们都是同一个事

---

① 策勒.古希腊哲学史：第五卷［M］.余友辉，译.北京：人民出版社，2020：183-184.

② 斯多亚学派思想中还有一种独特的对待命运和宇宙进程的态度，此即"自杀"问题。斯多亚式的自杀理解，并非一种消极情绪，而是通过"对命运的服从"转位于"对命运的积极抵抗"的后果，或者说"我们不可控制的情景导致我们的生命不再值得欲求"时，斯多亚学派就认同自杀的行为。也就是说，自杀对于斯多亚主义者乃一种主动的行为，被看作展现德性行为的机会：自杀不仅被看作对可能的有损尊严的环境的回避或抵抗，更完全被看作是道德自由的最高表现，也就是说，只要没有更高的责任要求一个人必须活着，他就可以欣然接受骄傲地死去的机会。参考策勒.古希腊哲学史：第五卷［M］.余友辉，译.北京：人民出版社，2020：187-189.——笔者注

物——逻各斯——的产物。换句话说，宇宙自然或神（这两个词在斯多亚主义中指同一个对象）和人彼此联系，其核心就在于他们都是理性的行动者。如果一个人充分认识到这种关系的含义，他就会以完全符合最佳人类理性的方式行动，理性与自然的自愿一致确保了这种状态的卓越。这就是智慧，超越了单纯的理性，人类存在的目标就是一个人自己的态度和行动与事件的实际进程之间的完全和谐。自然哲学与逻辑学是这个目标的基础，也与它密切相关。为了依据自然生活，一个人必须知道哪些事实是真的，它们的真在于什么，以及一个真命题与另一个真命题如何联系。斯多亚主义的连贯性基于这样一个信念，即自然事件彼此之间有着密切的因果联系，这种联系可以支持一系列关于它们的命题，而这些命题使人能够设想一种与自然或神完全合一的生活……这就是斯多亚主义的基础。①

如是，斯多亚学派的理念，作为一种宇宙理性、自然、诸神、人类智慧相互内在和谐的世界图景，不仅在其知识的三个部分中保持了完整一致的理解，亦在知识与实践之间保持了某种平衡，知识不再如柏拉图那样压倒实践伦理，而伦理亦体现着知识的和谐与统一。

三、"心灵"：对希腊化早期"失序"的"观相"②

如上，完成了对希腊化早期几种主要"理念"的简要介绍后，我们来到希腊化早期秩序分析的最后一环："心灵"或"灵魂"层面。我们已经知道，包括早期犬儒派、伊壁鸠鲁派、早期斯多亚学派，以及古希腊晚期的学园派和漫步学派在内的诸多思潮或理念，在米南德生活和进行创作的"希腊化早期"阶段互相角力，不仅在雅典的公共场所相互辩难，也在田野乡间传播着、抵牾着。这些思想的传播，一方面乃是雅典传统民主制下的言论氛围所提供的宽松环境，另一方面本身就对应了希腊化早期政制状况的多变与失序：从寡头民主制

---

① 安东尼·朗.希腊化哲学：斯多亚学派、伊壁鸠鲁学派和怀疑派［M］.刘玮，王芷若，译.北京：北京大学出版社，2021：145-146.
② "观相"（physiognomy）的方法是20世纪著名文化学家斯宾格勒（Oswald Spengler）在其文化名著《西方的没落》《人与技术》等作品中所提出的。简略言之，该方法可以看作一种通过对比形态学的方式，对不同文化形态进行列表式的相互对比的方法，包含分类、比对、综览等。——笔者注

到激进民主，再到寡头制、僭主制，再回到温和民主，几番更替变迁与推倒重建，构成了理念和实践双重维度的"失序的共振"。

此外，这种实践和理念维度的失序，也对应着"心灵"或"灵魂"层面的多样与失序，尤其反映在对灵魂之"德性"的不同理解及其张力方面。如下，笔者将再次采用列表的方式，结合本章中的诸理念和笔者在本书上篇中所揭示的漫步学派的理念，来呈现上述希腊化早期的这些理念或思潮所带来的可能的心灵及其德性、政制实践特征方面的差异：

希腊化早期几种主要理念的心灵与实践"观相"对照表

序号	学派类别	心灵（或德性）	实践（或政制）
1	犬儒派	爱智慧、追寻身心的真实或自然，并自我控制	逃离或摒弃不自然的政治实践
2	伊壁鸠鲁派	通过德性的帮助，使得自我心灵保持长久的安宁和快乐	以个人为导向，不赞成积极参与政治
3	早期斯多亚学派	倡导理智、德性严格的统一论，以及一种宇宙心灵和自我心灵的统一	世界公民，反对固定的政治身份
4	漫步学派	道德美德上保持中道，理智美德上追求无限制	实践的中道
5	老学园派	贬斥欲望、血性，提倡爱智的理性对心灵其他部分的控制	知识高于政治，并反过来决定政治

从上表我们可以看到，在希腊化早期，出现了多种试图将人们从政制或公共维度分离出去的理念，这些思想一方面教导人们追寻个人的幸福、快乐和德性，另一方面贬斥了固定的城邦政治身份，以及城邦政治中的某种实践意义。尽管存在斯多亚学派这样一种倡导知识和实践"双修"的理念，但因着斯多亚学派对更大序列的宇宙和自然理性的推崇，斯多亚学派的实践伦理倾向于一种无边界的实践，从而反过来否定单一城邦的政治实践，甚至家庭伦理。而只有以亚里士多德为主的中道伦理原则，在试图平衡这种几乎"一边倒"地对城邦政治的消极态度。也正是在如是的"理念－心灵－实践"的希腊秩序理解的范式中，我们才能更全面地体会米南德所处时代的"失序"状况。

第十章

喜剧伦理与民主的重建

如同罗米伊对公元前404年之后雅典温和民主制的评论，以及对几十年之后雅典秩序重新经历的"失序"的揭示：

伊索克拉底这样解释（公元前404年之后）雅典的复兴："自从我们团结起来，自从我们互相信任，我们就拥有了这样一种符合公共利益的正确的政治生活，任何灾难都难不倒我们。从前人们认为我们十分愚蠢，十分不幸；如今我们被看作最幸福、最明智的希腊人。"以和谐一致为基础，这个新的（温和）民主政体趋于稳固，解决人民暴政问题的方法找到了，并付诸使用：应对最尖锐危机的反应，亦是最正确的，也是最富有成果的……然而，伊索克拉底在公元前401年确实可以宣称："我们被看作最幸福、最明智的希腊人"，但在四五十年之后，他就决不说类似的话了。他觉得局势糟糕透了，政体乏善可陈，公民之间不能以诚相待……（因为）公元前404年的和解没有在道德上实现和谐一致……冲突在民主政体的各种思想倾向之间爆发斗争。①

正因着公元前404年"三十人"僭政之后雅典政制的"大和解"，雅典不仅重获了温和民主制，亦收获了未来近百年的制度的"道统"。但是，也因着民主制本身的思想自由，雅典当时在"公共理性"层面，其实存在多种不同的思想倾向或理念，这些理念互相角力，缓慢地侵蚀着雅典经历万般艰辛才换来得不易的秩序。尽管，在温和民主制下，这些思想足以相安无事，只要

---

① 雅克琳娜·德·罗米伊.希腊民主的问题［M］.高煜，译.南京：译林出版社，2015：156-157.

所有人都互相尊重彼此，保持伊索克拉底曾在《最高法院演说词》中提到的
实现"和谐一致"（homonoia）即可：

> 他们不是只在公共事务上意见一致，在私人生活方面，也互相关心，让
> 智慧的人满意，也让同胞满意……（最贫穷的公民）不妒忌最富裕的富人，
> 对富人的大家族和对他们自己的家族一样关心，因为他们认为富人家族的繁
> 荣昌盛也是他们的财源（同样，富人们也不鄙视处境比较艰难的人，而是帮
> 助他们）。①

而这种"和谐一致"，或者说伊索克拉底所道出的解决雅典民主危机的
理想办法，即是回到我们之前提到过的雅典的祖先政制，亦即"温和民主"
（moderate democracy）的政制。这种"温和民主制"不仅是伊索克拉底的理
想，也是我们之前提到的塞拉墨涅斯的实践理想，更是亚里士多德的理想，
对此我们将在后文揭示。但是，要实践"温和民主"，并用以提供和保障雅
典的秩序，除了实践层面的努力，亦必须有与之匹配的心灵和理念层面的共
鸣，这样才能构筑起秩序更稳固的基石。而在当时纷繁多样的理念传播面前，
这一秩序"重建"的重任，除了哲学家和政治家的参与，对大众具有直接观
念引导作用的喜剧作家，亦勇敢担负、不遑多让。在此，我们亦分别从"政
制""理念"和"心灵"三维度，来看看米南德对其时代秩序重建所做出的努
力和贡献。

一、"政制"的重建：希腊化早期的民主兴衰

我们首先再回顾一下希腊化早期雅典政制的变迁与遭际：亚历山大去世
后，公元前 322 年，雅典在拉米安海战中，即又一场希腊盟军反抗马其顿统
治的战役中，遭受到灾难性的失败。随后，在战后的和平协议中，马其顿的
统治者安提帕特（Antipater）在雅典重新部署了军队，用寡头政体取代了雅
典民主政体，不但处决了主要的民主派政治家，还将许多被剥夺权利的民主

---

① 伊索克拉底.最高法院演说词 31 以后，转引自雅克琳娜·德·罗米伊.希腊民主的问题
[M].高煜，译.南京：译林出版社，2015：156-157.

派人士流放到色雷斯——这些措施，虽然严厉，涉及面广泛，但依然没有剥夺雅典人对民主的渴望，并在安提帕特去世之后，再次恢复了民主制，然而，新政权还未运转，随即遭到安提帕特的继承者，其子卡山德（Cassander）的围攻，而宣告破产。卡山德继承了其父亲对雅典的高压政策，用高度强制性的措施来试图控制希腊城市，包括实施寡头统治、建立军事驻军和立法等，在接下来大概十五年的雅典，作为卡山德的代理人，普哈勒赫姆的德莫特里乌斯摄政雅典。尽管他的统治获得了普遍的赞许，包括来自敌对的评价，但雅典人对民主的渴望从未被熄灭，公元前307年，当卡山德的主要政敌之一德莫特里乌斯·波利奥塞特出现在雅典港口时，雅典人欣然接受其帮助，而重新恢复了民主制。

但随着时间的流逝，雅典人同德莫特里乌斯的关系恶化，据说他在雅典实行民主的同时，还采用了某种僭主或独裁统治，雅典人选择驱逐德莫特里乌斯，建立一种以"温和寡头派"为主导的新政权……而经过反复的拉锯，当德莫特里乌斯在公元前294年率军返回，重新控制了雅典时，他采取了一种被后世明确记载为寡头统治的方式来惩罚雅典的民主。

公元前287年，不屈的雅典人再次恢复了民主制，并在此后大约25年中，维持了一个具有高度民主和民族主义的繁荣时期，直到公元前260年，德莫特里乌斯的儿子安提戈努斯·戈纳塔斯（Antigonus Gonatas）重新占领了这座千疮百孔的城市，并采取有效的措施，成功削弱了雅典民主的反抗势力……[①]

——如上，即是米南德生活和创作时期的雅典民主的兴衰简史，但我们对此一时期秩序的"实践"维度的考察，不当止于此。笔者将放大历史的显微镜，看看这一时期变化的政治实践究竟对民主制造成了怎样的破坏或更改。

首先，在拉米安海战后，安提帕特对雅典民主的破坏，不仅体现在军事施压的层面，更是渗入了其制度层面。据说，安提帕特为了改变当时的雅典民主，他表面上要求雅典人根据"梭伦法"（Laws of Solon）以恢复其"祖先

---

① 以上史载，合参自 LAPE S. Reproducing Athens: Menander's Comedy, Democratic Culture, and the Hellenistic City [M].Princeton: Princeton University Press, 2004: 2-4.; MAJOR W E. Menander in a Macedonian World [J]. Roman and Byzantine Studies, 1997（spring）: 40-42.

政制"，实际上通过提高参政权（franchise）的财产拥有量（提高到 2000 德拉克马），从而剥夺了 1.2 万—2.2 万名公民的政治权利，将有参政权的公民数量降低到 9000 人左右。由此表明，安提帕特的统治，实际上是披着恢复祖先政制虚假外衣的一个寡头统治。①

而到了公元前 318 年，当民主制被恢复又被很快颠覆，卡山德的代理人普哈勒赫姆的德莫特里乌斯统治雅典十年时间——这期间也是米南德创作《古怪人》等作品的年代，对于德莫特里乌斯的统治，时人给予了较高的评价，认为这是一种温和的寡头政体，因为德莫特里乌斯将公民权加以放大，降低了公民权的财产限制（1000 德拉克马），而且包括公民大会、议事会、法院等民主机构，在其统治的十年中依然运作不衰。尽管有学者认为，这种温和寡头制，并非对民主制的保留，反而因为其改革的顺利，损害了传统民主的秩序理想。故而雅典人认为他的政权是有破坏性的，最终德莫特里乌斯也因招致人民的敌意而逃离了雅典。

德莫特里乌斯的统治对雅典民主带来的改变，据说也体现在他对戏剧承办方式的改变上，比如，传统的民主制下的戏剧，都是由当时富有的公民来提供赞助。通过提供赞助，这些富有的公民本身也能获得荣誉和威望，此即民主"对精英资源及其为了公共利益进行竞争的本能"进行良好利用的一个实例。②但是，德莫特里乌斯却改变了戏剧的承办赞助方式，一方面他雇用了一个民选的竞赛官员，并结合公共与私人的资金，来管理制作所有的戏剧合唱。这一变革让某些学者如乔恩·米卡尔森（Jon Mikalson，2000）误以为是一种"戏剧的民主化"改革，但其实它导致戏剧上演不再只是民主的节日，而具有了更多寡头精英意识形态传播的用意，或者说统治者可以控制审查所有戏剧作品的内容。

---

① 安提帕特剥夺或减少雅典"公民权"的目的，旨在削弱雅典城邦破坏民主派对马其顿统治的破坏力。此外，安提帕特还将大量失去公民身份的人重新安置在如偏远的色雷斯，并处决了民主派的领导人，同时呼吁杀害更多的民主派政治家，包括德摩斯提尼。通过一系列的统治手腕，加上安提帕特派往雅典的驻军，他试图削弱、控制雅典民主的势力、制度乃至于人口。但是，在他公元前 319 年去世后，雅典人再次恢复了民主。参见 LAPE S. Reproducing Athens: Menander's Comedy, Democratic Culture, and the Hellenistic City［M］. Princeton：Princeton University Press, 2004: 41-42.

② LAPE S. Reproducing Athens: Menander's Comedy, Democratic Culture, and the Hellenistic City［M］. Princeton：Princeton University Press, 2004: 45.

此外，德莫特里乌斯从开始统治雅典，就致力于修改法律，如他创建了地方委员会、（以守护法律为任的）议会和妇女监督的部门，这些部门都拥有前所未有的警务权力，使得它们能随时干预民主制传统下，那些不受立法约束的生活方面。更有甚者，在传统民主制下，任何公民都有权利反对议会长的建议——如果他们认为其发言违背了民主原则，但德莫特里乌斯则聘请了一个所谓的专家团体（或是打着官方指定的旗号），或者所谓的"法律的阐释者"，来阻止民众的异议，从而极大地破坏了民主政治的参与性与平等的原则。

总之，德莫特里乌斯的许多改革措施，看似是在恢复民主，其实具有很强的反民主性质，与其说他是"法律的守护者"，不如将其政权看作一种系于"警察机构"的统治，其理念恰如亚里士多德从反面对某种"极端平民政体"的批评那样：

一切事项悉由全体公民集会审议，各个行政机构的人员只能对一切政事预先有所研究而提供他们的意见，完全没有任何裁决的权力。这就是现代"极端平民政体"所采取的途径，这种政体，正如我们前面曾经说明，实际可以比拟为寡头式中的"权门政治"和君主式中的"僭主政治"。①

由此，我们也能看到德莫特里乌斯的改革，正是一种亚里士多德式的对民主政治弊端的改革。也难怪习惯了民主制的雅典人对此"控制"深恶痛绝。这种随时可能升起的反抗，也给德莫特里乌斯的统治带来了极大的恐惧和不安，从而导致后来德莫特里乌斯因自身安全考虑，逃离了雅典。

而当安提柯一世和其子德莫特里乌斯·波利奥塞特出现并宣称他们旨在捍卫雅典自由的时候，雅典人对其表示了热烈的欢迎，安提柯一世一开始通过善意制造团结的假象，以赢得盟友和雅典人民的支持，因为根据普鲁塔克的说法，安提柯一世认为"利用雅典的理想可以使得其帝国在希腊的地位合法化"，故而他和其子都有意无意地宣称自己是雅典或希腊传统的自由守护者与继承者。当公元前307年，德莫特里乌斯·波利奥塞特将雅典从普哈勒赫

---

① 亚里士多德.政治学［M］.吴寿彭，译.北京：商务印书馆，2009：1298b 25-30.

姆的德莫特里乌斯和卡山德的统治中解放出来后，他再次宣称要恢复雅典的"祖先政体"。

一方面，德莫特里乌斯·波利奥塞特致力于恢复城邦和公民的军人气概，这种军人气概在普哈勒赫姆的德莫特里乌斯统治下，被加以剥夺，只能为统治者个人的权力进行斗争，而德莫特里乌斯·波利奥塞特允许这座城邦以自己的名义和为了自身的利益而重新构建其军事力量。再加上德莫特里乌斯·波利奥塞特四年后在另一场战役中再次挽救了雅典，让他获得了一种全然的公民崇拜，正是这种全民的崇拜和奉承，败坏了雅典人，也败坏了德莫特里乌斯·波利奥塞特本人，这导致雅典政治一步步演变为独裁统治。尽管德莫特里乌斯·波利奥塞特并没有设立任何审查监督的权力机构，但他本人的命令，往往可以直接推翻议事会的决定，凌驾于民主决断之上。

由于民主遭到霸凌，这也导致公元前301年，当德莫特里乌斯·波利奥塞特在外战败后，雅典人拒绝了他进入这座城市。但德莫特里乌斯·波利奥塞特的离开，只是给予了雅典一段时期的权力真空，而弥补这个权力真空期的人——一个被卡山德所支持的雅典人拉夏勒斯（Lachares）——在这里重新建立起了暴政统治，一直掌权到大概公元前294年，直到德莫特里乌斯·波利奥塞特终于卷土重来，用寡头制和军事力量控制住这座不安的城邦……公元前287年，雅典人终于在托勒密一世和利西马库斯的援助下，打败了德莫特里乌斯·波利奥塞特，恢复了一个相对较长期的民主制政体。①

——从上面的希腊化早期的制度变迁的描绘，我们不难发现，民主制度经历了几番的推倒和卷土重来，经历了数次的断裂，但最后都跌跌撞撞地重新生长出来，哪怕遭遇到普哈勒赫姆的德莫特里乌斯那种秩序相对温和的寡头统治，雅典民主的力量依然没有放弃努力。如同苏珊·勒普所强调的：民主制经历了公元前322年、公元前318年、公元前317年、公元前307年、公元前301年、公元前294年、公元前287年和公元前260年的多次反复更替、立法或修宪，这种修改"并非表明民主文化的不稳定，反而通过它不可

① LAPE S .Reproducing Athens: Menander's Comedy, Democratic Culture, and the Hellenistic City［M］. Princeton: Princeton University Press, 2004: 52-61.

避免的重复性，表明了它的坚定"①。米南德所生活的希腊化早期的"实践"秩序的大背景，我们可以看作这种不断的民主政制的自我重建的过程，也即"民主秩序"的重建过程。而米南德的喜剧努力是否亦构成这种民主自我重建的一部分，还是说他走向了某种有别于民主的他途？对此的揭示，我们来到本章的第二部分。

二、"理念与心灵"的重建：米南德《古怪人》中的民主意识与美德

首先，我们来到《古怪人》的情节展开中，在具体的叙事中来分析到底米南德的情节设计或人物性格，朝向或导致了怎样的政制伦理。《古怪人》开篇故事，讲述的是潘神的一段独白或开场白，在开场白中，如我们前文所分析的，这一段主要通过潘神的出场，向观众介绍了该剧的发生地普户勒（Φυλή）、本剧的主人翁克涅蒙（Κνημών），然后，潘神对克涅蒙的古怪性格进行了一番批评和嘲讽。接着，潘神介绍了该剧的另一个主人翁——贵族青年索斯特拉托斯（Σιώστρατος），他外出打猎时，无意当中来到普户勒，由此陷入一段狂热的爱情。其中潘神特意交代了这场爱情的初始动因：

ἐνταῦθα πολλῶν, ἀστικὸν τῆι διατριβῆι,

ἥκο] ντ' ἐπὶ θήραν μετὰ κυνηγέτου τινὸς

[ ] υ κατὰ τύχην παραβαλόντ' εἰς τὸν τόπον

[ ] .Ἔχειν πως ἐνθεαστικῶς ποῶ.

他常常在城里消磨时光，今天我让他
与他的一位好狩猎的朋友外出打猎，
并且碰巧来到这处场景地，
在这里我让他陷入爱情。②

① LAPE S. Reproducing Athens: Menander's Comedy, Democratic Culture, and the Hellenistic City [M] . Princeton: Princeton University Press, 2004: 42.

② 中译文由笔者根据希腊文与 Vincent J. Rosivach 英译文翻译而成。

在这里我们首先可以看到，《古怪人》中的爱情设计乃是一场命定的神的狡计。同时，这场爱情产生于爱欲本身，是爱欲让贵族青年得以跨越传统的阶级和社会地位等政治考虑，消除某种婚姻中的精英意识，以及有碍于公民平等的那些因素，或者我们可以说通过潘神的独白，这场婚姻变成了一场挑战公民政治特权的戏剧场所，具有一种强烈的民主意识形态。

让我们回到《古怪人》创作的年代，公元前316年的勒奈亚节日，这一年也正好是卡山德的代理人普哈勒赫姆的德莫特里乌斯（Demetrius of Phaleron）统治雅典一年多之后，根据我们之前的介绍，此时，德莫特里乌斯降低了公民权利的财产限额（1000德拉克马），并且不再需要父母双方的雅典血统——如果我们由此回想起《古怪人》戏剧结尾处所促成的两段婚姻：戈尔吉阿斯迎娶卡里庇德斯之女，索斯特拉托斯迎娶克涅蒙之女。仅从"嫁妆"问题而言，婚姻的最终结果，就增加了两位从财产上足以享有公民政治权利的男性：曾经贫穷的克涅蒙和戈尔吉阿斯。①

此外，对于婚姻与阶级的问题，如《古怪人》的情节所进一步揭示的：婚姻本身与财产多寡无关，而是与道德或美德相关，这本身就构成了对以财富为标准的"寡头"统治的批评，而将跨越财产的婚姻的平等，奠基为一种公民的理想追求，即只要你追寻某种被广泛认可的理念，你就足以跨越阶级和财富差异，获得与他人同等的地位。这种价值观，恰恰呈现出一种民主化的倾向，如同苏珊·勒普所评价的：

这些策略旨在投射和肯定民主价值观，同时也旨在批评寡头政治的政治意识形态。故事情节呈现出反寡头政治的变化，因为经济上的考虑与婚姻资格的问题无关——在喜剧中，婚姻资格是公民地位的标志。由于财富被认为是寡头政治城邦中决定公民身份的最重要因素，这种推翻经济地位的首要作用具有直接的政治意义。②

---

①　卡里庇德斯给3塔兰特嫁妆与戈尔吉阿斯（参见《古怪人》844）。可以想见，克涅蒙也会因嫁女而从此过上更好的日子。在古典时期的希腊，1塔兰特约等于6000德拉克马。

②　LAPE S. Reproducing Athens: Menander's Comedy, Democratic Culture, and the Hellenistic City [M]. Princeton: Princeton University Press, 2004: 113.

此外，我们再进一步看看本剧中的一些细节。比如，一开始，克涅蒙甚至他的佣人、女儿，其实都对贵族阶层充满了怀疑，而贵族阶层对于更低阶层的妇女，其实一开始也持有某种"占有"甚至"强行占有"而不负责任的不当欲望，比如，凯希阿斯一开始知道索斯特拉托斯爱上了一个乡间女子的反应：首先，他将索斯特拉托斯喜欢的女子直接认作"伴妓"；然后，轻蔑地使用了"抢夺""迅速""办成事情"这样对女性带有贬低的词语（《古怪人》56—68）。两相反映，在当时的雅典，其实普遍存在公民阶级之间、富人和穷人之间的强烈的抵触与不信任感，并且这种不信任感已然累积成相互的敌视，甚至公民（无论陌生还是熟识）彼此之间的敌意，如克涅蒙所表现出的见到外人，动辄要动手打人的表现。这种敌意，恰恰是对民主政治的公民间的相互友爱——如我们之前提到的伊索克拉底在《最高法院演说词》中反复提及的雅典公民之间、富人和穷人之间互相关心、"和谐一致"的民主理想的最大侵蚀。而米南德通过喜剧，不仅巧妙地提出了这个尖锐的社会问题，也通过喜剧情节的安排，试图化解这种寡头制下的"信任难题"。此外，这种信任不仅仅发生在跨越阶级的陌生男女之间、情爱的联结之下，也发生在不同阶级的男性之间，比如，戈尔吉阿斯和索斯特拉托斯之间。他们一开始毫无交集，并且也看似无共通之处：索斯特拉托斯富有、文雅、清晰、悠闲、恋爱脑；而戈尔吉阿斯则略显贫穷、质朴、操劳，且无机会去经历感情。通过婚姻的亲属关系，米南德让这两个年轻的不同阶级的男性公民角色走到了一起，也构筑了可能的雅典"未来政治"的民主的友谊纽带和桥梁——不难看到，此乃米南德试图跨越其时的政治和经济障碍，重建一种新的更为平等和民主的社会与阶级关系的努力。

再比如，我们前文曾提到过的，当戈尔吉阿斯知晓了索斯特拉托斯试图追求自己妹妹的不当欲求后（《古怪人》271之后），他第一次看见索斯特拉托斯，并说了这样一番劝导的话：

εἶναι νομίζω πᾶσιν ἀνθρώποις ἐγὼ   行 271
τοῖς τ᾽ εὐτυχοῦσιν τοῖς τε πράττουσιν κακῶς
πέρας τι τούτου καὶ μεταλλαγήν τινα,

καὶ τῶι μὲν εὐτυχοῦντι μέχρι τούτου μένειν
τὰ πράγματ᾽ εὐθενοῦντ᾽ ἀεὶ τὰ τοῦ βίου
ὅσον ἂν χρόνον φέρειν δύνηται τὴν τύχην
μηδὲν ποήσας ἄδικον· εἰς δὲ τοῦθ᾽ ὅταν
ἔλθηι προαχθεὶς τοῖς ἀγαθοῖς, ἐνταῦθά που
τὴν μεταβολὴν τὴν εἰς τὸ χεῖρον λαμβάνει·
280 τοῖς δ᾽ ἐνδεῶς πράττουσιν, ἂν μηδὲν κακὸν
ποιῶσιν ἀποροῦντες, φέρωσιν δ᾽ εὐγενῶς
τὸν δαίμον᾽, εἰς πίστιν ποτ᾽ ἐλθόντας χρόνωι,
βελτίον᾽ εἶναι μερίδα προσδοκᾶν τινα.
τί οὖν λέγω ; μήτ᾽ αὐτός, εἰ σφόδρ᾽ εὐπορεῖς,
πίστευε τούτωι, μήτε τῶν πτωχῶν πάλιν
ἡμῶν καταφρόνει· τοῦ διευτυχεῖν δ᾽ ἀεὶ
πάρεχε σεαυτὸν τοῖς ὁρῶσιν ἄξιον.　　　行 287

我自己认为，对所有人而言
无论荣华的人还是糟糕的人
都有一种限度，一个转捩点
于他们的位置而言。成功的人
的所有财富，能够延续得如此长久
因为他能够持守他的"好运"
通过避免任何罪过。相反，如果
他因为富足而被引向邪恶，
那么他的"机运"就会很快溜走（变穷困），我认为
假如，从另一方面来说，不那么成功，
尽管他们贫穷，但毫不沾恶，
光荣地担负着他们的"守护神"，且
最终，获得信贷的余额，他们将
能指望他们的存余加增。那么，我的意思是

199

你或许很富有，但是别指望它，

也不要践踏我们这样穷困潦倒的人！要总是

向旁人展现出，你配得上长久的贵富！

这段话中，不仅展现了"机运"或"命运"的相关问题，也呈现出民主制下的穷人对富人的看法，或者说"民主"制对"寡头"制的批评：

他运用了强烈的社会政治术语，表达出索斯特拉托斯的性方面的不当行为关乎偏离的政治的阶级冲突。此即"犯罪"的性和身体层面，服从于身份的考量。在这种文化视野下，索斯特拉托斯所欲图的性的剥削成为某种方式的社会经济的剥削……戈尔吉阿斯通过他看问题的方式，揭示出一种民主的视角。在民主话语中，任何天花乱坠的修辞和法律行为都是为了维护与保护公民平等的理想，通过主张任何身份地位的差距，从人身攻击到财富的炫耀，都有赖于司法的纠正。而戈尔吉阿斯将索斯特拉托斯明显的不当的性行为描述为一种政治上的不当行为，他利用民主观念，认为胡作妄为是富人对穷人的一种欺凌。①

索斯特拉托斯试图澄清对自己的这种批评，他不但强调自己并无任何冒犯或犯罪的意图，而且他还可以不要女方的嫁妆（《古怪人》308），或者说他刻意绕开了经济和阶级层面的鸿沟：这也反映出当时的雅典社会，对于财富和阶级的不平等问题十分敏感。而接下来的剧情，索斯特拉托斯说服了戈尔吉阿斯理解自己的善意之后，为了进一步讨克涅蒙的欢心，旁人建议索斯特拉托斯扮成一个勤劳的农夫，原因是"免得他看到你这么闲散又娇惯"（《古怪人》357），这进一步将一种富人和穷人之间的相互敌视加以放大。

随着情节的推进，一出戏剧的上演，突然化解了所有的富人和穷人之间的恩怨，同时也让克涅蒙反省自己最初只沉溺于个人生活的状态。此即克涅蒙掉落水井，以及戈尔吉阿斯和索斯特拉托斯的及时施救。在这出场景中，尤其是克涅蒙的反省，让我们看到了所有人抛却身份、阶级而走向和解与关

---

① LAPE S. Reproducing Athens: Menander's Comedy, Democratic Culture, and the Hellenistic City [M]. Princeton: Princeton University Press, 2004: 117.

爱的可能：

ε. [ ] ον προειλόμην　　　　行 710
οὐκ ἴσως~ [....] ι~κ [.] ι~ [.] ν οὐδ᾽ ἂν εἷς δύναιτό με
τοῦτο μεταπεῖσαί τις ὑμῶν, ἀλλὰ συγχωρήσετε.
ἐν δ᾽ ἴσως ἥμαρτον ὅστις τῶν ἁπάντων ᾠόμην
αὐτὸς αὐτάρκης τις εἶναι καὶ δεήσεσθ᾽ οὐδενός.
νῦν δ᾽ ἰδὼν ὀξεῖαν οὖσαν ἄσκοπόν τε τοῦ βίου
τὴν τελευτήν, εὗρον οὐκ εὖ τοῦτο γινώσκων τότε.
δεῖ γὰρ εἶναι–καὶ παρεῖναι–τὸν ἐπικουρήσοντ᾽ ἀεί.
ἀλλὰ μὰ τὸν Ἥφαιστον–οὕτω σφόδρα <δι> εφθάρμην ἐγὼ
τοὺς βίους ὁρῶν ἑκάστους τοὺς λογισμοὺς <θ᾽> ὃν τρόπον
πρὸς τὸ κερδαίνειν ἔχουσιν–οὐδέν᾽ εὔνουν ᾠόμην
ἕτερον ἑτέρωι τῶν ἁπάντων ἂν γενέσθαι. τοῦτο δὴ
ἐμποδὼν ἦν μοι.　　　　行 721

宁愿让……
……不……没有人能……我
这你们说服不了我，却会向我让步。
有一点我错了：以为能不依赖他人
独自生活，无须求助于你们任何人。
现在当我看到生命的终点会在无意中
突然到来时，我发现我那种看法不合适。
一个人总需要人在身边照应帮助。
请赫菲斯托斯做证，我变得如此暴戾，
是因为我看到每个生活者都在盘算
如何能让自己获益，从而使我认为人们
都不会对他人怀疑好意。正是这种想法
害了我。

柏拉图在《理想国》卷八及亚里士多德在《政治学》卷五中，都曾对寡头制的趋利本性，以及人人自利的社会倾向，做出过深刻的揭示："对财富的不知餍足和那由热衷于财货而对于其他一切事物的忽略和漠视却葬送了寡头政体"[①]；"（寡头制）唯以个人的价值为根据"[②]——寡头制下，除了权贵以自身的利益来实施统治，并将这种体制的权力和特权以财富作为基础，发展出一种强烈的人们之间的不信任感，即人人都通过自我趋利，而让整个寡头制稳固建立在所谓的"均衡的平等"之上。[③] 正是这种普遍的自我趋利性，造就了克涅蒙对他人的怀疑和抵触。而当民主政治呼吁大家为"和谐一致"的利益而奋斗的时候，从克涅蒙上述的反思中，我们无疑看到了从寡头制向民主制演化的某种心路。

当然，整部喜剧的情节最后，乃是婚姻所带来的一场皆大欢喜的富人与穷人之间的大融合，它象征了一种跨越身份、财富和阶级的"平等主义"（egalitarianism）精神的再现。正如"平等"之于民主，乃是一种与"自由"同样重要的理念，对"平等"的强调，也意味着一种超越寡头制的民主精神的呼唤。但是，要完成真正的民主，除了制度的重建、理念的呼唤，还需要精神层面的认同感。这种认同的最终建立，从文本而言，尤其体现在戈尔吉阿斯对索斯特拉托斯的"最终评判"的说辞中，当戈尔吉阿斯决定将妹妹托付给索斯特拉托斯时，他如是评价了对方：

τοιγαροῦν ἔγωγέ σοι   行 761

ἐγγυῶ δίδωμι πάντων τῶν θεῶν ἐναντίον

† ενεγκεινος δίκαιόν ἐστι π. [.] θη, Σώστρατε.

οὐ πεπλασμένωι γὰρ ἤθει πρὸς τὸ πρᾶγμ᾽ ἐλήλυθας,

ἀλλ᾽ ἁπλῶς, καὶ πάντα ποιεῖν ἠξίωσας τοῦ γάμου

ἕνεκα, τρυφερὸς ὢν δίκελλαν ἔλαβες, ἔσκαψας, πονεῖν

ἠθέλησας. ἐν δὲ τούτωι τῶι μέρει μάλιστ᾽ ἀνὴρ

---

① 柏拉图. 理想国 [M]. 郭斌和，张竹明，译. 北京：商务印书馆，1986：562b.

② 亚里士多德. 政治学 [M]. 吴寿彭，译. 北京：商务印书馆，2009：1307b 25.

③ 亚里士多德. 政治学 [M]. 吴寿彭，译. 北京：商务印书馆，2009：267.

δείκνυτ', ἐξισοῦν ἑαυτὸν ὅστις ὑπομένει τινὶ

εὐπορῶν πένητι· καὶ γὰρ μεταβολὰς οὗτος τ~ύ~χ~ [ης

ἐγκρατῶς οἴσει. δέδωκας πεῖραν ἱκανὴν τοῦ τρόπου.

διαμένοις μόνον τοιοῦτος.　　　　行 771

既然这样，我现在

把妹妹托付给你，请神明做证，并把她，

索斯特拉托斯，她应有的那份嫁妆给你。

你在这件事上没有以伪装的面貌出现，

你很坦诚；为了婚事，你甘愿承受一切。

虽然你娇养惯了，却操起十字镐刨地，

不怕辛苦。这最能表明一个人的品性：

一个人生活富裕，却能与不及自己的

穷人平等相处，说明他会自制地承受

命运的变换，你做了很好的自我变现。

愿你永远能这样。

　　真正的民主基础的建立，除了对经济、阶级的打破，更依赖于精神或心灵层面的融合与互相认可。根据上面的文本，戈尔吉阿斯作为平民的代表，无疑道出了民主在跨阶级的联姻之外，更为重要的精神认同，即吃苦、节制与理性的自我控制，或称为"明智"。而我们比照索斯特拉托斯的自我总结，亦能看到这种类似的富人和平民达成真正和解所依赖的精神性要素的改变。当整部喜剧快完结的时候，索斯特拉托斯如是感叹自己一天来的遭遇：

πόει τοῦτ'· οὐδενὸς χρὴ πράγματος　　　行 860

τὸν εὖ φρονοῦνθ' ὅλως ἀπογνῶναί ποτε.

ἁλωτὰ γίνετ' ἐπιμελείαι καὶ πόνωι

ἅπαντ'. ἐγὼ τούτου παράδειγμα νῦν φέρω·

ἐν ἡμέραι μιᾶι κατείργασμαι γάμον

$<\delta\nu>\ o\dot{v}\delta'\ \ddot{a}\nu\ \epsilon\tilde{i}\varsigma\ \pi o\tau'\ \ddot{\omega}\iota\epsilon\tau'\ \dot{a}\nu\theta\rho\dot{\omega}\pi\omega\nu\ \ddot{o}\lambda\omega\varsigma.$ 　　　行 865

在任何事情上面，

一个拥有明智的人应该绝不彻底放弃。

一切都能得到，借着上心与勤苦的劳作，

任何事情！我在这方面就是一个很好的例子，

今天我仅一天时间就办成了婚姻大事，

根本就没有一个人事先料到这一点。

　　“明智”或“理性”，以及通常平民才具有的勤苦和努力，构成了索斯特拉托斯“一天”之间找寻到的新的自我认同，与戈尔吉阿斯对索斯特拉托斯的最后评价近乎类似，两人都强调了“明智”这种通常贵族才具有的美德和“勤苦”这样的平民美德的至关重要性——在这里，我们看到，两个阶级不仅向“平等”的理念靠拢，更在彼此阶级的精神或灵魂德性层面达到了互相认同与交融：富人或贵族的美德和平民的美德互相融合！ ① 正是在这个意义上，我们认为：米南德通过喜剧舞台，初步实现了对寡头政治的批判，以及对民主理念的重建工作。但是，米南德所试图重建的民主，究竟是哪一类民主？由于米南德的心灵或美德伦理问题，我们已经在第三章和第四章中探讨过了，接下来，我们将结合美德伦理的相关结论，进入米南德秩序讨论的最后一环："温和民主"或"共和"的秩序问题。

---

　　① 民主的主要特征即自由与平等，两者共存的逻辑，如国内学者的分析："亚里士多德断言，民主制的基本观念是自由（eleutheria）。他在两层意义上使用自由的概念：自由作为职权分配的标准和自由作为生活目标。自由首先是指一个人的自由人身份，即他不是奴隶。公民在自由人身份这一点上彼此平等，而民主制的正义原则正是基于数目而非基于价值的平等，因此，自由人身份上的平等必然要求政治权力上的平等。"参见董波. 亚里士多德论民主［J］. 世界哲学，2019（6）: 27.——但是"自由"又容易导致德性的不受约束，自由散漫，为所欲为（《理想国》561b—562d），因此，"守法"对民主而言具有重要的约束作用（参考伯里克利的"葬礼演说"）。但仅有"守法"仍然不够，如果缺乏"德性"，民主还会向着更为糟糕的政体演化，比如，当大多数人被某一个人所蛊惑利用时，政体就将转化为更为糟糕的僭主制。因此，民主在"自由、平等、守法"等价值之外，需要引入"德性或美德"的支撑，而只有在德性的帮助下，民主制才会向着某种更好的政体演化。对此的揭示，我们将在后文展开。

第十一章

作为"中道"的"温和民主"秩序

我们在上一章，以米南德《古怪人》为例，介绍了米南德喜剧所试图重塑或重建的雅典民主文化和秩序的相应努力，如苏珊·勒普（Susan Lape）所总结的："喜剧叙事有助于民主的接续，也促进了希腊城邦在向希腊化过渡期间的文化的存续。婚姻的情节提供了一种灵活和丰富的叙述模式，在这种模式中，民主的原则和实践可以在社会关系的背景下得到肯定与维持。与此同时，喜剧根据一种公民的概念体系发展出了相应的习俗，该习俗容纳并重塑了希腊专制及其空前使用雇佣军所带来的问题。在此过程中，喜剧扮演了希腊跨城邦文化的重塑作用，在它实际实现之前。"①

但是，苏珊·勒普忽略了一个重要的维度，即民主制在古代希腊政治理论中其实包含不同类型，不同类型的民主有着不同的民主文化，这是需要加以严格区分的。如亚里士多德在《政治学》中论及民主的时候曾至少三次做过"民主"之下的"子类"（sub-types）的区分，我们在此先举一例：

民主政体的第一个品种是最严格地遵循平等原则的品种。在这种城邦中，法律规定所谓平等，就是穷人不占富人的便宜：两者处于同样的地位，谁都不做对方的主宰……民主政体的另一种是以财产为基础，订立担任公职的资格，但所要求的财产数额是地位的；凡能达到这个数额就具有任官的资格，不及格的不得参与公职。第三种是，凡出身（族裔）无可指摘的公民都能受任公职，而其治理则完全以法律为依归。第四种是［不问出身（是否双亲都

---

① LAPE S. Reproducing Athens: Menander's Comedy, Democratic Culture, and the Hellenistic City [M]. Princeton: Princeton University Press, 2004: 243.

属自由公民）] 凡属公民就可以受任公职，但其治理仍然完全以法律为依归。第五种民主政体同上述这一种类似，凡属公民都可受职，但其政事的最后裁断不是决定于法律而是决定于群众，在这种政体中，[依公众决议所宣布的]"命令"就可以替代"法律"。①

在这里，民主政体至少被划分为第一类的"富人、穷人一律平等"的"极端民主"，以及第二类偏向寡头制的民主、第三类和第四类偏向公民身份与法治的民主、第五类的将公民身份和极端民主相结合的民主类型。如果说第一类民主是一种最为极端或纯粹的民主类型，那么后面四种都可以看作某种民主的混合政体类型。而不同的民主类型，其政治文化必然会有所差异，故而我们必须分辨米南德试图重建的秩序究竟是民主中的哪一种类型或近似于哪一种类型。而要初步解答这个问题，我们需要重温本书第四章所得出的结论：一种强倾向的米南德喜剧伦理的漫步学派解释路径，并从漫步学派的伦理学回归亚里士多德的政治学，以寻找可能的答案。

正如本书第四章所揭示的，米南德的《古怪人》中的人物德性与性格刻画，与亚里士多德三大伦理学所揭示的诸德性"品质"及其漫步学派传人泰奥弗拉斯托斯的《诸品性》（χαρακτήρες）所补充的有悖德性的诸"品性"之间，三方存在极强的理论吻合性，并且，我们也通过与斯多亚学派和伊壁鸠鲁学派相关理论的比较，呈现出《古怪人》的伦理设定与漫步学派的亲近性，

---

① 亚里士多德.政治学［M］.吴寿彭，译.北京：商务印书馆，2009：1292a.亚里士多德对民主的划分，在《政治学》中大概出现了三次，根据国内学者的相关梳理："对民主制的子类型，亚里士多德先后划分了三次。第一次划分了五种，第二次和第三次划分了四种，三次划分的侧重点各有不同。第一次划分采取了一种规范性的框架：五种子类型由优到劣依次排列，参与政体的资格由紧到松，人数由少到多，特别关注的侧重点在于法律的权威。第一种民主制是最接近于混合政体的中道形态的民主制，它混合了民主制和寡头制的要素，穷人和富人被完全平等地对待。在第二到第四种民主制中，尽管公民身份的要求越来越松，直至凡是公民都有资格担任官职，因此参与政体的人数达至最大，但在每一个子类型中法律仍然保有其统治权威。最后的第五种民主制则发生了根本性的变化：一切由多数平民投票决定，他们发布的政令代替了法律的权威。这时平民领袖乘势而起，在他们的蛊惑下，挣脱了法律束缚的多数平民转化为统一的意志，行事如同无法的君王，民主制蜕化为僭主制。在民众决定一切而法律废弛之后，这种民主制甚至不再是一种政体。亚里士多德对民主制进行第二次划分时，公民的经济地位成为考察的出发点。亚里士多德以雅典的政体变化作为背景展开了对民主制的第三次分类，体现于明确的历史框架之中。他一开始就前所未有地断言：最好的民主制就是最老的民主制。"参见董波.亚里士多德论民主［J］.世界哲学，2019（6）：28-29.

甚至如同辛纳格利亚所揭示的，米南德和漫步学派共享了对人性与幸福的理解，用她的话来说："米南德和亚里士多德——尽管他们的写作方式和观赏者不同——共享一个类似的思想体系。"① 这种强烈的"米南德的亚里士多德主义"解释路径，成为今天米南德伦理研究的新方向，并占据主导地位。而如果我们接受这种"米南德的亚里士多德主义"解释，那么我们对米南德喜剧的"秩序"理解，亦必然导向对亚里士多德政治学中所阐发的某种民主理想或理想政体的接纳。如是，以下我们将来到亚里士多德的政治学中，去寻找米南德喜剧可能的民主秩序之源。

一、政体坐标轴："温和民主"政体或"共和"政体问题

我们首先简要回顾一下亚里士多德《政治学》中对民主的界定、分类及其"温和民主"或"共和"政体的提出过程。首先，我们要知道学界对亚里士多德《政治学》中的民主问题的解读其实存在几种路径：一种是耶格尔（Jaeger，1984）尖锐的前后亚里士多德区分，即《政治学》中存在两个不同时期的亚里士多德，其中前期的亚里士多德更偏向于理念维度，后期的亚里士多德偏向于经验维度②；第二种解释乃是一种强经验的解释，认为亚里士多德整部《政治学》都是被经验或现实（realistic）所主导③；第三种解释倾向认为《政治学》同时兼顾了经验现实和理念两个部分。笔者在此采纳最后一种解释倾向，并试图从现实和理念两个层面给出亚里士多德对民主的看法。由此，我们进入亚里士多德的民主阐发当中。

首先，我们都知道，亚里士多德的政治学围绕"城邦"（πόλις）和"政体"（πολῑτεία）来展开，在经典的《政治学》第三卷的政体分类学描绘中，民主制依据"是否照顾城邦全体公民利益"的原则，被归入二组（共六种）

---

① CINAGLIA V. Aristotle and Menander on the Ethics of Understanding［M］. Leiden：Brill, 2014: 2.

② 尽管这种解释被学界所拒绝，但仍然有学者如埃卡特·舒特伦普夫（Eckart Schutrumpf）坚决支持这种观点，因为他强调政治学中理念和现实的差异，存在不可调和的鸿沟。参见 DESLAURIERS M, DESTREE P. The Cambridge Companion to Aristotle's Politics［M］. Cambridge：Cambridge University Press: 2013: 7.

③ MULGAN R.Aristotle's Analysis of Oligarchy and Democracy［J］. A Companion to Aristotle's Politics, Basil Blackwell, 1991: 307.

政体中的第二组，即"变态政体"中，我们再将相关论述赘列于下：

　　政体（政府）的以一人为统治者，凡能照顾全邦人民利益的，通常就称为"王制（君主政体）"。凡政体以少数人，虽不止一人而又不是多数人，为统治者，则称"贵族（贤能）政体"——这种政体加上这样的名称或是由于这些统治者都是"贤良"，或由于这种政体对于城邦及其人民怀抱着"最好的宗旨"。最后一种，以群众为统治者而能照顾到全邦人民公益的，人们称它为"共和政体"（πολῑτεῐᾱ）——这个名称实际上是一般政体的通称，这里却把一个种属名称用作了品种名称。引用这一名称是有理由的。一人或少数人而为统治者，这些人可能具有特殊才德；等到人数逐渐增加时，当然难于找到这么多各方面的品德都是完善的人，唯有军事性质的品德可以期望于多数的人，武德特别显著于大众。所以在共和政体中，最高治权操于卫国的战士手中，这里必须是家有武备而又力能持盾的人才能称为公民而享有政治权利。相应于上述各类型的变态政体，僭主政体为王制的变态；寡头政体为贵族政体的变态；民主政体为共和政体的变态。僭主政体以一人为治，凡所设施也以他个人的利益为依归；寡头（少数）政体以富人的利益为依归；平民政体则以穷人的利益为依归。三者都不照顾城邦全体公民的利益。①

　　尽管亚里士多德对"民主政体"持有如上的一种"理念"层面的批评态度，但并不意味着他对民主制持有一种绝对的否定，因为接下来，他将民主制判摄为："民主制的恶劣程度是三种变态政体中最温和的（metriōtatēn）。"② 因此，作为"最不坏的变态政体"，民主制在政体"理念"层面而言，其实并不算太糟，尽管也绝对算不上"好的"。

　　但是，正是因为亚里士多德对政体的探讨，做了一种"理念"和"现实"的二元区分，在"理念"层面糟糕的政体，对现实而言可能不然，原因就在于，亚里士多德生活的时代，主流的政体其实就是在"寡头制"和"民主制"

　　① 亚里士多德.政治学［M］.吴寿彭，译.北京：商务印书馆，2009：136-137.对译文中的个别词语有所更改。
　　② 董波.亚里士多德论民主［J］.世界哲学，2019（6）：26.

之间摇摆或转换。因此对他而言，民主制实际成为其政治经历中的一种"常态"政体。也正是在这个意义上，抛开一味地贬低和批评，如何修正"民主制"，减少其不好的倾向，增加其有益的倾向，反而成了政治学研究的重要问题，或者我们可以说，亚里士多德其实对民主制抱有某种复杂的情感。比如，在《政治学》（第四—第六卷）中，我们会看到亚里士多德用大量的篇幅来描绘、对比寡头制和民主制，并且使用寡头制和民主制来定义除了"君主"和"僭主"制之外的所有其他几种政体，认为它们都只是寡头和民主制的某种混合，或者说民主制实际成为一个判断其他制度的关键"极点"。① 在此我们可以比较柏拉图在《法篇》卷三中提出的所有政体的两种母制：君主制和民主制——亚里士多德在这里显然提出了不同于他老师的另外的两种母制，或衡量政体的方式。并且如同理查德·穆尔甘所看到的：民主制和寡头制所建立的"坐标轴"乃是这样一种情形，其中极端民主和极端寡头处于坐标轴的最两端或两极，而坐标轴的最中间则代表"最温和的政体"，其他政体根据距离两极和中间的距离来判断其好坏，比如，共和政体离民主制这一极更近，贵族政体离寡头政体这一极更近，如是排列。② 从这个坐标轴，我们可以得出很多亚里士多德赞同的结论：比如，贵族制和共和制都是属于一种由寡头制和民主制诞生的"混合政体"；此外，寡头制和民主制也都可以被看作处于最中间的"温和政体"的某种扭曲；再者，极端民主制和最中间的温和政体之间的坐标轴部分，都可以叫作"温和民主"制，而极端寡头制和最中间的温和

---

① 如同亚里士多德在《政治学》（1290a 13—16）中提到的："正如男人说的风，只有两类，来自北方和南方，其余的只是这两者的变化，所以政府据说只有两种形式——民主和寡头政治。"转引自 MULGAN R. Aristotle's Analysis of Oligarchy and Democracy [J] . A Companion to Aristotle's Politics, Basil Blackwell, 1991:311. 在这里说明一下，为什么亚里士多德会以民主和寡头的极点来定义其他政体，原因在于亚里士多德对民主和寡头的进一步的定义：民主政体为自由而贫穷——同时又为多数——的人们所控制的政体，寡头政体应解释为富有而出身（名望）较高——同时又为少数——的人们所控制的政体（《政治学》1290b 15—20）。而在现实当中，不管城邦中的职业、阶层多么复杂，总结起来都可以做一种二分法：穷人和富人（中产阶级属于二者的混合），正因为如此，其他政体不外乎是这两个阶级的某种不同比例的混合，故此二者可以作为其他政体的衡量标准（《政治学》1291b 10）。

② MULGAN R. Aristotle's Analysis of Oligarchy and Democracy [J] . A Companion to Aristotle's Politics, Basil Blackwell, 1991: 312. 亚里士多德认为，共和政体（πολιτεία）的原意即是寡头和民主政体的混合，所以处于坐标轴两极之间的部分都应该被称为共和政体，但根据人们的约定习惯，离民主政体这一极更近的被称为共和政体，离寡头政体这一极更近的被称为贵族政体（《政治学》1293b 33）。

政体之间的坐标轴部分，也都可以叫作“温和寡头”制。故而，贵族制属于某种“温和寡头制”，而“共和制”则同于“温和民主制”——也正是在这个意义上，我们本小节的标题，将“共和制”和“温和民主”制等同看待。我们就此可以画出一个“政体坐标轴”的图示，以揭示亚里士多德政体理论的相关特性：

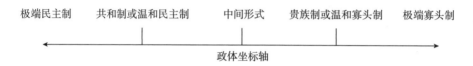

极端民主制　共和制或温和民主制　中间形式　贵族制或温和寡头制　极端寡头制

政体坐标轴

并且，通过这个“政体坐标轴”，我们也可以衡量历史上的雅典究竟属于温和民主（有公民身份、法治等限制），还是极端民主（所有人都享有参政权，一律平等，又无法治等约束，且偏向贫民的利益）：比如，梭伦创立的四百人议事会，对公民参政资格的约束，当属于温和民主制；克里斯梯尼削弱传统氏族的改革，以及陶片放逐法应属于相对更为激进的民主制；伯里克利领导下的帝国民主或公元前5世纪的雅典民主的黄金时代当属最为极端的民主制类型；而公元前403年向梭伦立法的返回，应属于向着“温和民主”制的一次真正的回归。①

因此，从上面的分析，我们看到亚里士多德其实并不反对民主制，而是反对某种极端的民主制，而“温和民主制”或“共和制”则是他心目中较好的民主类型。如同他在第三次对民主政体进行“分类”的时候，结合雅典最古老的民主制（梭伦时期）所做的分析：

最好的民主制就是最老的民主制。在其中，公民们有选举和审查官员的权利，但城邦最重要的官职仍然按照财产选任，或者从最有才德的（epieikēs）

---

① 其实，与亚里士多德的温和民主定义略有不同，梭伦的立法并没有规定按抽签任命次要官员，也就是说他立法下的民主具有某种激进意味，但伯里克利的民主立法则规定在公民权的标准上存在限制，而亚里士多德的极端民主则试图取消这种限制。故而看上去，实际的雅典民主的历史走向，用亚里士多德的“政体坐标轴”来衡量，似乎略有不妥。对此问题更进一步的研究，参见 *The Politics of Aristotle*。而上述笔者对雅典民主历史状况的描绘，一方面可以参见笔者在本书第八章中的相关论述，另一方面可参看汉森.德摩斯提尼时代的雅典民主［M］.何世健，欧阳旭东，译.上海：华东师范大学出版社，2014：427.

杰出之士中选举。这一政体避免了完全违背以德性为标准的正义原则，即才德高的人被才德低的人统治，优秀人物因此能够心平气和地主持城邦大计。但由于公民们有权利选举和审查官员，官员们并不能够为所欲为、违背法律，避免了政体滑向寡头统治。实际上，这种类型的民主制之所以最好，是因为它混合了财富、自由人身份和德性等不同的要素，远离民主制和寡头制的极端，成为最接近中道的民主政体。①

从上，我们看到亚里士多德对民主的态度，既非贬低也非辩护，其实包含这样一些虽然复杂但逻辑清晰的方面：（1）民主具有好民主和坏民主之分，不可一刀切地判定民主；（2）民主虽然是"变态政体"，但其他政体多多少少有了民主的某种特征，并且由于民主是现实中最常遇到的政体类型之一，因此民主是一种我们必须认真对待的政体；（3）民主提供了政体判定的某种标准，如何避免极端民主，如何混合寡头制的成分，让现实政体走向更为中道和温和的政体状态，是政治学研究的重要问题。

同时，从亚里士多德的民主论述中，我们多次看到"最中间""最温和""最为中道""混合财富、自由人身份和德性等不同的要素"这样的对政体状况的描绘，似乎亚里士多德还存在一种"最佳的""最善的"理想标准。那么除了对"温和民主"或"共和制"抱有现实期待之外，亚里士多德心目中的"理想政体"究竟为何？对此的揭示，其实也有助于我们反过来审视"温和民主"或"共和制"这样的"好民主"仍然存在的缺陷及其可能改善的方向。以下我们将就此展开分析。

二、两种"最佳政体"的辨析

亚里士多德在《政治学》卷四中，其实已经道出了"最佳政体"对于政治学研究或者政体研究的重要性：

政治（政体）研究〔既为各种实用学术的一门〕，这一门显然也该力求完

---

① 董波.亚里士多德论民主［J］.世界哲学，2019（6）：29.

备：第一，应该考虑，何者为最优良的政体，如果没有外因的妨碍，则最切合于理想的政体要具备并发展哪些素质。第二，政治学术应考虑适合于不同公民团体的各种不同政体。最优良的政体不是一般现存城邦所可实现的，优良的立法家和真实的政治家不应一心想望绝对至善的政体，他还须注意到本邦现实条件而寻求同它相适应的最良好政体。第三，政治学术还该考虑，在某些假设的情况中，应以哪种政体为相宜；并研究这种政体怎样才能创制，在构成以后又怎样可使它垂于久远。此外，第四，政治学术还应懂得最相宜于一般城邦政体的通用形式。政治学方面大多数的作家虽然在理论上各具某些卓见，但等到涉及有关应用（实践）的事项，却往往错误很多。我们不仅应该研究理想的最优良（模范）政体，也须研究可能实现的政体，而且由此更设想到最适合于一般城邦而又易于实行的政体。①

我们首先看看学界的讨论。对于何谓亚里士多德的"最佳政体"或"理想政体"其实说法不一，因为亚里士多德看似以不同的标准，定义过不同的"最佳政体"。此外亚里士多德《政治学》的文风及其文风对应的"言说"场域，也给讨论带来了很大的麻烦。②比如，切瑞（Kevin M. Cherry）认为王制和贵族制是亚里士多德笔下的"最佳政体"，但是因着"亚里士多德对大众的能力和局限性的理解"，使他提出混合政治制度是一般可能的最佳制度。③瓦尔德特（P. A. Vander Waerdt）强调，与柏拉图的理解一样，亚里士多德认为只有具有美德的王制才是亚里士多德的理想政体，而现实中的理想政体是法律的统治。④巴勒特（Robert C. Bartlett）则进一步强调，没有所谓的"最佳

① 参见亚里士多德.政治学［M］.吴寿彭，译.北京：商务印书馆，2009：179-180（1288b 21-35）.对译文中的个别词语有所更改。

② 比如，有些人认为《政治学》是论文性质，有些认为是讲课稿性质，还有人认为是逻辑学著作，不一而论，这也带来了对《政治学》内容理解的偏差，参见 BATES C A. Aristotle's "Best Regime": Kingship, Democracy, and the Rule of Law［M］. Baton Rouge: Louisiana State University, 2003: 7-8.

③ CHERRY K M. The Problem of Polity: Political Participation and Aristotle's Best Regime［J］.The Journal of Politics, 2009（10）：1406.

④ WAERDT P A V. Kingship and Philosophy in Aristotle's Best Regime［J］. Phronesis, 1985（1）：249-273.

政体",相比于绝对的正义和神的统治而言。①此外,还有学者罗列出"王制、贵族制、共和制或民主制"都曾被看作亚里士多德笔下可能的最佳政体的事实。②如下,我们对此简要展开论述。

首先,我们罗列出亚里士多德和"最佳政体"含义密切相关的几处讨论,几乎都集中在《政治学》第七卷中:

1. 人类无论个别而言或合为城邦的集体而言,都应具备善性而又配以那些足以佐成善行善政的必须的事物［外物的诸善合身体诸善］,从而立身立国以营善德的生活,这才是最优良的生活。③

2. 关于最优良的政体,有一点是大家明白的:这必须是一个能使人人［无论其为专事沉思或重于实践］尽其所能而得以过着幸福生活的组织。④

3. 这里,我们所讲的本题为"最优良的(理想)政体"。理想政体应该是城邦凭以实现最大幸福的政体,这种政体,我们前面曾经说明,要是没有善行和善业,就不能存在。依据这些原则,组成最优良政体的城邦诸分子便应是绝对正义的人们而不是仅和某些标准相符,就自称为正义的人们;这样的城邦就显然不能以从事贱业为生而行动有碍善德的工匠和商贩为公民。忙于田畴的人们也不能作为理想城邦的公民;［因为他们没有闲暇］而培育善德从事政治活动,却必须有充分的闲暇。⑤

4. 依据理想城邦的原则,显然会导致这样的结论:幸福(快乐)基于善德,在一个城邦的诸分子中,倘使只有一部分具备善德,就不能称为幸福之邦,必须全体公民全都快乐才能达到真正幸福的境界……劳作应该归属于奴隶或非希腊种姓的农奴,我们认为产权应该归于公民。⑥

① BARTLETT R C. Aristotle's Science of the Best Regime ［J］. The American Political Science Review, 1994（88）:143-155.
② 董波.德性与平等——论亚里士多德最佳政体的性质［J］.世界哲学,2017（4）:102.
③ 亚里士多德.政治学［M］.吴寿彭,译.北京:商务印书馆,2009:1324a 1-2.
④ 亚里士多德.政治学［M］.吴寿彭,译.北京:商务印书馆,2009:1324a 21-29.
⑤ 亚里士多德.政治学［M］.吴寿彭,译.北京:商务印书馆,2009:1328b 35-1329a 2.
⑥ 亚里士多德.政治学［M］.吴寿彭,译.北京:商务印书馆,2009:1329a 25.

如上，我们从中可以大概梳理出一条"最佳政体"的论证线索。

所谓"最佳政体"乃是人人"最为幸福"的政体，而真正的幸福基于"诸善"或"善行"，因为"幸福"来自三种善因：外物的善、身体的善和灵魂的善。而真正的幸福是完全具备这些诸善的人所享有的。但是，相比于外物的善和身体的善（财产和健康），灵魂的善又是最为重要的[①]，或者说只有前面两种善因，而无灵魂之善，亦不会幸福，但有了灵魂之善，其他两样只要达到适度、不过量就足够了，甚至外物之善和身体之善的最终"目的"也在于成就灵魂之善。[②]故而"真正的幸福"被完全奠基在"灵魂的善"之上——需要着重强调的是，此论证乃是亚里士多德对一切良好政体的论证的基础，无论所谓的理想政体还是现实政体。

那么，我们的问题在于：什么样的政体，能获得这种奠基于灵魂之善上面的"真正的幸福"呢？

首先，亚里士多德在第七卷之前，为自己设定了一个政体讨论的框架，包括四个层面：最佳政体、什么样的城邦适于什么样的政体、政体的产生和保存、对大多数城邦最适宜的政体。[③]因此，实际上我们发现，亚里士多德讨论了两种意义上的最佳：（1）对所有政体而言的"最佳"；（2）对大多数城邦最适宜的"最佳"。首先我们来看第二种意义上的"最佳"，亚里士多德对此有专文论述：

> 这是很明显的，［对大多数的城邦而言］，最好是把政体保持在中间形式。[④]

何谓"中间形式"？用亚里士多德的话来说，亦包含两个层面：（1）由中产阶级执掌政权的形式；（2）奉行"中道"的政体形式。

对于"由中产阶级执掌政权的形式"的解释很清楚，因为"在一切城邦中，所有公民都可以分为三个部分（阶级）——极富、极贫和两者之间的中

---

① 灵魂的善被分为四种，即四种善德：勇敢、节制、正义、明智。
② 亚里士多德.政治学［M］.吴寿彭，译.北京：商务印书馆，2009：1323b 1-20.
③ 《政治学》1288b 21-36，此四类政体讨论的概括，转引自董波.德性与平等——论亚里士多德最佳政体的性质［J］.世界哲学，2017（4）：105.
④ 亚里士多德.政治学［M］.吴寿彭，译.北京：商务印书馆，2009：1296a 8-9.

产阶级"。由于城邦的"幸福"在于"灵魂的美德",而大家都公认"节制和中庸是最好的品德,那么人生所赋有的善德就完全应当以中间境界为佳"①。故而,由于中产阶级拥有了这种"中庸"的品德,亚里士多德断言:"据我们看来,就一个城邦各种成分的自然配合来说,唯有以中产阶级为基础才能组成最好的政体。中产阶级比任何其他阶级都较为稳定。他们既不像穷人那样希图他人的财物,他们的资产也不像富人那么多得足以引起穷人的觊觎。既不对别人抱有任何阴谋,也不会自相残害,他们过着无所忧惧的平安生活。"②——我们可以看到,对于"中间形式"的第一种解释:"由中产阶级执掌政权的形式",其内涵其实本身就包含第二种解释:"奉行中道的政体形式",正是因为中产阶级奉行"中道",或自然就处于"中道",它才可以在"对大多数城邦最适宜的最佳政体"中,成为执掌政权的阶级。

这里,亚里士多德的"政治学"把我们拉回到其"伦理学"中的"中道"理论,两者形成了一种严密的呼应关系,如同在《政治学》中亚里士多德自己提醒我们注意的:"倘使我们确认了《伦理学》中所说的真实——(一)真的幸福生活是免于烦累的善德善行,(二)善德就在行于中道——则〔适宜于大多数人的〕最好的生活方式就应该是行于中道,行于每个人都能达到的中道。"③——在这里,伦理学的标准和政治学的标准达到了统一,也正是在这个意义上,我们才能明白《尼各马可伦理学》开篇所揭示的:伦理学乃政治学的延续。④

如是,我们看到"对大多数城邦最适宜的最佳政体",即中产阶级掌权的奉行"中道"美德的政体。更进一步而言,这种政体当是何种"形式"呢?对此的尝试性回答,需要我们再次回到上一小节的"政体坐标轴"理论:"中间形式"当处于"政体坐标轴"最为中间的政体样式,为了更好地说明此意,我们再次运用"政体坐标轴"图示。

① 亚里士多德.政治学[M].吴寿彭,译.北京:商务印书馆,2009:1295b 5.
② 亚里士多德.政治学[M].吴寿彭,译.北京:商务印书馆,2009:1295b 26-33.
③ 亚里士多德.政治学[M].吴寿彭,译.北京:商务印书馆,2009:1295a 35-40.
④ 亚里士多德.尼各马可伦理学[M].廖申白,译.北京:商务印书馆,2003:1094b 10.

极端民主制　　共和制或温和民主制　　中间形式　　贵族制或温和寡头制　　极端寡头制

政体坐标轴

从"政体坐标轴"我们可以看到，中间形式，其实就是"政体坐标轴"中介于极端民主制和极端寡头制之中央位置的政体样式，乃一种"混合政体"样式，但也有别于同样是"混合政体"的共和制和贵族制。结合亚里士多德对此"中间形式"的其他描绘，我们现在可以这样下结论：对于大多数城邦最适宜的"最佳政体"，即为由中产阶级掌权，奉行"中道"美德，并"平均"分有了民主制与寡头制的相应政体。而其他政体的好坏及其程度，则根据它离中间形式的远近来判断，正如亚里士多德自己所言：

> 凡是和最好政体（中间形式）愈接近的品种，自然比较良好，凡离中道（亦即最好形式）愈远的品种也一定是恶劣的政体。①

接下来，我们要处理第一种意义上的"最佳政体"：对所有政体而言的"最佳"。让我们回到《政治学》第七卷的论述。首先，衡量这种最佳政体的原理依然是我们上面所给出的："真正的幸福"被完全奠基为"灵魂的善"之上的政体。因此，真正的对所有城邦而言的"最佳政体"，从幸福或灵魂之善的意义上而言，一定是所有人获得"完全幸福"，并拥有灵魂的"至善"的政体。

但这显然是一种不可达到的理想或理念。因为如亚里士多德所言：最完美的善或"至乐"被认为等同于"神"的"快乐和幸福"或"至乐而全福"，而人类，除了少数幸运者，要完全获得灵魂之善外的如身体的善和外物的善，只能通过"偶然的机会"。故而，对人类而言，只能不断地追寻"灵魂之善"。但是，由于人类无论如何努力，仍然无法完全获得灵魂之"至善"，无法获得匹配"神"的至善，故而结论是：完全的幸福和人类无缘。与之对应的结论则是：这种完全幸福和至善意义上的"最佳政体"，和人类无缘。②

---

① 亚里士多德.政治学［M］.吴寿彭，译.北京：商务印书馆，2009：1296b 6-8.
② 亚里士多德.政治学［M］.吴寿彭，译.北京：商务印书馆，2009：1323b 23-30.

在这里，我们甚至都难以真正获知对所有政体而言的最佳政体的形式究竟为何，即便是些学者所给出的"王制""贵族制""共和制"乃至"民主制"或"法治"，其实都无法获得这种完全的幸福和灵魂的至善。① 我们只能认为，这种对所有城邦而言的最佳政体的统治形式，乃是一种所有具有德性的公民的"自我"统治（或许也是一种"轮流"统治）。

但我们对最佳政体的讨论是否就止于此？最佳政体难道真的如巴勒特所言：相比于绝对的正义和神的统治而言，现实中没有所谓的"最佳政体"？② 对此，笔者认为是值得进一步商榷的。如同在谈论了最佳政体所代表的全福至善的让人类望尘莫及的高度后，亚里士多德还补充了更进一步的教诲：

最佳政体其实并不意味着生活在其中的人就绝对幸福，人人拥有神一样的全福至善，而是一种能保障人人"［无论其为专事沉思或重于实践］尽其所能而得以过着幸福生活的组织"③。也就是说：人人虽未能达到全福至善，但只要大家都在尽力朝向全福至善的方向努力，并且获得对自己而言相对最大化的幸福，这就足够了！或者换句话说：并非只有真正的"全福至善"才是

---

① 对于贵族制、共和制和民主制不是"最佳政体"，我们可以从"政体坐标轴"一览无余，"法治"之所以不是最佳政体，如亚里士多德所论及的："而对基于法治的政权也非所不乐闻，在他们看来，这种政制虽不能说它违背正义，仍然会妨碍个人的幸福。"（《政治学》1324a 39）"王制"不是最佳政体，却存在学界的相应争议，因为亚里士多德的老师柏拉图明确将"王制"看作理想的最佳政体，尽管《法篇》中的"夜间议事会"问题，让这一定论出现了松动，参见本书注释。但亚里士多德自己也曾明确说过"（王制是）第一的、最神圣的"（《政治学》1289a 39），某些西方学者也试图做如是的论证，参见 WAERDT P A V. Kingship and Philosophy in Aristotle's Best Regime［J］.Phronesis, 1985（1）: 252. 在这里，笔者更认同董波的解释，其论证摘录如下："亚里士多德在讨论王制的正当性时，特别分析了王者之治与法律的治理孰优孰劣。法律中不存在感情，但人总不免情用事。亚里士多德因此警告，最好的人也有可能被血气所败坏，或者因欲望而堕入兽性。因此，一人之治有变态为僭主制的危险。王制类似于家长对于其他家庭成员的统治。但亚里士多德认为，政治统治（archē politikē）不同于家庭治理：后者是一人之治，而前者是对自由和平等的人的统治（1255b18-20）。亚里士多德断言，如果统治者和被统治者之间的差异就像神或英雄与人类之间的差异那么大，显然这个人一直统治而其他人一直被统治就是更好的方式。但他紧接着说：这不容易实现，因为不存在如此超绝于被统治者的王者。出于很多原因，所有公民显然应当一律轮流统治和被统治（1332b16-27）。因此，最佳政体与王制、贵族制虽然都坚持按照德性分配职权的正义主张，但最佳政体寻求的不是世间罕有、具备卓绝德性的王者，而是具有共同德性的全体公民的轮流统治与被统治。"参见董波. 德性与平等——论亚里士多德最佳政体的性质［J］. 世界哲学, 2017（4）: 103.

② BARTLETT R C. Aristotle's Science of the Best Regime［J］. The American Political Science Review, 1994（88）: 143-155.

③ 亚里士多德. 政治学［M］. 吴寿彭，译. 北京：商务印书馆, 2009: 1324a 24.

"最佳政体"，"尽可能地幸福"亦是一种"最佳政体"！

——笔者认为，对"最佳政体"做如是的解释，或许是比用"理念"和"现实"的"二分法"来对"最佳政体"加以"拒绝"的一种更好的理解策略。而这种更为"统一"的对"最佳政体"的理解，向我们指出："最佳政体"或许并非一种高不可攀的政体，一种永远无法攀折的理念，只属于"神"的领域，而是尽管人人皆存缺陷，但只要不懈地朝之努力，离全福至善越发接近，就能够最大限度地达至"现实"的政体。

笔者认为：也正是在这种"最接近、更努力、最大可能的善德与善行"的认知当中，亚里士多德才会不厌其烦地向我们辨析这种"最佳政体"，应当尽可能地接纳什么样的公民，尽可能生活在什么样的环境，尽可能地追求什么样的崇高的美德……故而，"最佳政体"同不断的公民"教化"（《政治学》第八卷）联系在了一起，或者我们可以认为："最佳政体"本身即是一种"教化"（παιδεία）。

第十二章

结　语

如上，笔者勾勒出了与亚里士多德的伦理学相适应的政治学中的相关政体理论，通过对"政体坐标轴"原理和两种"最佳政体"的揭示，笔者亦给出了亚里士多德或者说漫步学派所推崇的"秩序"类型：作为"中间形式"的"中道政体"和作为"教化"的"最佳政体"的秩序。其中，"中道政体"向"最佳政体敞开"，或者说"中道政体"的秩序追随着"最佳政体"的秩序。

如笔者前文提及的，如果我们接纳了"米南德的亚里士多德主义"的解释，或者说"米南德的漫步学派"的解释路径，我们则必然会接纳米南德的喜剧遵循着亚里士多德或漫步学派的"秩序"的解释，或者说笔者所试图揭示的米南德喜剧伦理学所试图重建的"秩序"，亦当追随着亚里士多德的"中道"政体和最佳政体的"秩序"。如下，在论证逻辑之外，为了更好地印证这个判断，我们将进一步验证米南德的喜剧（亦以《古怪人》为例）与"中道政体"甚至"最佳政体"的"秩序"之间的符合程度。

笔者将给出"中道政体"和"最佳政体"的相关秩序特征的描绘，亦从希腊秩序的"理念 – 政制实践 – 心灵"范式的三维度来展开：

首先，是秩序的"理念"。如我们在前文对亚里士多德《政治学》的分析，中道政体和最佳政体，其实都分有了一种共同的"理念"[1]：更好的"秩序"是一种城邦中的更多"幸福"的生活方式，其中，"幸福"依赖于"德性"的参与，而"最为幸福"的秩序，有赖于更多的"诸善"或"善行"的参与，这些"诸善"包括外物的善、身体的善和灵魂的善。当然，相比于外

---

① 参见亚里士多德.政治学 [M].吴寿彭，译.北京：商务印书馆，2009：1323b 1—20处的论述，以及笔者在本章第二节"两种'最佳政体'的辨析"处的相关论述。

物的善和身体的善（财产和健康），灵魂的善又是最为重要的，或者说"德性"或"美德"是最为重要的，其他两种善依赖于"偶然"或"机运"，并且外物的善和身体的善（财产和健康）遵循"中道"的原则，即"适中"的财产与身体强壮乃是最好的，而灵魂的善或德性（根据亚里士多德伦理学，德性本身亦遵循"中道"法则）则需要我们不断努力提升。如是，无论"中道政体"还是"最佳政体"，其实都分有了这种共同的秩序"理念"，只不过"最佳政体"相比于"中道政体"，乃是这种"幸福"的最大化，即"全福全德"的状态，而"中道政体"是现实中绝大多数城邦所能选择的"最佳政体"，哪怕无法达到"全福全德"，亦可称为一种最为"优良"的秩序。

其次，是"秩序"的"政制实践"层面。如我们前文的分析或者根据"政体坐标轴"的示意："中道政体"乃是民主制和寡头制的"中间形式"，或者说是极端民主制和极端寡头制的"中间形式"，亦是贵族制（或温和寡头制）和共和制（或温和民主制）的"中间形式"。这种形式平等地"分有"了寡头制和民主制两种秩序，因此分别克服了极端寡头制和极端民主制各自秩序的缺陷。比如，极端寡头制的缺陷在于"人人自利"和"无节制地追求财富"，而极端民主制的缺陷在于"过分自由"和"欲望对理性的压倒"，而作为"中间形式"的"中道政体"则避免了各自的缺陷，因着"中产阶级"作为执权者，这种"中间"或"中道"的统治，避免了寡头制和民主制的诸多弊端，如亚里士多德所描绘的：

　　很明显，最好的政治团体必须由中产阶级执掌政权；凡邦内中产阶级强大，足以抗衡其他两个部分（富人和穷人）而有余，或至少要比任何其他单独一个部分为强大——那么中产阶级在邦内占有举足轻重的地位，其他两个相对立的部分（阶级）就谁都不能主治政权——这就可能组成优良的政体。所以，公民们都有充分的资产，能够过小康生活，实在是一个城邦的无上幸福。如其不然，有些人家财巨万，另一些人则贫无立锥，结果就会各趋极端，不是成为绝对的平民政体，就是成为单纯的寡头政体；更进一步，由最鲁莽的平民政治或最强项的寡头政治，竟至一变而成为僭政。僭政常常出于两种极端政体，至于中产阶级所执掌而行于中道或近乎中道的政权就很少发生这样的演变。①

　　故而，"中道政体"所提供的实践维度的秩序，我们可以概括为：温和适中、稳定而较少发生蜕变。而"最佳政体"，由于它属于最为完美，人人都在其中享受到最佳幸福并拥有可能的最大美德的政体，其实践维度的秩序我们可以概括为：由最优秀的人轮流自我统治、无弊端——此可为"中道政体"的发展指引——让中产阶级的统治，不断地更加趋于完善。

　　再次，是秩序的"心灵"维度。"心灵"或灵魂的秩序，即"德性"的秩序，从属于伦理学的范畴，尽管伦理学亦属于政治学的研究范畴。此维度，由于我们已经在本书第三章和第四章有了相对完整的讲解，在此，仅做一点总结："中道政体"的美德，亦属于中产阶级的美德，中产阶级美德的特征即是中庸、不偏不倚，如同亚里士多德一再提示的：

　　现在大家既已公认节制和中道常常是最好的品德，那么人生所赋有的善德就完全应当以［毋过毋不及的］中间境界为最佳。处在这种境界的人们最能顺从理性。趋向这一端或那一端——过美、过强、过贵、过富或太丑、太弱、太贱、太穷——的人们都是不愿顺从理性的引导的。第一类人们常常逞强放肆，致犯重罪，第二类则往往懒散无赖，易犯小罪，大多数的祸患就起源于放肆和无赖。②

　　"过"和"不及"之间的"中道"（μεσότητος），或者汉译为"中庸"，其含义其实结合了"中间"（"过"和"不及"的中间位置，此为"适度"之意）与"最善"（或"最佳"）两层含义。"适度的或节制的"即是"最佳的"，此即亚里士多德"中道"原理的全部教导。并且，要获得这种中产阶级的"中道"美德，如我们对《尼各马可伦理学》中的两种德性"理智德性"（διανοητικὴ ἀρετή）和"道德德性"（ἠθικὴ ἀρετή）之间密切关系的揭示那样："道德德性"的"中道"，离不开"理智德性"的帮助，即"理性"（νοῦς）或

---

① 亚里士多德.政治学［M］.吴寿彭，译.北京：商务印书馆，2009：1295b 35-1296a 5.
② 亚里士多德.政治学［M］.吴寿彭，译.北京：商务印书馆，2009：1295b 5-10.

"明智"（φρόνησις，又翻译为"明哲"，亚里士多德政体四类"诸善"之一）的帮助。故而，亚里士多德会不断强调中产阶级是更具有"理性"的阶级，而"不理性"则会导致政体的堕落和蜕变——由此，我们可以看到，"中道政体"的心灵秩序可以描述为：理性或明智指导下的适中的道德德性。

而"最佳政体"的心灵秩序，无疑更进一层，如果说道德德性的适中法则，会常常因为环境或语境的变化，而变得难以辨识、难以行动。那么最佳政体的心灵，乃是那种随时随地可以恰当地辨识和行动的具有完全道德德性和完全理智德性的心灵状态或秩序。从中，我们也可以看到，"中道政体"从秩序的三维度"理念－政制实践－心灵"看，无一不是分有或朝着"最佳政体"不断前进和攀升的。

——以上，我们揭示了亚里士多德或漫步学派的"秩序"三维度的特征，如是我们以《古怪人》为例，反观米南德的喜剧创作。首先从"政制实践"维度而言，如我们在本书第十章中的分析，《古怪人》全篇都具有极强的重建"民主"秩序的意图，无论是从打破经济、家族及阶级的"婚姻"缔结的刻画，还是从克涅蒙一段深刻的"自我反省"中，对寡头制的趋利本性，以及人人自利的社会倾向的批判，还是剧中不断试图促成富人和穷人之间的联合与友爱等，都可以看到这种朝向恢复"民主"秩序的政制实践的努力，或者以"政体坐标轴"来刻画：从偏向寡头制的一极，向着民主制的一极，不断地"纠偏"。同时，其恢复的民主的样式，以《古怪人》的伦理学而言，乃是一种"中道"的伦理学，此即《古怪人》试图恢复的民主秩序，并非一种"极端民主"秩序，而是更偏向于"温和民主"的秩序或"共和"的秩序。

而从"理念"维度，我们不仅看到喜剧大结局中，体现出"穷人富人相互关爱"的"和谐一致"这种伊索克拉底口中的"古老民主"（梭伦的"温和民主"）的典型理念，类似于公元前403年雅典政治的"大和解"，亦看到跨越身份、财富和阶级的"平等主义"（egalitarianism）精神的不断闪现。与民主的另外两种核心价值理念"自由""美德"相互呼应，我们可以说，《古怪人》乃是这样一出，由自由且具有美德的人，通过平等的互爱化解人与人之间的疏离和隔阂，从而走向一种阶级大融合与和谐一致的戏剧。

需要强调的是，根据我们在前文对《古怪人》文本中的一些关键词所指向的理念的分析，如对"命运"的分析，可以看到，《古怪人》从根本上对希腊化早期出现甚至流行的相关理念——伊壁鸠鲁主义、斯多亚主义等，其实是持有批判态度的，不仅因为这些理念——如我们在本书第九章中的分析——将导致对政治的疏离和排斥、对城邦生活的蔑视，从而导致"政治学"的消亡（如亚里士多德所揭示的城邦生活之外的非人化特征），亦因为缺失的政治参与，将导致"美德"或"善行"的消亡。① 而"善行"是人的最高贵的性征和"幸福"的根本。

最后，是心灵或德性维度。从本书第四章的"《古怪人》的戏剧伦理概览表"，我们可以发现米南德对心灵秩序的重建工作的艰难。其中"过"和"不及"的品行占据了整部《古怪人》戏剧性格刻画的绝大多数，而真正的美德，仅仅在两三个主要角色中得以闪耀。

比如，奴隶和穷困潦倒之人所具有的厌恨他人（ἀπέχθεια）、固执、脾气乖张（"自我中心"，αὐθαδεία）、爱抱怨（事情总往坏处想，μεμψιμοιρίας）、疑心重或不信任人（ἀπιστίας）等"恶德"与戈尔吉阿斯式的虔敬（εὐσεβής）、明智（φρόνησίς）、义愤（νέμεσις）、公正（δίκαιο）、勇敢（ἀνδρεία）、友善（φιλία/φιλανθρωπία）、脾气温和（πραότης）、慷慨（ἐλευθεριότης）这样的完美的美德之间，形成了鲜明的心灵秩序的对比。

一方面，我们看到了寡头制下的诸多"恶德"，如厌恨他人（ἀπέχθεια）、脾气乖张（"自我中心"，αὐθαδεία）、爱抱怨（事情总往坏处想，μεμψιμοιρίας）、疑心重或不信任人（ἀπιστίας）；另一方面，也看到了极端民主制的自由滥用下容易产生的狂热或放纵（ἀκολασια）。因此，可以想见，米南德创作的时代，德莫特里乌斯治理下的"寡头制"带来的恶的砝码，已然造成"秩序天平"明显失衡。

为了拯救这一变形的秩序现状，米南德以细腻而通透的人物塑造和情节

① 尽管亚里士多德在"行动"与"沉思"之间，并没有完全地强调"行动"高于"沉思"，或"沉思"高于"行动"。因为亚里士多德认为这涉及"有为"（τὸ ἀρττεῖν）和"无为"（τὸ πραττεῖν）之间的辩证关系：这两者谁高谁低，并无定论，且支持某一方者"各有其所是，也都有些谬误"（《政治学》1325a 22）。并且沉思不等于就是"无为"，它亦构成一种"有为"，"思想本身也是一种活动（行动），在人们专心内修、完全不干预他人时，也是有为的生活实践，所以孤处而自愿与世隔绝的城邦也未必无所作为。"（《政治学》1325b 22—25）

设计，刻画出了包括"政体四善"（勇敢、节制、正义、明智）①在内的既有"中道"的道德美德，又兼具充分"理性"的理智美德的典型人物，如戈尔吉阿斯和"净化"了的索斯特拉托斯。通过这些未来政治可能的新的执权者、美德优异的年轻人，以他们"伦理"的示范作用、喜剧公共舞台上"言传身教"的传播教化作用，试图将其时偏位的"寡头制"，向着更为完善的"温和民主制"（亦是希腊秩序的"道统"和古老的"母制"），向着更为完美的"中道政体"与"最佳政体"不断修正和推进，正如同福库利得斯那首古老的祈祷文所吟诵的：

Πολλὰ μέσοισιν ἄριστα.
Μέσος θέλω ἐν πόλει εἶναι.

无过不及，庸言致祥，
生息斯邦，乐此中行。②

---

① 亚里士多德.政治学［M］.吴寿彭，译.北京：商务印书馆，2009：1324a 40.
② 亚里士多德.政治学［M］.吴寿彭，译.北京：商务印书馆，2009：1295b 33—34.希腊文参见 ARISTOTLE H. Politics［M］. Cambridge：Harvard University Press，1932：330.中译文参见亚里士多德.政治学［M］.吴寿彭，译.北京：商务印书馆，2009：210.

附录一

从"家庭"到"家庭"：米南德喜剧《盾牌》中的婚姻与继承法

　　作为希腊化时期"新喜剧"的缔造者，米南德（Menander）的"早期作品"《盾牌》（*Aspis*）上演了一出亚历山大去世后，雅典对吕基亚（Lykia）发动的一次战役背后的家庭闹剧。剧中，一位雅典贵族青年被误以为在吕基亚战场上战死，而他老迈又奸猾的叔父斯弥克里涅斯（Smikrines）一方面试图乘机利用雅典律法中的某些强制性条款，迎娶贵族青年正值碧玉年华的妹妹，另一方面试图继承贵族青年的家财，以达到财色兼收的目的。而在这场关乎家庭利益与幸福的保卫战中，米南德让剧中角色，依据雅典既有的婚姻与继承法，通过设局，将计就计，引导斯弥克里涅斯因其贪婪而自陷其溺、自食其果，从而既挽救了少女的婚姻，又保全了贵族青年的家财。整个故事在贵族青年"死而复生"的家庭团圆与斯弥克里涅斯遭到一众人的嘲讽声中，拉下了喜剧"圆满"的帷幕。

　　然而，吊诡且发人深省的是，剧中斯弥克里涅斯的上述图谋，并非知法犯法或作奸犯科，恰恰相反，乃是他"遵纪守法"之举。因为在古希腊私法中，有一条本来旨在保护"家庭"或"家族"财产不旁落的独特婚姻与继承法的规定，即家长去世后，如果家中只有一位"独生女性继承人"（epiklēros），这种情况下，她有义务嫁给父亲的近亲——实际多为她的叔伯或堂兄弟（alberto maffi, 2005）。这一规定据说在雅典被严格执行，只要合法的申请人提起了一种被称为 Epidikasia 的诉讼程序，该女性继承人哪怕已婚（有研究认为需要满足"没有子女"的前提），也必须遵照执行。

这一律法的目的，据说是"确保父亲的财产归于家族，以免祖传财产随着她的子女转移到另一个家族中"。我们知道，古希腊城邦制度的诞生，源于"家庭"（oikia）以"家庭"为单位发展起来的"部族"或"家族"。回顾希腊历史，无论是公元前12世纪《荷马史诗》描绘的"英雄时代"，还是公元前8世纪赫西俄德以"劝谕诗"所哀叹的"黑铁世纪"；无论公元前7—前6世纪"抒情诗人"的"僭主"颂歌，抑或雅典民主政治的兴起以及随即而来"帝国民主"的沉浮兴衰……古希腊政制的发展，离不开"家庭"或"家族"所提供的稳固基石，离不开"公共舞台"与"私人家庭"既截然有分，又相辅相成的连带关系。

如同遥望着"帝国民主"余晖的亚里士多德在《政治学》中所发出的城邦根植于"家"的慨叹：城邦不过是"实现了完备而自足生活的家族和村落的共同体"（《政治学》1281a 1）罢了，它呼应着两千多年后汉娜·阿伦特有关"人之境况"的裁断："在家庭中对生命必然性的掌控是追求城邦自由的条件。"（H. Arendt, 1958）正如汉森在对雅典民主之历史细节进行详尽考察后所做的总结："雅典人将政治领域和个人领域划分开来……虽然雅典人还没有形成权利的概念，但他们制定了数不清的规定来保护公民的人身、家庭以及财产安全，这些规定被认为是民主宪法体制的具体表现。"（M. H. Hansen, 1991）

米南德喜剧《盾牌》所呈现的"希腊化早期"的雅典律法，其有关婚姻和财产继承的规定，正根植于这种以"家庭"为核心，旨在维持和保护"家庭"或"家族"及其财产的古老传统语境。以剥夺婚恋自由的幸福为代价，该律法携着浓烈的家长制气息，绵延数个世纪，将"家庭"共同体的利益凌驾于个人幸福之上，如同斯多亚哲学所描绘过的，那施加于微茫个体的不可抗拒的"命运"（τύχη）。

根据雅典私法的相关规定：婚姻必然伴随着经济交易，由于女性的父亲（或父亲去世，由女性的兄弟）必须给予其丈夫一定数量的动产或不动产作为聘礼（proix），因此婚姻将不可避免地关乎财产的转让与分割，关乎家庭财富的变化甚至兴衰，这也正是米南德在另一部剧作《仲裁者》（Epitrepontes）中所呈现的：父亲痛惜自己给了女儿一大笔嫁妆，却被女婿卡里西奥斯随意挥霍、包养竖琴女，因此他试图接走女儿、要回陪嫁的财产，从而引发了闹剧。

《盾牌》中的斯弥克里涅斯亦是出于同样的"理性"筹谋：假如由他迎娶自己年轻的侄女，不仅将获得自己兄弟家庭的全部财物，亦将避免侄女嫁予他人所带来的不必要的动产与不动产的陪嫁和分割。这种分割，在雅典传统社会看来，其实威胁着社会的稳定，如同亚里士多德在谈到因"继承"而导致的"不动产"分割时所强调的那样：土地因继承而被逐步分割，是社会不稳定性的潜在因素，这种不稳定性正是古代立法者试图消除的（《政治学》1267a—b）。因此，"无主婚嫁"，这种古老立法的技艺，尽管透着残忍与暴戾，亦不乏渗透着"理性"。

但是，随着公元前 322 年的战败，马其顿治下的雅典经历了随后长达半个世纪的政体动荡：从安提帕特基于财产限制的寡头民主到雅典自治时期的极端民主，从德莫特里乌斯治下的寡头制到雅典温和寡头派的统治，再到拉夏勒斯的僭政及德莫特里乌斯·波利奥塞特所再造的新寡头制……雅典苦苦寻求着内外秩序的恢复，而米南德的"新喜剧"正是诞生于这样激烈变革的环境当中，成为雅典人追求民主重建，抑或直面境况、反观自省的一面"微观秩序"的多棱镜。

政制的动荡伴随着秩序根基的瓦解：旧有的"家庭"在重组与消亡，与之对应的传统"礼法"亦遭到质疑和挑战。而社会的"大混乱"亦带来了知识与伦理层面的"大混乱"，这一时期诸如犬儒派、伊壁鸠鲁派、早期斯多亚学派、老学园派，纷纷"你方唱罢我登场"，以殊异的心灵、美德与政制实践的范式理论，搀扶着时代灵魂，跌跌撞撞地前行。而与此同时，一种焕新的智识与伦理诉求，以"新喜剧"之名，亦回响于公共舞台……

作为漫步学派的授业者或传人，米南德将亚里士多德及其后学泰奥弗拉斯托斯所构建的"性格"（χαρακτήρ）理论，以精妙的诗学技艺和喜剧笔法，熔铸为一种崭新的"喜剧伦理"，作为其所寄予的时代前行的"动力因"。就是这样，在诸如《古怪人》《萨摩斯女人》《仲裁者》《盾牌》《割发》等保存相对完好的传世作品中，米南德为我们拟构出一幕幕跌宕起伏又结局圆满的家庭与生活的情景剧，让观众在会心捧腹之余，获得切身的伦理"净化"（κάθαρσις）。

更为重要的是，因着对漫步学派知识的化用，米南德也将我们引导向亚里士多德《政治学》中曾描绘过的介于"极端民主"与"极端寡头"之间的一类"中间政体"——"温和民主"。其间，富人与穷人，跨越"家庭"甚至"阶层"的壁垒，以更符合"两性自然"的伦理诉求，以友爱或婚恋的方式，更为紧密地联手，从而推动传统的"封闭家庭"向着"开放家庭"转变，完成其"民主化"的社会转型。此外，"温和民主"尤其主张公民"美德"的重要性，而非"极端民主"式的"自由"。由此，一种更具"中道"气质的由"道德美德"与"明智"所界定的"理智美德"，在米南德的"喜剧"中联起手来，重塑出一种焕新的人之"理性"（νοῦς）。

"喜剧"召唤的"理性"，使得亚里士多德"让公民向善且正义"的政治伦理，渗透进律法的理念及其判准当中，而旧有的"占取"式的"正义"内涵，亦经受着"理性"的纠偏，以达到"中道"的调适效果，即如何在不推翻既有律法的前提下，又能适应时代政制伦理的新发展，如同《盾牌》的结局：在旧有律法的许可下，两对年轻人各自收获了自己渴望的自由婚姻，"家庭"间的壁垒被打破，而"保守"的斯弥克里涅斯沦为众人的笑柄。

然而，从一种"家庭"到另一种"家庭"，以及随之而来的财富分配和社会动荡，依赖漫步学派所揭示的"道德美德"的缝补，以及作为"明智"的"理智美德"的维持，也即米南德"喜剧"所承载的理想，对公民提出了更高却更显邈远的人性期望……亚里士多德《诗学》曾提醒我们："喜剧"和"悲剧"，分属"高低"不同的"灵魂立法"的技艺，而时光飞逝，近世以降的政制与律法，是否仍然矗立于"喜剧"的废墟，抑或"悲剧"之上？

附录二

部族、帝国与反智术师的战争:《苏格拉底的申辩》开篇(17a—24b)中的政治哲学

这是"决定时刻的忠诚",也叫"完全的正义"

——柏拉图:《法篇》Ⅰ.630C

一、引子及《申辩》开篇叙事

《苏格拉底的申辩》(以下简称《申辩》)① 的奇特之处在于:苏格拉底站在一极,雅典公民成为另一极,哲学毫无隐蔽性,被赤裸裸地陈放在世俗法庭上,接受必然的误解和冲突。② 在这样极端的戏剧场景面前,对话中的"苏格拉底"用自己的言行不但表明了对"冲突"的主动接纳,并且由于他早已

---

① 本文所使用的《申辩》版本,英文为 Loeb 译版和库珀编辑版,中文为吴飞注疏版和王太庆翻译版,个别词句对照了 Loeb 版提供的希腊原文。本文出现的其他柏拉图对话主要使用了库珀编辑版和"经典与解释"系列的中译单行本,个别对话使用了王晓朝译本,但皆参照英文以修订。

② 刻画"苏格拉底之死"的最为重要的两个人物:柏拉图和色诺芬,两者近乎默契地使用了同样的题目《苏格拉底的申辩》来重现这场"悲剧"。我们知道在柏拉图所有对话作品里,只有在《申辩》中,柏拉图借苏格拉底"本人"的叙述"亲历"了对话现场(34a)。也就是说柏拉图意欲让我们意识到他在书写"真实"的苏格拉底被审判的过程,也即这是他所"亲见"的苏格拉底,最真实的哲人形象。而这一点有别于《申辩》的另一个书写者,雅典将军色诺芬。后者笔下的辩护场景是由他人转述的,也就是说:柏拉图通过与潜在的对手色诺芬的较量,着意凸显了他所描写的苏格拉底是更真实可靠的。公共法庭,可以看作雅典政治最具代表性的场景,它由"年纪较长的成熟雅典公民"组成(汉森.德摩斯提尼时代的雅典民主[M].何世健,欧阳旭东,译.上海:华东师范大学出版社,2014:481.)。从戏剧情节来讲,这个"舞台"兼有战争的紧张性和悲剧的肃穆感。区别于柏拉图其他

知晓自己处境的危险、自己辩护方式的危险（《申辩》32b、34d、36a、40c），因此我们可以认为在对话前他就已经预设了自己的死亡："死亡"既是对话的终局，也是隐匿的开端。与经历政制沦丧的埃涅阿斯受到生父亡灵有关罗马未来预言的启示一样，苏格拉底也如即将回到冥府的亡灵（《克里同》44b），敞开哲学的外衣，通过哲学"最后的检审"向雅典政治传递了它的某种命运的启示（另比较《泰阿泰德》142d、《斐多》84e）。以下笔者将通过对《申辩》开端部分（《申辩》17a—24b）的解读来尝试还原雅典人其时所面临的政治困境及苏格拉底"最后的意图"。

我们先分析《申辩》开篇的文本。《申辩》开篇部分主要针对第一拨控告者的控诉，这类控告者正如施特劳斯所指出的，苏格拉底是有意将他们请回审判席，并对苏格拉底进行一场"缺席式"的审判。苏格拉底认为必须先厘清这类控告，因为它是更重要的敌人（《申辩》18e）。《申辩》开始，苏格拉底首先阐明了自己某种无知的状态，但是有别于哲学的无知，苏格拉底展现的是对城邦指控的无知，因此也是对城邦"意见"的无知。他表示自己并不理解何以会遭到如此指控，那些人又何以如此指控。因此，他将自己即将呈现的言辞，隔绝于审判的预设之外，或者说城邦之外，成为一个异类。用苏格拉底自己的话说，他是一个异于公共法庭的陌生人（《申辩》18a）。

苏格拉底的话语显出一种少有的不耐烦，他展现的是一种近乎对指控的

（接上页）对话所具有的明显修辞和对话性，《申辩》整个文本，除了被刻意略去的两个审判投票场景，苏格拉底只与控告人之一的莫勒图斯（Meletus）进行过非辩证法的极简式的对话（关于苏格拉底辩证法的简要描述可参考《智术师》230c），因此，这些对话片语并没有按照哲学对话最通常的逻各斯的原则展开，而苏格拉底以近乎自问自答的方式，迅速展开向对手的发问，又迅速终结了自己的发问。因此，它有别于作为戏剧场景的对话（有人认为《申辩》不应该与柏拉图的其他对话相混淆，它或者应独立成篇或者真实性存疑，足见它本身文风的独特性，参见柏拉图.苏格拉底的申辩[M].吴飞，译.北京：华夏出版社，2007: 28-31.）。此外郝岚（Jacob Howland）认为《申辩》与另外的七篇对话处于同一共性之中，它们构成了苏格拉底临终岁月的"八联剧"（octology）（参见郝岚.政治哲学的悖论[M].戚仁，译.北京：华夏出版社，2012.）。或者至少从效果来看，这是一篇同柏拉图《书简》（Epistles）相似的，一场近乎哲人自我的"独白"，一场纯粹的"即席演说"（参见施莱尔马赫.论柏拉图的对话[M].黄瑞成，译.北京：华夏出版社，2011: 150.）。我们知道哲人的研习过程开始于自我意见的否定，终结于对神的虔敬或无知之知。从《申辩》的结构来看，它以"我并不知道"开始，以"除了神知道"结尾，从而完整地对应了哲学自我研习的整个进程。因此，我们大概可以这样审视柏拉图在《申辩》中的创作意图，从外观上，它是柏拉图意欲最真实地展现哲人自我的文本，它试图抛弃对话的场景元素，将哲学最本质（eidos）的面向公开暴露在公共政治面前，从而为我们展现了一种哲学和现实政制，更真实的或许也是最尖锐的关系。

愤怒之情。史诗《伊利亚特》的开端，荷马告诉我们阿喀琉斯对阿伽门农的愤怒是他书写的起点和主题，实际上，愤怒——阿开奥斯的文明对特洛伊犯下违背礼法的野蛮的愤慨，也是贯穿特洛伊战争这场爱欲之战始终的引线。在申辩的开头，苏格拉底带着一种同样近乎"文明"之于"野蛮"的居高临下，朝向雅典公共法庭，他的态度暗设了一种"高低"的精神秩序，而这种秩序本身的顽固性是否决定了苏格拉底采取的"说服"所具有的某种必要的限度？而接下来的情形将验证这一点：因为与其说这是一场修辞精微的辩护，不如说它彰显了一种言辞对抗的反讽性。①

苏格拉底一开始就扩大了这场战争的范围，或者他加剧了它的对立性和自身的重压。他首先将之前仅有的一类指控扩大到两类，将不曾被搬上法庭冲突的另一种更大的冲突主动呈现在公共法庭前。他谈到一种先在的城邦的责难，并认为自己应该首先反驳这类更早的指控。苏格拉底也为申辩界定了范围，他宣称自己的辩护将服从两种权威：神的和律法的。我们将会在后面看到苏格拉底所服从的神到底为何，或者他试图将所有人推向地对"神"的服从到底为何。但是我们至少现在被告知，他将尊重城邦的律法，并不僭越于上，无论申辩的结果如何，用他自己的话说：成败如何，听凭神义（《申辩》19a）。

他摆出了这类指控的事实，即将其描绘为"不正派"，且整天沉浸于"天上和地下事务的钻研"，并将"有理说成没理"。这种扭曲的肖像，正如苏格拉底所指认的，乃是阿里斯托芬的喜剧所代表的一个范围颇广的公众认知，它或许也影响了法庭对苏格拉底的某种"预判"。我们知道在阿里斯托芬的《云》中，城邦传统习俗的代表、老人——斯瑞西阿德斯一怒之下把苏格拉底所在的"思想所"焚之一炬。斯瑞西阿德斯愤怒的直接原因，出于苏格拉底的教育颠倒了父子关系，这个城邦自然伦理秩序的基础。如果我们考虑到雅典诸神信仰，源自对旧有"父子关系"的挑战，以及新的"神谱"中不可撼

---

① "反讽"（irony）的含义之一是一种达至言辞表面逻辑相反效果的言说方式，它或许是被迫的，或许是有意识的，就苏格拉底申辩而言，反讽意味着作为辩护的言辞所朝向的目的是非辩护性的，或者说朝向自我辩护的弃绝。我们可以从苏格拉底自己的话来认识《申辩》的反讽基调：如果我说那是不遵从神的，因为我不能保持沉默，你们不会被我说服，好像我在出言反讽（37e）。另外，对苏格拉底反讽的研究可参看郝岚.哲学审判序曲:《申辩》[M]//郝岚.政治哲学的悖论.戚仁，译.北京：华夏出版社，2012.

动的"父子等级关系"，甚至弑父主题反复出现在希腊肃剧的重要舞台上，那么，我们可以模糊地体认到"父子关系"对于城邦建构和大众伦理的根本意义。①也许正是出于此，苏格拉底摆出这类早先指控时，确认到它的危险性甚于引入新神和败坏年轻人的指控（《申辩》18b），因为后者的影响或许并非立竿见影，但是前者的危险是直接的、当下的，让普通雅典人难以承受。

苏格拉底如是陈述这种指控：它将其描述为一个"智慧的人，关心天上的事的学究，还考察地下万物，把没理说成有理"（《申辩》18c）。而一种更戏剧性的说法是苏格拉底"能够腾云驾雾，口吐无稽狂言，说我从来没听到过也从不知道的奇事"（《申辩》19c），并且苏格拉底还面临一种道德指责：这一切的传授被用于"索取钱财"（《申辩》19e）。我们知道这种指控正是阿里斯托芬等人对苏格拉底的描绘，除了"索取钱财"一项，因为《云》当中我们得知苏格拉底仅收取了一袋面粉，因此我们不能就此认定是阿里斯托芬一手制造了这一谴责。在传统的解读里，我们通常用"自然哲人"或"智术师"来概括苏格拉底所面临的这一项指控，因为自然哲人探究天上地下的万物，而智术师兜售诡辩的技艺，并不关心习俗与道德。在《申辩》中，我们得知苏格拉底极力撇清自己同这种指控的关系，认为自己并不懂得任何这类探究，并且更无从索取钱财。

二、智术师问题简述

为了搞清楚苏格拉底所面临的这类指控，我们将转入前苏格拉底时代的自然哲人及智术师问题。黑格尔曾经认为："历史上哲学的发生，只有当自由的政治制度已经形成了的时候，精神必须与它的自然意欲，与它沉溺于外在材料的情况分离开。"②同样依据后世欧洲宗教改革运动的经验，以言论自由为背景的哲学兴起只能诞生在宗教相对自由，或言论自由相对宽松及律法并不严酷的政治体环境当中。公元前5世纪后，雅典政治进入一个相对有利于

---

① 对雅典父权重要性的论述可以参考郝岚.政治哲学的悖论［M］.咸仁，译.北京：华夏出版社，2012：19.另外，郝岚还提醒我们斐狄庇德斯（Pheidippedes）是潜在的僭主，那么弑父问题就上升到僭主的产生问题，这无疑为我们提出了一个更发人深思的问题。

② 黑格尔.哲学史讲演录：第一卷［M］.北京：商务印书馆，1983：95.

平民参与的格局，其律法较为松弛①，且传统信仰开始崩溃②，社会拥有较宽松的言论自由空间（《高尔吉亚》461e）。这时候一种有利于民主参政言论的精神运动孕育而生，有别于命名此项运动的词语在荷马时代拥有的正面含义，在柏拉图的视野中，它俨然成为"苏格拉底"决然的对立面，成为柏拉图几乎所有对话的明在或潜在的对手，这个词就是"智者"（sophist），又译为"智术师"。

该词字面和原初含义都指"拥有智慧的人"③，后来因苏格拉底和柏拉图的原因④，它渐渐淡去了爱智的好名声，成为"兜售智慧"或"诡辩"的代名词，比如，著名的普罗泰戈拉虽然智慧誉满希腊，但如果不付一定的费用，一般人根本无法瞻仰（《普罗泰戈拉》310d—e，另比较《美诺》91e）。智者后来直接发展为一种城邦职业，比如，普罗泰戈拉最出色的学生安提姆鲁（Antimoerus of Mende）。而哲人的谈话对象则是根据对方的资质，而非根据所付的财富，这样选择的原因在于：适合的对象更有助于使对话通达真理（《高

---

① 参考托伪色诺芬的作品《雅典政制》第一卷6—9：人民所要的并不是他们被城邦严明的法律所奴役，而是自由与统治权，而且他们并不过于担心松弛的法律。因为你认为法律不严明，但人民正是由此获得力量和自由。如果你寻求严明的法律，你首先就会看到那些最有能力之人为了他们自己的利益而制定法律。然后那些有价值之人就会惩罚穷人，就会按照自己的意愿管理城邦，不允许发疯之人担任议事会成员或在公民大会上发言，甚至不允许他们参加公民大会。无论这会带来多大好处，人民都会陷入奴役。转引自黄洋.古代希腊政治与社会初探［M］.北京：北京大学出版社，2014：139.这一段话既可以反映当时民主政治的现状和诉求，也可以理解为松弛的法律和民主政治的互相依赖的关系。

② 我们从公元前423年上演的阿里斯托芬的《云》中的人物——斯瑞西阿德斯和儿子斐狄庞德斯的谈话得知，当儿子凭宙斯起誓的时候，父亲责怪儿子这么小的年龄就信仰宙斯是思想腐朽的表现（813—824），可以看到其时的传统信仰已经开始走向功利化的边缘了，包括老人在内的雅典公民大概此时已不太迷信传统的诸神，而我们知道在《云》的结尾，斯瑞西阿德斯终于认识到传统信仰（宙斯）的重要性（1470），这也正是阿里斯托芬喜剧教育的目的所在：反对自然哲学对传统信仰的挑战（1506）；维护古老的衡平式民主的虔敬习俗（克里斯蒂尼和梭伦民主改革后的建立在农业基础上的雅典民主政治的衡平是阿里斯托芬视野的原点，比较《阿卡奈人》对工商业主战派的批驳，《财神》中对雅典其时贫富差距的暗示及《鸟》中对雅典市民社会堕落的隐喻，《蛙》中用埃斯库罗斯的传统美德对抗民主败坏风气的欧里庇得斯，而《云》的起点也是"农人"的堕落）。

③ 《普罗泰戈拉》312d，比较《申辩》20e，另参考布鲁斯·麦科米斯基.高尔吉亚与新智术师修辞［M］.长春：吉林出版集团股份有限责任公司，2014：4.

④ 黑格尔.哲学史讲演录：第一卷［M］.北京：商务印书馆，1983：7.另外需要在此强调的是柏拉图对话转述的智术师理论与智术师本身的文献是不同的，有的学者认为柏拉图蓄意在对话里详细阐述智术师的理论，让后世以之为理解的切入点，而混乱了智术师的原初面貌。参见约翰·波拉克斯.古典希腊的智术师修辞［M］.长春：吉林出版集团股份有限责任公司，2014：92-93（注释4）.

尔吉亚》487—488），以及达到教育年轻人的目的。柏拉图和亚里士多德就在这种贬抑的用法上将智者看作"批发或者零售灵魂粮食的商人"①或"拥有表面智慧而无实质智慧的人"。尽管从荷马到希罗多德时代，所有聪明贤达的人物往往都被冠以智者的美誉，如雅典七贤，含义即是雅典的七位智者。甚至在柏拉图对话中，普罗泰戈拉也径直将古代最伟大的诗人、预言家、音乐家和竞技家看作智者的源头，只是他们用诗歌和宗教预言等外在的表象伪装了自己的智者面目罢了。而诗人品达在《伊斯米亚颂》中就将诗人径直称为"智者"。②

　　我们首先简单认识一下智者或智术师的兴起。从后世流传的有关普罗泰戈拉、高尔吉亚（Gorgias）、克里底亚、安提丰等智术师运动的核心成员来看，尽管他们分属于不同职业，在思想类别上也存在差异，但是他们共同指向了对前苏格拉底哲人中仅仅对自然和宇宙进行探究的那类哲人，后人泛泛地将这类哲人称作"自然哲人"。③也就是说智术师运动的哲学层面可以看作对前苏格拉底自然哲人的一种矫正。

---

①《普罗泰戈拉》313c，另在柏拉图另一篇对话《智术师》中，柏拉图一共提及的6位智术师，有一半的活动与牟利相关。

② 参考陈中梅.诗人、诗、诗论［M］//亚里士多德.诗学.陈中梅，译.北京：商务印书馆，1996：278.

③ 在吴飞先生的《申辩》译本中，在该书义疏部分，译者将阿里斯托芬《云》中的苏格拉底看作纯粹的智术师。其问题在于没有对前苏格拉底的两类哲人——自然哲人和智术师的区别进行更细致的梳理。实际上《云》中苏格拉底主要是自然哲人的面相（221—234），正如在《斐多》中他谈到自己后来对阿拉戈萨哥拉自然哲学的失望一样，但是他也掌握了一种诡辩的逻辑学，因为城邦其时需要这种思想技艺。我们应当注意智术师的逻辑是通过"相对主义"来破坏习俗的，而非《云》中所展现的一种欲望的逻辑和概念偷换的诡辩来压倒正义的逻辑与日常思维（从《高尔吉亚》篇中我们得知智术师的传授并非从"欲望"出发，而是以"本性"为基础，前者滑入一种灵魂的虚弱，而后者依然是灵魂的某种强大；此外，概念偷换恰恰是卡利克勒对苏格拉底的批评，见《高尔吉亚》483b）。当苏格拉底在云神的认同下教授了这种逻辑学（268—290），他警告了被传授者相关后果的严重性，这表明他并不以"不管后果的兜售"为主要目的（比较《王制》Ⅵ.493，尽管《云》93中，斯瑞西阿德斯认为"思想所"是认钱的，但是可以理解——自然哲人和智术师一样需要生存，兜售城邦需要的技艺并不等于苏格拉底自身就试图通过兜售来"赚钱"、来发财致富），参考《云》中对苏格拉底思想所清贫的描述（174、839，另对比代表正义的"逻辑甲"的劝说词989），而且苏格拉底自身的表现并非如此，如果我们不考虑戏剧真实性及喜剧故意制造的夸张效果，可以做这样融贯的解读：早年苏格拉底曾从事自然哲学研究，但与智术师团体及后来的雅典学园一样，他也需要通过"思想交换"从城邦获得生活必需品，但不同于智术师的是，他仅仅是出于生存最低的需求而做的，他的主要生活方式仍然是自然哲人式的独立于城邦之外，陷入个人探究的沉思中。另比较拉尔修.名哲言行录［M］.徐开来，溥林，译.桂林：广西师范大学出版社，2010：2.19所记载的苏格拉底早年的教育背景。

自然哲人主要从力或自然元素的角度来解释世间存在，比如，苏格拉底在《云》中用动力来解释云神的运动，以替代神话中的宙斯推动说(《云》381)。在前苏格拉底时代，甚至苏格拉底早年，哲学本身就意味着自然哲学，从事哲学就意味着与城邦关系的脱离，成为亚里士多德笔下的"非神即兽"，不谙世事，正如同《高尔吉亚》中所批判的："如果一个人天赋极高而又终生追求哲学，那么他一定会丝毫不熟悉做一名绅士和杰出人物要有哪些修养。这种人对他们城邦的法律一无所知，也不知道在公共场合和私下里该用什么样的语言与他人交往，更不明白人生享乐和风情。总之一句话，他们完全缺乏人生经验。"(《高尔吉亚》484d-e)苏格拉底或智术师对自然哲人的批判，一方面是认为他们不了解城邦事务，不了解通过城邦事务来追求自由、崇高和辉煌(《高尔吉亚》485e)，另一方面也在于自然哲人无法捍卫自己在城邦中的安全，他们显得举止可笑，并容易受到他人的嘲弄、陷诉和迫害(《高尔吉亚》486b—c，另对比《泰阿泰德》173e—175)，这也是苏格拉底自身所遭遇的困境所在。回到《云》的描绘中，如果我们把城邦比作"地面"，把自然比作"天空"，那么苏格拉底在《云》中的言辞可以对自然哲人做一个生动的注解：如果我不把我的心思悬在空中，不把我的轻巧思想混进这同样轻巧的空气里，我便不能正确地窥探这天空的物体，如果我站在地下寻找天上的神奇，便寻不着什么，因为土地会用力吸去我们思想的精液，就像水芹菜吸水一样。[①]

　　而对智术师的辨识而言，在对自然哲人的矫正上他们拥有一种共同性，但是正如罗梅耶－德贝尔(Romeyer-Dherbey)指出的，他们并不能从哲学上加以整齐划归，他们的统一性纯粹是外在的："以某种社会地位为线索，所有的智术师都自称教育者和博学者，对客户收取报酬并提供服务。"[②]或者我们可以这样理解，正是在柏拉图这个心怀"目的"的哲人那里，通过对智术师的批判，才使其获得了一种统一性，因此这个运动的可命名性与其说是"哲学史"的，不如说是"政治哲学"的。正如罗梅耶－德尔贝指出的，柏拉图对

---

　　① 罗念生全集第四卷：阿里斯托芬喜剧六种[M].罗念生，译.上海：上海人民出版社，2007：168.

　　② 罗梅耶－德贝尔.论智者[M].李成季，译.北京：人民出版社，2013：133.

智术师的攻击乃在于这样一个根深蒂固的偏见：对民主政治的厌恶。[1]

智术师运动按照传统哲学史的理解是一个大概产生于伯里克利时期，即公元前 5 世纪中叶并终止于公元前 4 世纪初的短暂的哲学流派。[2]其实它的产生时间是按照"创始人"普罗泰戈拉和高尔吉亚的生平活动时间来界定的。对智术师而言，他们的广泛兴起一方面是参与民主政治的需要，另一方面他们的辩论术对传统逻辑及律法权威的冲击无疑是明显的，伯里克利曾经宣扬"在希腊人中，没有什么人会认为论述与法律完全平等"[3]，但是在伯罗奔尼撒战争后，雅典民主制的风习大坏，修辞术开始动摇并占据政治演说的舞台，而在公共层面，主导民风的诗人，诸如这个时候声誉显赫的欧里庇得斯，但正如阿里斯托芬的《蛙》所抨击的，他沾染了太多的民主时代的技巧和雕琢（《蛙》770—781、894）。

而除开哲学层面的对抗，柏拉图对话对智术师的批判主要是从三方面展开的，第一是他们只注重修辞学及其运用（演说、论辩），并将修辞看作是最高等级的技艺（如《高尔吉亚》451e、《普罗泰戈拉》312e、《王制》493a）[4]，第二他们兜售该技艺（如《智术师》223b、231e，《普罗泰戈拉》314），第三他们的修辞学实际是推崇强者和求诸个体之自然（nature）的修辞学，容易导向身体和欲望，破坏道德习俗，并非为了美德、正义和"好"的目的（如《高尔吉亚》492、《美诺》96b—c、《斐德若》260d）。

本文不拟详细辨析柏拉图对话中有关智术师问题的哲学批判，而限于更多地讨论苏格拉底和智术师的"师承"与"背离"的关系问题，或者说苏格拉底在"智术师意义上"的政治哲学"转向"问题。之前所述，智术师派将

① 罗梅耶 - 德贝尔 . 论智者［M］. 李成季，译 . 北京：人民出版社，2013：155-168.
② 叶秀山 . 前苏格拉底哲学研究［M］. 北京：人民出版社，1982：305.
③ 修昔底德 . 伯罗奔尼撒战争史：卷二［M］. 谢德风，译 . 北京：商务印书馆，2018：42.2.
④ 在批判修辞的同时，我们也应记住"苏格拉底"在《斐德若》中的教诲，"修辞"本身应当专注于对人的灵魂本性的研究（270b），它具有重要性，但却被智术师给败坏了，成为一种技艺或连技艺都算不上的"玩意儿"（260e）。在这个意义上有别于智术师将修辞术定义为"说服的艺术"，亚里士多德在后来的《修辞学》中将"修辞"重新界定为"伦理学的分支"（1356b），旨在探究"说服的方式"，即分析演说者的情感、美德及其产生的原因，使之成为一种对人的哲学探究，而非仅仅为了"说服"本身。在这个意义上我们可以将《修辞学》看作对柏拉图《斐德若》所提倡的作为"灵魂学"的修辞学的衍生和扩展。

哲学的注意力从前苏格拉底自然哲人视野中的"自然"转移到了"人类"或"城邦"，在某种意义上这拓展了哲学的研究领域，但同时也限定了哲学的研究方向。我们一般只知道苏格拉底批判智术师，但是我们往往忽略了苏格拉底本身就是智术师运动的产物。苏格拉底从小接受的是智术师的训练①，他除了曾间接受教于自然哲人阿拉戈萨哥拉外（《斐多》98a），另外两位老师高尔吉亚（Gorgias）和普罗狄科（Prodicos）（参见《克拉底鲁》11a，《美诺》96e）都是智术师的代表。但是苏格拉底本人却不仅如《斐多》所宣称的反对自然哲人的探究，甚至也坚决地站在了智术师的反面，他认为自己的老师没有对自己进行恰当的训练。苏格拉底究竟如何展现这种对立性的呢？我想可以从两方面来认识。

　　首先是苏格拉底和智术师在哲学上的分野。从《巴门尼德》的教诲中，我们得知苏格拉底的哲学是朝向"一"的运动，尽管这个运动最终无法闭合，而是向神敞开。但它本质上是向上合拢的，这一点与智术师哲学有本质的区别，智术师强调不同的人有不同的哲学，他们的区分可以从对理性（nous）的不同定义中看出来：在智术师所继承的如阿拉戈萨哥拉对理性的认识，它

---

　　①　跟随苏格拉底对自己曾经师从的智术师的列举，他的两位被归为智术师派代表的老师高尔吉亚、普罗狄科的哲学无疑也可以推论苏格拉底曾受到的早期训练。根据后人对两位智术师所遗留的残篇的相关论述，我们得知普罗狄科的哲学有强烈的自然哲学意味，他甚至将诸神和自然的元素并列。另外他将智术师的活动界定为哲学和政治之间，因此他具有强烈的政治教化色彩，在政治倾向上属于典型的民主派。而反观苏格拉底，他是典型的反民主派，而他也坚决否认自己早年从事的自然哲学研究，从这个意义上苏格拉底彻底地反思了普罗狄科的哲学走向，并选择了背离。高尔吉亚则是一个泛希腊主义者，他游走于希腊各邦，用非本体论和非形而上学的哲学来传授政治的演说技艺，与苏格拉底一样，他并不相信言辞即逻各斯对话层面的和解性，但是他选择了一个二分的解决办法，即强制选择并肯定矛盾的某一方，如同他在《海伦颂》中一反传统地将海伦刻画得纯洁无瑕（约翰·波拉克斯.古典希腊的智术师修辞［M］.胥瑾，译.长春：吉林出版集团股份有限责任公司，2014：17.）。因此，我们也可以说高尔吉亚是用苏格拉底式的哲学内核得出了智术师的结论，他与苏格拉底的差别在于，在矛盾的永不和解中他滑向非知识的技艺，但苏格拉底选择将矛盾的和解带到更高处的神义，因此，苏格拉底向上，高尔吉亚向下。但是，尽管存在师徒分歧，我们依然能够看到苏格拉底对两者的继承关系，除了上面提到的对逻各斯对话本性的共同认识外，还比如，对高尔吉亚有关"幻象之诗"的继承（在柏拉图对话中，苏格拉底就大量采用神话、幻象、梦境来阐述和弥合哲学无法解决的问题），以及他们所分享的有关"美德"之相对主义的理念（比较柏拉图《美诺》的对话和亚里士多德在《政治学》第一卷中对高尔吉亚美德理论的评述），乃至于对"乐教"重要性的强调。而对普罗狄科而言，苏格拉底无疑也受到他在《赫拉克里斯的抉择》中对美德女神，取得美德之艰难和毅力的强调的影响，另外苏格拉底对现实政治的关心是否也受到普罗狄科实践性很强的哲学观的影响，也是值得探究的（本注释中有关高尔吉亚和普罗狄科哲学的特点参考了罗梅耶-德贝尔《论智术师》的对应章节）。

是作为人所追求的目的之善且是针对每个人自身而言的，也就是说它是个体化而非普遍化的概念。但是柏拉图和亚里士多德则将其扩展开来，使其成为所有人和事物的内在共通的本质属性。也就是说柏拉图笔下的苏格拉底所探讨的理性成为一种普遍追求的善，在这个意义上对理性的强调，在现实层面也就意味着对作为整体的城邦提出了更高的德性要求。① 柏拉图的对话一再表明苏格拉底的哲学目标在于实现美德、知识和遵守城邦法律和习俗意义上的正义。而这一切都依靠一种明了智慧之限度的智慧，也就是《泰阿泰德》和《申辩》等篇所阐发的所谓的"无知之知"。但是智术师则不然，他们的哲学在于揭示知识的相对性，揭露事物变化的本质（《泰阿泰德》152e），在于让人们回到并肩负起自身的利益和价值，并在城邦公共生活和政治演说中获得一种功能性的技艺，他们反对或根本无法教授美德这类在苏格拉底看来"必须"，但对智术师而言却是"仁者见仁、智者见智"的事情（《美诺》95c）。

其次从政治观念而言，在思想史中存在一种普遍的看法，即苏格拉底被广泛地看作是雅典贵族政治的代表，而智术师运动被看作是伯里克利以来的雅典民主政治深化的产物。我们先简要复述一下这种评论，对于雅典实际政治现状的讨论将在后文详述。约翰·波拉克斯（John Poulakos）就认为智术师是贵族政治逐渐屈从于公民民主的产物，因为"神化特权已丧失，取而代之的是民主的公开辩论；神谕特权在民主法律面前渐渐远去；诗歌将其光环让给了民主的散文体话语"②，而"智术师卷入这场普遍变革之中，既不是被动的旁观者，也不是主动的抵制者，而是高能的催化剂——加速变革的进程，扩大改革的范围。他们为那些付得起学费的人提供修辞指导，在不减少特权贵族人数的同时，增加学问的受益人数"③。布鲁斯·麦科米斯基（Bruce Mccomiskey）则指出正是苏格拉底的两位学生克里蒂亚和阿尔喀比亚德分别领导了两次寡头暴力革命，两次推翻雅典的民主政治，因此也为苏格拉底

---

① 智术师和柏拉图对理性（nous）的不同理解可以参考黑格尔.哲学史讲演录：第一卷［M］.北京：商务印书馆，1983：3.

② 约翰·波拉克斯.古典希腊的智术师修辞［M］.胥瑾，译.长春：吉林出版集团股份有限责任公司，2014：15.

③ 约翰·波拉克斯.古典希腊的智术师修辞［M］.胥瑾，译.长春：吉林出版集团股份有限责任公司，2014：16.

的审判埋下了伏笔（另参见色诺芬《回忆录》1.2.31）。[①]换言之，苏格拉底的政治定位与民主运动的举旗人智术师是截然不同的，智术师运动是雅典民主政治深化的产物，形式上它符合现代民主对个人主义、相对主义和政治对话与妥协特征的界定，这与苏格拉底及柏拉图的美德政治相冲突，因此也导致了他们对不同政体理解和支持的抵牾，这一点在《王制》著名的政体流转论中尤其明显，民主制在柏拉图笔下的含义即等价于"败坏之制"。

但是仅仅从民主和贵族政治的分野，并且将智术师和苏格拉底分别安放在这两种政体对抗的天平上称量，是无法如苏格拉底本人一样理解苏格拉底时代的。为此，笔者将进入制度史的层面，试图进一步"还原"苏格拉底审判时的雅典政治背景，从中也许我们能体会到，苏格拉底在面对第一拨控告者的缺席审判时，言辞急切背后更深层次的危机意识。

三、从部族民主到帝国民主

古典时代的雅典政治被广义地归结为民主的兴起和衰落[②]，而哲学的兴起被看作一个从黑暗时代到理性共同体衍化的过程。[③]这种古典政治进化论式的理解，假定了哲学对希腊城邦的正面作用，并将民主的程度看作一种社会进步的参量。如果我们暂时忽略对这些基础预设的质疑，这种理解还抹去了一个更重要的社会层面的问题：民主本身所赖以存在的基础是什么？或者换个提法：谁供养了民主？

---

① 布鲁斯·麦科米斯基.高尔吉亚与新智术师修辞［M］.张如贵，译.长春：吉林出版集团股份有限责任公司，2014：6.

② 公元前399年的苏格拉底之死事件可以看作希腊史学断代的古典时代（公元前500—前338）从顶峰走向衰落的节点，柏拉图处在这个衰落的下降期，而苏格拉底本人则经历了希波战争后雅典及希腊提洛同盟的崛起，以及后世津津乐道的所谓伯里克利"民主时代"的鼎盛和伯罗奔尼撒战争后雅典的衰落。历史学对这个阶段的断代以雅典为视角来看，标明了雅典帝国的兴起（克里斯蒂尼改革）和终结（马其顿对希腊诸邦的统治地位）的整个过程，尽管公元前405年同斯巴达战争战败后，雅典基本已无可避免地呈现出毫无复兴希望的颓势，但除开波斯、迦太基、马其顿这些外部国家关系的影响，希腊问题也依旧是雅典和斯巴达两个联盟的对抗问题，因此也仍然是围绕着雅典的兴衰来展开的问题，并且至少在文化层面雅典依旧保持着对没有"历史书写"的希腊世界的"蛮族"斯巴达的绝对统治地位，因此，我们大可以将这个时期整体看作"雅典帝国"而非"希腊帝国"意义上的统治时期。

③ 默里.早期希腊［M］.晏绍祥，译.上海：上海人民出版社，2008：56.

我们知道，直到公元前5世纪中后期，希腊才实行了对参与民主参政的公民每天发放两个奥波尔（Obol）少量津贴的政策，据后人估算仅足够一个家庭一日之用，可见是一种象征性的给予。①因此，很多人认为希腊民主依附于数量庞大的奴隶的存在和帝国的朝贡体系。似乎希腊人由此享有苏格拉底式的闲暇，享受会饮、公共集会及哲学的熏陶。但后世对古希腊的研究表明，希腊人大都贫穷②，并且有八成左右的人口都被束缚于土地农作之上。在这个意义上，希腊人不仅不是一个充满闲暇的民族③，甚至多数人都为农业生计所困。④在希腊民主制度中，代表民主参与主体的demos通常被翻译为"人民"，但是根据芬利的揭示，demos和拉丁语中的populus具有同样的双重含义：作为整体的公民和财产意义上的"贫民"。⑤这种含义在柏拉图的《高尔吉亚》中有所揭示，在那里人民意味着普通民众、多数人、穷人。亚里士多德在《政治学》第三卷（1279b6—40）谈到几种政体的古典意义的区分："僭主政治是为着统治者利益的个人统治，寡头政治是为着富人利益的统治，民主政治是为着穷人利益的统治。"而民主政治和寡头政治的区分并不是人数上的多少（尽管穷人天然地比富人多），但是它们本质的区别仍然是"贫穷和富有"。

雅典贫富的问题牵连的是一个有关民主政体运转的机制问题：雅典民主

① 普鲁塔克认为是伯里克利首创此津贴制度（《名人传》XIII.9.1），但亚里士多德认为是其后的克利俄丰创立的（《雅典政制》XXVIII.3-4），并且这种津贴最早的用途是用于支付剧场中的座位费用。

② 对雅典城邦资源匮乏和人民贫困的描述，可参考 ROBERTS J W. The City of Socrates［M］. London：Routledge，1984：9-10.

③ 伯里克利时代，为了吸引大家观看竞技和戏剧，伯里克利规定给予观看者津贴补偿，这与我们的消费时代是多么大的不同，由此也可以窥见雅典公民生计的忙碌。另外阿里斯托芬的喜剧《阿卡奈人》中所描绘的公民被红漆皮鞭驱赶着前往公民大会的情景也同样能反映出雅典平民在生计和公共生活之间的两难处境。

④ 弗格森指出："最大的谎言是，在其伟大的时代，雅典人怎么说都是有闲暇的人，其主要特点是他们活跃的智力与体力活动。实际上，他们中少数拥有奴隶以及大规模财产的人，需要进行投资和管理自己的投资，他们中的多数农民需要亲手耕种土地；许多公民，可能至少是其中的三分之一，需要通过出卖劳动力谋生。"参见弗格森.希腊帝国主义［M］.晏绍祥，译.上海：上海三联书店，2005：33.

⑤ 芬利.古代世界的政治［M］.晏绍祥，黄泽，译.北京：商务印书馆，2013：3.

的农业社会性质，笔者将其称作"部族民主"。[①]正是由于城邦资源本身的匮乏和生存严重地依赖土地，希腊世界才频发战争，以掠夺人口和土地为主要目标。而这种简单粗暴的土地征服大概在公元前 6 世纪才有所改变[②]，逐渐向联盟式的帝国之路迈进。雅典民主的这种农业社会的特性，我们可以通过追溯雅典民主和土地改革的相互关系来加以认识。

亚里士多德曾将土地所有权定义为包含一般平民在内的土地的可转让权[③]，而希腊的社会历史早期，私人其实并不能随意转让土地。据国内学者

---

①　对古典时期的雅典农业社会特性的一个质疑，即是雅典海洋帝国的外观。似乎海洋贸易才是雅典赖以为生的重要支柱，比如，伯罗奔尼撒战争之前，雅典的粮食很大一部分就是从乌克兰经过赫勒斯滂海峡与爱琴海运来的。但是雅典依赖对外贸易并不等于贸易就是雅典的收入来源，另外从弗格森的《希腊帝国主义》中我们得知，由于地域原因，希腊城邦的另一个面向即是海上交通，但是和伊丽莎白时代的远洋贸易相反，希腊的海上探险们的活动更多的是寻找新定居点和新的可开垦的土地，而那个时代"一个商人或海员的野心，通常是通过购买一个农场、大农场或者果园作为其事业成功的最高标志"（参见弗格森.希腊帝国主义［M］.晏绍祥，译.上海：上海三联书店，2005：6.），因此海洋帝国的本性仍然是农业社会的。另外需要指出的是，海洋帝国的建立也是服务于雅典帝国的建立，比如，伯里克利时期，雅典所控制的帝国区域其时有近两百万人口，这些邦国位于一系列岛屿、半岛上，或海湾内，仅靠陆地军队是根本无法做到的。除此之外，根据一本色诺芬的托名作品《雅典城邦》中有关异邦人对雅典商业的描述（State of the Athenians Ⅱ.10），我们也承认如下这一点，即在雅典帝国最强盛的时期，通过控制和分配帝国内部的各种稀缺资源，雅典也获得了商业利益的不少好处（参见弗格森.希腊帝国主义［M］.晏绍祥，译.上海：上海三联书店，2005：33.）。

②　据唐纳德·卡根（Donald Kagan）在《伯罗奔尼撒战争的爆发》中的记载，伯罗奔尼撒战争的一方斯巴达联盟，最早就是采用简单地吞并伯罗奔尼撒半岛南部和西部弱小邻邦的土地，并将原住民变成类似于农奴的城邦边缘人的方式来进行土地扩张。而在公元前 6 世纪（但有学者认为是在公元前 5 世纪左右）在对付北方强敌泰耶阿（Tegea）的时候，斯巴达采取了有别于之前的兼并策略，而是同其签订了一个服从性的盟约，自此以后斯巴达改变了扩张策略，并逐渐确立了自己的盟主地位，合约内容后人不得而知，从色诺芬《希腊史》（2.2.20）中我们读到这样的话：其所有盟邦均承诺"拥有共同的朋友和敌人，无论在陆地还是海上，都将永远追随拉希底梦人"。这个相对松散的盟邦一方面建立在斯巴达的战争威胁下，另一方面斯巴达的军事实力也能帮助他们抵御强敌，比如，当时伯罗奔尼撒半岛的阿尔戈斯（Argus）；另外，或许同雅典三十人僭政时期所培育的亲斯巴达政权类似，斯巴达也通过战胜国向这些城邦培育自己的嫡系政权和进行制度移植，而斯巴达的寡头制度与希腊世界传统的部落合议的自由制度存在抵牾，因此这些城邦的新僭主出于自身统治的需要也会受制于斯巴达所提出的要求。

③　与马克思传统理论——私有权的确立即标志着现代资本主义民主的诞生相似，亚里士多德的定义也可以看作对雅典民主制发展顶峰的描绘，不过民主的顶峰也是雅典帝国没落的标志，亚氏的定义实际可以看作雅典帝国没落时期的哲人改革理想：土地私有化的顶峰也是军事民主化的顶峰，原因在于传统贵族土地占有秩序的进一步瓦解，贵族军事体制的衰微，土地制度民主化将以提升雅典普通民众的军事抵御能力为目的。另比较中国秦朝军事民主复兴中的商鞅变法，基于同样的军事目的，这也是中国封建土地制度的一次较彻底的私有化革命，即从传统井田制到阡陌制度的改变，而它重要的一步就是定义了土地的私人可转让性。参见杨宽.战国史［M］.上海：上海人民出版社，1998：205.

的研究认为直到公元前 7 世纪，雅典的土地实际掌握在传统氏族手中，私人并不能拥有土地。① 就算其可以继承，也只是在氏族认可的范围内，土地由氏族成员耕种并均享收获，据说这也是希腊最古朴的民主观念的来源。但是丹麦古典学家汉森（M. H. Hansen）认为直到公元前 630 年左右，希腊更多的土地拥有状况是存在两极分化：拥有大量土地的贵族和被称作"六一汉"的大量的佃农与小自耕农。由于人口增加，或借贷造成的负债，"六一汉"被大量卖身为奴，在这个时候，为了争取废除债务的奴隶和加诸"六一汉"的义务，社会激增的矛盾引发了从基伦（Kylon）到梭伦及后来佩西斯特拉托斯（Peisistratos）等的一系列改革和计划，从而为民主制的建立打下了基础。② 从基伦首次谋求担任雅典僭主开始，到德拉古严酷的成文法的首次创立，再到梭伦首次废除债务奴隶的义务，允许"六一汉"拥有土地，传统氏族的土地本位制仅仅缓慢得到了松动，并未得到本质改变。比如，后人谈到梭伦改革时，认为其最重要的步骤在于创立了四百人议事会，与苏格拉底时代的五百人议事会的民主制设定有某种亲缘关系。但必须指出的是，梭伦从来不是一个后人眼中的民主派领袖，而是彻底的传统土地贵族的代表，因为四百人议事会乃是依据财富而非传统氏族出身来加以选定的。因此，梭伦改革保留了传统土地氏族的基本权力结构，仅在此之外适当提升了自耕农和佃农的身份与土地所有权。如此保守的改革却最终触怒了传统氏族权力，导致梭伦自我流放十年。

随着雅典贵族之间的分化和斗争，诸如佩西斯特拉托斯这样的僭主作为穷人的代言人并借助后者的暴力支持登上雅典的政治舞台，试图通过偏向穷人的土地制度改革动摇传统的氏族权力，以确立自己新的统治地位。历史上，暴力和冲突从来只是催化剂，权力才是政治事件发动的内核。包括克里斯蒂尼在内的希腊民主的"国父"，如果没有对权力的爱欲追求，民主本身并不能作为一个道德理想，仅仅通过其感召力得到自我实现。在通过与伊萨哥拉斯（Isagoras）的贵族派斗争的过程中，为了争取支持者，克里斯蒂尼

---

① 黄洋.古代希腊土地制度研究［M］.上海：复旦大学出版社，1999：117.

② 汉森.德摩斯提尼时代的雅典民主［M］.何世健，欧阳旭东，译.上海：华东师范大学出版社，2014：37-38.

建立了一个未来理想制度的雏形：民主制。其制度概况我们大都耳熟能详，在此，笔者想要再次强调的是其改革最重要的部分：对传统氏族土地的重新划定。据说古代雅典分为 4 个部落，每个部落有 3 个"三一区"和 12 个"造船区"。而克里斯蒂尼的改革，将阿提咯重新划分为 10 个部落，30 个"三一区"和 139 个村社，自此彻底分裂了传统的氏族权力，并重建了各个部落的新的崇拜组织。尽管这些崇拜后来并未得到广泛接受，但他对土地权力的重新划定，为民主稳固所建立的防御性制度，比如，发明了让民主制挑战者不寒而栗的陶片放逐法①，最终，赋予了雅典民主制度所赖以继续的某种必要的"权力均势"格局。②

之后的年代，从克里斯蒂尼到伯里克利，雅典开始逐渐成为海上帝国，而雅典的制度也从之前作为民主兴起必要条件的僭主色彩过渡到更成熟的民主法制。该时期的前半部分，从米提亚德（Miltiades）到地米斯托克里（Themistokles），是作为重装步兵的土地中产者向更底层化的双牛级和日佣级

---

① 对陶片放逐法的批评，包括以下一些实例，比如，公元前 406 年，公民大会对阿吉纽西海战凯旋的六将军的处死及对"公正者"阿里斯蒂德（Aristides）的放逐。该放逐法首创于克里斯蒂尼，其直接原因在于提防类似庇希特拉图僭政的事件再次发生。显然这是出于个人权力的维护所采取的一项措施，但是从这项措施执行的方式可以看出其制度文化的保守性的面向：该投票是基于部落投票，投票时十个部族通过各自的入口进入封闭的公民大会堂，如果总的票数少于 6000，则不执行放逐，如果多于 6000，最多得票者被流放十年。考虑到公元前 4 世纪，雅典军事动员在最紧急时期只能动员 5000 重甲兵的数量，而公元前 5 世纪初所有陆海军尚有接近 30000 的人数，此后因战争的频繁迅速减少，因此 6000 人的规定至少对公元前 4 世纪后期的雅典城邦而言，基本已失去了存在的价值，而其实际使用的跨度也只有 71 年（参见汉森.德摩斯提尼时代的雅典民主［M］.何世健，欧阳旭东，译.上海：华东师范大学出版社，2014:6.）。而之前的时期，这样的召集也具有相当的困难性，除非绝大多数部族都认为某人对其构成了威胁，否则这种大规模动员是难以发生的。并且放逐法实际上也只执行了不到一百年，从公元前 507 年首创到公元前 415 年后便渐渐退出了历史舞台。参考芬纳.统治史：第一卷［M］.王震，马百亮，译.上海：华东师范大学出版社，2010.

② 必须强调，克里斯蒂尼是以"三一区"（trittyes）而非"德谟"（deme）为单位进行"均势意义"上的分割的。据考证克里斯蒂尼所创建的"德谟"有 139 个，但是它们大小不一，最大的"德谟"和最小的"德谟"的地域面积差距有数十倍之多，这说明克里斯蒂尼并非在同一时间创建了如此多的"德谟"，而是有计划地逐步进行，甚至有时是出于某种私人目的，比如，有人考证克里斯蒂尼为了报复支持其政敌佩西斯特拉托斯的四个城镇，将其中一个抹去，另一个肢解，并将剩下的城镇与北边的另一个"德谟"合并，以达到彻底瓦解该地区的目的。但是"三一区"则不然，汉森提出 30 个"三一区"在人口上大致相等的均衡说，而公元前 4 世纪出现的"三一区"差异不等的状况则是粉碎三十人僭政（公元前 404— 前 403）后，由阿里斯托芬（Aristophon）和尼科门尼斯（Nikomenes）重新恢复与立法的结果。参考汉森.德摩斯提尼时代的雅典民主［M］.何世健，欧阳旭东，译.上海：华东师范大学出版社，2014：62-66.

的小生产者与平民让权的时代。对战争频发而艰难维持的希腊城邦而言，军事就是政治的主体，而从陆地到海洋的军事化转变也意味着徜徉在海洋中的雅典平民获得了更稳固的城邦统治的平等权利。也正是这个时期，雅典通过海洋军事的壮大，开始从抗击波斯的希腊同盟中独立出来，通过主动担当抗击波斯的重任而摆脱斯巴达的束缚，获得了提洛（Delos）同盟的主导权，而这也就是后人所津津乐道的雅典帝国的开端。从公元前478年同盟创立到尼基亚斯（Nikias）最终惨败，雅典帝国经历的是民主政治之黄金时代的兴衰过程。它的顶峰和滑落都被一个人的名字所标注，这个人就是"伯里克利"。苏格拉底生长于伯里克利治下①，他对民主所有的爱恨情感也都来自对伯里克利时期民主制现状的感受。

我们首先简单分析一下当时民主制的构成。伯里克利时期的民主制主要依托于如下几个主要机构：公民大会（ecclesia）、陪审法庭（helitaca，形成于公元前462年前后）、议事会及若干处理专门事项的委员会（专业委员会参考亚里士多德《雅典政制》中的描述），公民大会包括大概5万人的雅典男性公民（18岁以上），是城邦主权机构。而陪审法庭由公民中每年遴选品德优良的人组成，最多为6000人（人数根据案件大小有差异，最少有201人，而苏格拉底审判时为501人，并且501人也是诉讼案件最通常的人数，但亚里士多德记载最重要的案件才有1500人②），议事会则由500名行政官组成（30岁以上），从构成雅典的十个部族中选出，每36天（雅典人一个月的时间）轮流由其中一族的元老担任主席团，而主席则抽签选任，任期一天（克里斯蒂尼制定）。而专业委员会（30岁以上）集中受议事会的监督，人员每年轮换，大概有700名行政官，涉及从治安清洁到宗教祭祀等各方面，大概十人一组。这些机构的混合治理效应，早已成为当代民主的教科书，其参与的平等性、普及性而非权力均等性也逐渐树立起一尊后世雅典人为之膜拜的"民主女神像"。而在上述民主管理机构之外，是掌管雅典军事的十位将军。与柏

---

① 伯里克利时期的公民组成大概是这样的：雅典其时大约拥有15万城市人口，而雅典周边的阿提卡地区拥有与此相当的人口，也就是总共30万人，其中三分之一是奴隶，六分之一是外国人，而自由人大概为总人口的一半，其中有5万的成年男性公民。

② 亚里士多德.雅典政制[M].冯金朋，译.长春：吉林出版集团股份有限责任公司，2013：LIXVIII. 1-2.

拉图在《王制》中对护卫者的叙述相似，将军采用遴选而非民选抽签，根据的是军事能力（包括军事开销和军事统率，故而将军也起于土地贵族阶层），但是他们必须向公民大会和议事会述职。在帝国时代的雅典，将军具有崇高的威望，伯里克利通过在这个职务的连选连任，其实已经享有雅典僭主似的权力，所不同于僭主的地方在于伯里克利怀有的"帝国民主"的野心，或者说独特的心性抱负。

伯里克利的这套民主制度的安排继承自克里斯蒂尼的设计，其经济基础依托于底米斯托克里和客蒙所创建的雅典帝国的强硬对外政策。需要指出的是，克里斯蒂尼并不是一个后人所称道的民主圣人，他的改革动力来自为扩大自身势力的阿尔克梅家族（这个家族是新贵族势力，伯里克利也出自这个家族），为了在公民大会（ecclesia）赢得多数票，他拉拢雅典无地平民，通过地域划分重整，削弱当地贵族选举所必须依赖的农业附庸者（client）的数量，并使前者转变为自己的附庸（clientele），让后者陷入更弱的依附链条。① 在这个意义上，克里斯蒂尼的改革依托于"部族民主"，并打击了已然寡头化的传统"部族民主"本身。而伯里克利的改革也是如此，出于同一家族的阿尔克梅后人，他的民主化改革很大一部分是出于与客蒙寡头式的依靠财产贿赂本部落博得选票的行为进行对抗，如亚里士多德所披露的：伯里克利认为自己财产不如客蒙，就试图将国家权力更多授之于民，以此来博得政治好感。② 也正是出于这种民主背后的权力动机，以及后来因伯罗奔尼撒战争所导致的公民纷纷涌入雅典城区，战时政治被迫向民主倾斜，才加剧了民主发展为最终的激进民主的倾向。因此我们不能简单地认为伯里克利仅仅出于如下政治理想来试图建构雅典未来的帝国民主原型：将雅典变成"全希腊的教师"，将跨越地中海、北非的庞大地域纳入雅典帝国民主的殖民范围。

除此之外，我们还须进入一个重要的概念性比对，才能理解伯里克利时期的民主氛围：部族民主和帝国民主。如前所提到的：希腊城邦的起源是各

---

① 笔者参考了唐纳德·卡根和 D. M. Lewis 的说法，参见唐纳德·卡根.伯罗奔尼撒战争的爆发[M].曾德华，译.上海：华东师范大学出版社，2014：70.

② 亚里士多德.雅典政制[M].冯金朋，译.长春：吉林出版集团股份有限责任公司，2013：XXVII.4-5.

个部族（phyle）和氏族（phretras）的合并与共存的结果。①而之后的发展如弗罗洛夫所描绘的：希腊城邦形成具有阶段性，"起初，在公元前9—前8世纪人口爆炸的条件下，它作为设防的城市居民点；而后，在公元前7—前6世纪革命民主运动过程中，它作为等级公民公社；与上述两阶段同时——它作为有主权的政治整体，作为存在于城市自给和公社自治条件下的国家"②。这段论述告诉我们城邦具有防御和公社相互合并以达到"自治"两方面的起源与作用。从地域分布上看，古代城邦是农村和城镇的结合；从人口来看，绝大多数人是围绕家庭农业展开活动的。区别于现代资本主义城市兴起的范式，对雅典城邦而言，土地制度是早期城邦结构中最根本的制度，其稳固带来早期城邦制度的稳定和扩大，但其寡头化倾向又带来僭主的兴起，以及平民斗争等诸多动荡。总之，我们可以看到至少在克里斯蒂尼改革之前，希腊城邦本质上是农业文明为主导的部落间相互的妥协和依存关系。从治理来看，农业部族文明的治理依靠的是传统乡俗或习俗，至少在梭伦立法之前它表征为一种"不成文法"，而传统的氏族崇拜又稳固了这种纯朴的精神秩序。因此部落民主的稳定我们可以说是作为"习俗"的精神秩序和作为"自然"的土地秩序共同维持的结果。而从风俗上讲，它的特点具有对外排挤异族、对内保守秩序的特点，而其民德也主要是守护性的，讲究节制和勤苦。

而随着僭主式权力的兴起及后来海洋军事化的发展，部族民主的长老会中的旧贵族权力被打破，旧的习俗和信仰也被人为取代。随着雅典帝国的扩张，一种新的城邦信仰接踵而来，这就是伯里克利试图在全希腊推广的新的"民主"原型，它以伯里克利所打造的雅典城邦的盛局为标榜，尽管在某种程度上它或多或少是伯里克利人为放大的结果，但作为一种新的繁荣而开放生活的方式，对于全希腊无疑都具有某种象征的吸引力，这可以从雅典公民身

---

① 参考荷马《伊利亚特》卷二：361—363。另外关于雅典起源的部族与氏族各自特点和相互关系的讨论可参考黄洋《试论荷马社会的性质与早期希腊国家的形成》一文，国外学界的讨论结果是部族是一个地域行政概念，氏族按照通常的理解是以血缘关系为纽带的，但是古希腊社会中，氏族之间的血缘关系，相对较少。载于黄洋．古代希腊政治与社会初探［M］．北京：北京大学出版社，2014.需要强调的是笔者在地域和血缘两个层面上探讨雅典民主的原初面貌，因此笔者使用"部族"一词来表征"部落"（phyle）和"氏族"（phretras）两个词的含义。

② 参考弗罗洛夫．现代古希腊罗马著作中的城邦问题［M］//安德列耶夫，等．古代世界的城邦．张竹明，等，译．上海：华东师范大学出版社，2011：4.

份的珍贵中得到启示。①这种新民主的原型就是伯里克利念兹在兹的"雅典帝国"制度，就是以物质殖民和精神繁荣所奠基的"帝国式的民主"。

　　区别于传统部落的长老会商议的寡头倾向和保守习俗，帝国民主在伯里克利的治下呈现为一种更加具有接纳性的开放色彩，正如伯里克利在《葬礼演说》中谈道：我们的城邦的大门向全世界敞开，我们从未通过排外法案，从未禁止任何人了解或观察任何事情，这种情况或许正好便宜了敌人，因为我们没有设防。(《战争志》2.39.1）伯里克利一方面赋予雅典公民身份的严格界定，排除外己②；另一方面在公民当中最大限度地普及民主制，拓宽民主制带来的繁荣和权力分享，建造大型的公共设施，举办大型公共集会，甚至出钱鼓励公民的民主参与，吸引希腊诸邦的精神向度。因此，民主制本身被塑造成一种理想的政制范式，也难怪这种范式在经历了公元前5世纪的寡头政治洗礼后，直到德摩斯提尼时代的又一个百年期间再也没有被改变过。但需要指出的是，伯里克利时代的雅典帝国民主在激进的色彩下，同样难以掩饰其保守的面向。我们需要记住汉森的提醒，尽管伯里克利时代的民主具有内容的丰富性和制度的复杂性，但是参与政治的常规人数依然是有限的，甚至将全部时间用于公共政治的只是公民总数的"千分之一"。③并且公共生活之下依然是不可触动的私人生活领域，这个领域里经济的贫穷和守成决定了他们意识理念的固化。雅典人依然生活在尽管被重新界定的氏族和血亲关系当中，依然依赖土地维持着不变的"劳作与时日"。而反过来看，公共层面的帝国民主一方面依赖庞大的军事开支，另一方面导致私人领域的收入减少，前者常常亏空雅典本来拮据的公共税负④，后者只能用拮据的日常津贴和诸如一

---

　　①　伯里克利时代的雅典人非常珍惜公民身份，极少将其轻易地授予他邦，一个例子可以看出来：在伯罗奔尼撒战争期间，雅典人曾破例授予萨摩斯人公民权。萨摩斯人为了表示巨大的感谢声称：他们宁愿牺牲自己的领土，也不愿意抛弃雅典盟友。参考弗格森.希腊帝国主义［M］.晏绍祥，译.上海：上海三联书店，2005：16.

　　②　亚里士多德.雅典政制［M］.冯金朋，译.长春：吉林出版集团股份有限责任公司，2013：LLVI.4.

　　③　汉森.德摩斯提尼时代的雅典民主［M］.何世健，欧阳旭东，译.上海：华东师范大学出版社，2014：454.

　　④　汉森.德摩斯提尼时代的雅典民主［M］.何世健，欧阳旭东，译.上海：华东师范大学出版社，2014：451-452.

年一度的普尼克斯的表彰宴会来加以鼓励。故此，我们能体会帝国民主的维持是艰难的，加之曾提到的土地人口的增长导致雅典人口的迁移，而公民身份的严格限定又迫使更多的雅典人离开本土，从而加剧了公民参与人数的下降，这一切都是激进民主背后无法抵御的农业文明的自然瓦解的倾向。在这个意义上，伯里克利时代的雅典既是帝国的，又是部族的，如果我们将前者理解为民主的激进，后者理解为民主的保守，至少伯里克利之后的民主历程就证明了，民主的激进和保守对雅典人民而言都是不可或缺的"种属关系"。比如，在寡头革命后，公元前 403 年的立法决定性地向梭伦更"温和"的民主立法回归①，其原因就在于经历了伯罗奔尼撒战争后期民主派的惨重损失后，雅典人民一方面熟悉并依赖伯里克利时的表面辉煌，另一方面又惧怕民主的激进再次带来动荡和惨败，这种农业文明所衍生出来的意识形态的两难，最终让雅典民主呈现出守旧与激进之间的折中倾向。

四、"无知之知"：苏格拉底的战争

现在我们来到苏格拉底审判的时代，如上所言，在经过前 403 年的温和派民主立法改革后，雅典进入一段相对稳定的战后恢复期。我们简单地介绍一下这个时期的立法特色。经过五百人法律委员会的批准，雅典建立起了这样一个混合的民主制体系：一方面它维系了伯里克利的制度设计，另一方面在法律层面，它重新确立了包括梭伦和德拉古在内的"原始民主"法典的有效性，并在此基础上确立了多部法律及相关补充文件。②而且也正是在此时，

---

① 在亚里士多德的描绘中，这个时期的立法无疑具有激进民主的特征，他强调："人民使自己成为一切的主人，用命令，用人民当权的陪审法庭来处理任何事情，甚至议事会所审判的案件也落到人民手里。"(《雅典政制》XII.3) 但是，除了我们提到的对梭伦法律的回归，还须强调的是我们判断民主的激进和保守应基于民主的实行是处于宪法或制度（constitution）框架内还是破坏了这个框架。如果我们考虑雅典历史上在经过大小十一次的宪制改革后（亚里士多德所列举的），这一次改革决定性地主导了雅典未来百年的制度框架，并再无大的更动，并且这一时期民主的制度化程度相当高，诸如，审判制度的程序规定，让"民主"的价值往往被"公正""平等"这样的价值所框定，这种民主的"理性化"大大约束了民主的非理性的暴力和亢奋倾向，因此我们不能仅仅从人民参政的范围来判断其激进的程度，而应当将其认作一种更温和的民主制度体系。而对雅典政制向温和民主制回归的揭示，亦可参见雅克琳娜·德·罗米伊.希腊民主的问题 [M].高煜，译.南京：译林出版社，2015：154-155.

② 汉森.德摩斯提尼时代的雅典民主 [M].何世健，欧阳旭东，译.上海：华东师范大学出版社，2014：478-479.

雅典人开始将法律与法令区别开来，认为法律是永久而总体性的，而法令则具有可更改性。在这个意义上，公元前403年建立的民主政体是一个以法律为依托的温和民主制。与当时兴起的敬仰民主女神的风习一样，"古代法"不仅成为治愈雅典人战乱伤痕的药引，也成为一种新的"道统和信仰"。

让我们先回到《申辩》的文本。面对第一拨缺席的指控者，苏格拉底反驳"教坏年轻人"的指控时，用的是一个发生在自己身上的故事，该故事大致如下：有名叫加利雅的公民花了不少钱让智术师来教育自己的孩子，苏格拉底出于某种好奇询问他究竟让谁教的，而学费又是多少，苏格拉底想通过陈述这件事表明其实自己并不懂这种教授。但是，苏格拉底也承认该指控的"根据"，因为任何指控都不可能空穴来风，尽管可能不符合"真相"。这种"根据"就是苏格拉底坦言的：自己热爱对他人的智慧进行不断的"检审"。

苏格拉底解释自己检审的动机，来自其时作为全希腊祭祀中心——"世界之脐"德尔菲的阿波罗神庙的"神谕"。它表明苏格拉底后来的检审行为不仅是服从一个超验的神，同时也是在服从希腊传统礼法中至高的宗教虔敬的义务。给苏格拉底带来神谕的也并非他人，而是苏格拉底的朋友凯瑞丰（Chaerephon），一个当时知名的民主派。[1] 需要提及的是，凯瑞丰所具有的这种"双重身份"是意味深长的：一方面其民主派身份能迎合大众陪审官的政治偏好；另一方面他和苏格拉底的"朋友关系"也能让大众觉得这件事从性质上讲至少不会是他人给苏格拉底设的局，或者人为的加害。

我们已熟知德尔菲的"神谕"就是有关苏格拉底是"最有智慧"的启示，"最有智慧"就意味着"知道自己的无知"。苏格拉底如此推论出这个结论：他首先认为自己无知，但是通过检审那些自以为有智慧的人却发现，没有人比他更有智慧，因此最有智慧的人的德行无疑就表现为——知道自己的无知。这种推论是一种三段论意义上的，即是逻辑的而非启示的，但它本身又基于启示的前提：神的启示，或者说基于雅典人所能理解和遵循的"礼法"。

---

① 据吴飞所引的 Strycker 和 Slings 本的注释认为，苏格拉底在此处暗示凯瑞丰是民主派成员。这个说法符合戏剧逻辑，但从拉尔修《名哲言行录》对凯瑞丰生平的介绍来看，他在政治上其实有明显的寡头（亲斯巴达）和僭主或王政（亲居鲁士）倾向（笔者用"王政"一词以区别于"王制"），而且言行也偏贵族化（或许是受到灵魂学说的影响），因此我们不知道这种民主派身份的判断从何而来，且还要考虑"民主改良派"的阿里斯托芬在《云》《鸟》《蛙》等处对他的嘲讽。

我们看一下，苏格拉底在得出这个结论前都检审了哪些人的智慧。首先，是一个当时被人所熟知的政治活动家（politeuomenoi）。苏格拉底对他的检审结果是：这个公共人物并不懂得什么是“美”（kalon）和“善”（agathon）（《申辩》21c）。我们知道古代雅典的政治活动家所依靠的主要技能是演说术①，而演说术也是我们前文所提到的智术师所教授的政治技能。因此，苏格拉底对于政治活动家的批评，即不懂“美和善”，实际上也应当被看作暗中针对政治活动家的教育者——“智术师”所展开的一场“清理”。

　　苏格拉底检审的第二类人是“诗人”。我们知道：在古希腊，诗人被认作最早的神意的传达者，诗也被称作神赐给希腊人的“神圣的礼物”（赫西俄德《神谱》93），因此诗人本身享有尊贵的地位，受到大众的敬仰和研习。“诗”在古希腊也是以“歌咏”的方式来传达的，而阿提卡词“歌”的一个重要含义即为“习俗”或“礼法”（nomos），因此，诗歌在当时担当的是传统“礼法教育”或“公民教育”的重任。比如，荷马就被广泛地认作当时“希腊民族的教师”（《王制》595c、606e），赫拉克利特也曾将赫西俄德比作“大众的教师”（《赫拉克利特残篇》57），此外阿里斯托芬在《蛙》的喜剧中，曾借欧里庇得斯之口认为诗人“能将众人训练为更好的公民”（《蛙》1010）。而在柏拉图对话中，除了智术师外，我们甚至可以认为在某种程度上苏格拉底最重要的政治对手就是诗人。因为诗人是柏拉图认为最重要的政治教育“诗教和乐教”的担当者，苏格拉底曾将哲学比拟为创制“音乐和诗歌”（《斐多》61a），一方面是在向诗人要求交出政治教育的权威，另一方面也反证了诗歌在当时民众心中所占据的地位。

　　如何理解《申辩》中苏格拉底对诗人智慧的检审？笔者认为应当首先对

诗人做一个也许不太恰当的断代划分:古代和现代(苏格拉底所处的民主时代为"现代")。在阿里斯托芬的《蛙》中,埃斯库罗斯和欧里庇得斯激烈地就谁是最伟大的诗人展开"辩论"。欧里庇得斯是当时民主时代最受欢迎的诗人,而埃斯库罗斯则是雅典古老的部落文明的美德捍卫者。因而这场辩论也被看作发生在诗人之间的一场"古今之争"的范例,尽管两人由于对"德性"理解的根本差异导致出现言辞抵牾,让辩论始终处于无法互相说服的困境,不过也许这也是古今之争"永恒的抵牾"。

回到《申辩》,苏格拉底认为自己检审了同时代的诸多种类的诗人,从年代来讲,这些诗人大概可看作继承自欧里庇得斯的同代诗人,也即他们都是民主时代的诗人。而民主时代的诗人究竟在城邦教育里起到了怎样的作用?苏格拉底何以要对之加以检审?

对此《申辩》没有给出更深入的回答。但是,在阿里斯托芬《蛙》的喜剧中,即那场古今之争的诗人对话中,欧里庇得斯对自己辩护的一番说辞,可以从一个侧面反映民主时代"诗教"的理念:"我介绍巧妙的规则、诗行的标准,教他们想,教他们看,教他们领悟,教他们思考,教他们恋爱,要诡计,起疑心,顾虑周全。"欧里庇得斯进一步表示自己向观众灌输过这样一种推理的智慧,可根据自己的处境随时变成"开俄斯人或者科俄斯人",也就是说该"逻辑"能随时根据"自我保全"的需要变换不同的"言辞"。欧里庇得斯认为这种注入"艺术"的逻辑能让雅典人"观察一切,辨别一切,把他们的家务和别的事情管理得更好,观察得更周到"(《蛙》958—979)。

让我们回忆一下前文所述的智术师的说辞,即那种在城邦所传播的相对主义的逻辑,再对比一下阿里斯托芬笔下代表民主时代的诗人的"艺术逻辑",我们能发现:其实民主时代的诗人和智术师在政治教育层面所阐发的其实并无二致。两者都试图把城邦引导向民智的"启蒙",都试图教给人民一种"智慧",而这种"智慧"基于民众欲求的满足:保全、爱欲和生存。因此,在这个意义上,也许我们可以在比拟的意义上,将民主时代的诗人认作"伪装成诗人角色"的某类智术师。

笔者在前文曾提及,柏拉图在另一篇对话《普罗泰戈拉》中曾借普罗泰戈拉之口谈到过智术师的一种"职业伪装性",而且这种伪装还颇有渊源。普罗泰戈拉如是追溯自己"光荣的"谱系：

现在，我坚持智术师的技艺是一种古老的技艺，但在古代从事它的人，因为害怕附加其上的怨恨，伪装它，有时给它戴上诗歌的面具，如荷马、赫西俄德、西摩尼德所做的，或者戴上宗教祭仪和预言的面具，如奥菲斯和穆赛乌斯所见证的。并且我还常常注意到，甚至有用竞技运动做面具的，比如，塔仕同的伊科库斯，还有我们时代的塞林布里亚人希罗迪库（他从前是麦加拉人），一位如他人一样伟大的智术师。你们自己的阿加索克莱斯，一个伟大的智术师，用音乐做掩饰，如同开奥斯的皮索克勒德以及其他许多人所做的那样，他们全部人，像我曾说过的，用各种技艺作为遮蔽，以摆脱病态的恐惧。①

普罗泰戈拉将若干伟大先贤一概划为"智术师"是否恰当另当别论，但这段话告诉我们，智术师其实可以从事多种外在的职业，包括诗人（比较《智术师》216d）。尽管职业不同，但有一种共性将他们结成一个共同的联盟，这就是之前所说到的：基于欲求的相对主义哲学。综上，我们有理由认为，苏格拉底对诗人的检审在另一个侧面依然是在挑战智术师。

《申辩》中的检审结果告诉我们："诗人们创作并不是依靠智慧，而是靠天分、灵感，正如先知和灵媒一样。他们能说出很多美好的话，却不明白自己所说的意思。"（《申辩》22c）这段话揭示了"诗艺"并不是一种"智慧"，而是一种"启示"。我们知道柏拉图对话《伊翁》也是针对诗人展开的一场检审。②伊翁自认为拥有技艺（teche）和知识（epistime），也就是那种被苏

---

① 《普罗泰戈拉》316d—317。

② 《伊翁》篇所检审的对象"诵诗者"伊翁不能说是完全意义上的诗人，毕竟"诵"（ειπειν/λεγειν）和"制作"（ποιεσισ）还是存在区别的，如柏拉图认为"诵"意味着传达（ερμηνευειν），而诗歌的"制作"则是一种对理念的模仿（μιμεσισ）（《蒂迈欧》19e），甚至是对理念的"模仿的模仿"（《王制》598），因此它区别于真实本身。在《伊翁》对话中，苏格拉底用一个"赫拉克勒斯的磁石"的比喻直接将话题引向对古代伟大诗人的评判上去了（533d—533a），因此这篇对话看似是在评价作为观众和诗人之"媒介"的诵诗者，实际是在检审诗人问题，即诗人技艺的来源——神灵的感召，而非知识。此外需要简单补充的是"诗与哲学之争"是柏拉图对话的重点问题所在，柏拉图除了通过上面的"模仿说"和"诗歌技艺的来源"来批判诗歌外，另一个最重要的批判还在于诗歌对高贵习俗容易产生破坏的作用，因为很多诗歌并不模仿好人或者高贵的事物，而民主时代的诗人又往往容易颠倒这种高低的精神秩序。参考《王制》398b、亚里士多德《诗学》Ⅲ.8等处的相关说法；另外对柏拉图"模仿说"的研究可参考 A Theory of Imitation in Plato's Republic。

格拉底称为作为整体的诗艺(poietiche)。但是,通过几番问答之后,伊翁承认自己仅仅是获得了神授的灵感而已(《伊翁》533d—535a)。《伊翁》的对话内容可以看作《申辩》针对诗人检审的具体化和进一步展开。而检审的结论告诉我们:如果说民主时代的诗人并不具有真正的技艺和知识,也即是说并非有智慧的,那么诗人所传授的"艺术逻辑"本身就丧失了城邦中的"权威性"。

让我们进入苏格拉底"智慧检审"的最后一类人:匠人(craftsmen)。对这类以技艺为生的人,苏格拉底的检审显得意味深长。苏格拉底自己就出生自石匠之家,还有的说法认为苏格拉底从事哲学之前就是一名匠人(《名哲言行录》Ⅱ.Ⅴ.2.18—2.19)。因此,苏格拉底对这类人的检审无疑就具有"自我反思"的意味。①

《申辩》中,苏格拉底给出的检审结论也很简单:"这些能工巧匠和诗人有一样的毛病,因为能漂亮地完成自己的技艺,他们一个个就自以为在别的事情上,哪怕天下大事上也是最有智慧的。"(《申辩》22e)显然,苏格拉底批判的重点落脚在"技艺和智慧"的差别上。何以理解"技艺和智慧"的差异?

必须先指出柏拉图对技艺的两种划分,即"神的技艺"和"人的技艺"的区分,在人的技艺中又包含"制作的技艺"和"获取的技艺"(《智术师》219c),两者的区别在于前者创造出新事物,后者仅仅用交换等途径来"取得"已有的事物。匠人的技艺显然属于制作的范畴。而"制作的技艺"显然又被分为"艺术"和"工匠"等类型(《王制》597c)。苏格拉底认为艺术的制作低于工匠的制作,因为它属于"模仿的模仿"。在这里苏格拉底有明显的贬抑诗歌的用意,原因前文已简单提及,此不赘述。

《王制》卷十,从理想国家的理念之"不可模仿"开始,苏格拉底和格劳孔的对话逐渐进入有关"匠人技艺"的讨论中。苏格拉底用床或桌子的"理

---

① 由于苏格拉底早年曾从事过工匠和悲剧的写作(《名哲言行录》Ⅱ.Ⅴ),并且如果考虑到苏格拉底之后的生活就是通过"不参与政治"来达到"参与政治"的目的(色诺芬《回忆录》第三卷),因此对政治活动家的检审也同他自身息息相关,故而我们可以认为:苏格拉底对这三种类型人的检审,在某种程度上也是对自己个人生平的一次整体的"检审":哲学始于自我检审,终于自我检审,可谓"吾道一以贯之"!

念"举例，他认为任何匠人都不可能制造出床或桌子的"理念"本身，因为匠人的技艺仅仅是对床或桌子"理念"的模仿，而真正创造万物理念的是"无所不能"的神。"模仿的技艺"只是"把握了事物的一小部分，而且还是表象的一小部分"（《王制》598c）。

我们知道柏拉图对话中，智慧意味着"拥有知识"，而知识的对象是"事物的本质或理念"，尽管柏拉图也提出"美德即知识"，但如在《美诺》《泰阿泰德》等篇中，苏格拉底的对话其实导向了一个失望的结论：真正的美德来自神启，并不可教授。如果说匠人的模仿技艺仅仅把握了事物本质的很一小部分，那么匠人自然也就不可能通过对知识的掌握，而成为有智慧的人。

"技艺模仿知识"，这是苏格拉底对技艺的最终认定。我们对比柏拉图另一篇对话《智术师》，来自爱利亚的"神圣"的客人向爱智的泰阿泰德讲起了同样的有关"技艺"的问题，在条分缕析了智术师的特征后，与《王制》近乎一致性，他认为智术师最大的问题在于让他人"以为自己最有智慧"（《智术师》233b），但其实他们所谓的智慧只不过是拥有"争论性的、表面的知识，而非真实的知识"，他们的这种"表面知识"其实产生自一种形式的"技艺"（《智术师》233d—e）。也就是说，"技艺"而非"知识"才是智术师智慧的本来面目。

在评价智术师的技艺时，爱利亚的客人再次使用了"模仿说"。而爱利亚客人谈论"模仿说"的方式依旧是从"工匠的技艺"开始的：从"工匠的技艺到智术师的技艺"并不是一个升华的过程，而是同一技艺的不同层面。甚至如《斐德若》所揭示的：在人类的九种灵魂转世中，从工匠到智术师的转变，属于所有职业中的第七等级滑落为第八等级（《斐德若》248e）。

当爱利亚的客人同泰阿泰德就存在问题进行长篇的探究后，《智术师》将我们引导向两种"模仿"的区分：诚实的和非诚实的。"其中一种模仿者能保持他的伪装，在大庭广众之下公开发表长篇讲演。另一种模仿者在私下里使用较短的论证迫使他人在谈话中自相矛盾。"（《智术师》268b）这两种模仿，经泰阿泰德鉴认，前一种产生政治活动家，后一种人产生智术师。

以上通过对"技艺"种类的梳理，我们知道政治活动家和智术师，匠人和智术师之间存在"技艺"的相似性。因此，我们才能进一步领悟《申辩》

中苏格拉底为何要检审三类人:政治活动家、诗人、匠人。因为这三类人其实都在"分有"智术师在"技艺和语言"层面的共性:"模仿的非知识的技艺""相对主义的和欲望的逻辑""以无知为有知"。因此,苏格拉底对这三类人的批判,在一条并非晦暗的潜流中,其实向我们昭示:他所发动的三类"检审的战争"实际都是针对智术师发动的同一场战争!让我们回顾一下爱利亚的客人"最后的话",它可以看作"苏格拉底"对智术师"模仿技艺"的一次总结性批判:

> [智术师采用]言辞矛盾的、不诚实的和无知的模仿;[以及]复制的外在的模仿;[这种模仿]源自人而非神,是言辞欺骗的部分产物。任何将智术师说成这类[模仿]的"血亲和家族"的人都会承认,[这个评价]看起来是完全的真相。①

回顾《申辩》开篇苏格拉底对三类人的批判后,我们的问题是苏格拉底在这场"反智术师的战争"中所使用的"批判的武器"为何?或者,让我们回到本文开篇的主旨问题:苏格拉底"最后的意图"为何?

《申辩》中苏格拉底通过神谕知晓自己是最有智慧的,又经过对上述三类人的考察,他发觉那些人并不拥有"真的智慧",而他又谦卑地认为自己同样缺乏智慧,如是,"知晓自己的无知"就成为"最有智慧"之人的美德。这种三段论的推论所导向的,也正是苏格拉底反智术师的武器:"无知之知"。要充分理解"无知之知",笔者认为应该从以下几方面来看:

首先是哲学层面,"无知之知"取决于"哲思"本身的限度。《智术师》篇中,爱利亚的客人通过辩证法的推导认为:对于"非存在"我们一无所知,而一旦试图言说它就可能导致"思"的僭越(《智术师》238d)。在柏拉图另一篇对话《斐德若》中,苏格拉底在谈论灵魂本性时,认为自己无法触及这个题目的全部,而仅仅能"大概地认知",也就是除了神,凡人并不能对灵魂的"整全"有充分的理解(《斐德若》246b)。此外,在柏拉图诸多对话中,

---

① 柏拉图《智术师》268d。

苏格拉底对诸如虔敬、美德、正义等问题的探讨，最终都因为辩证法本身的限度"无果而终"。这表明了苏格拉底对哲学的一种内在本性的看法：哲思的限度和哲人对自身应保有的"智慧的清明"。①

其次是"无知之知"的古典政治哲学含义，即它对政治产生的后果和影响，这也是笔者着重想强调的。这个层面笔者又区分为两类：

第一，是对政治教育的影响。我们知道苏格拉底的教育是一种针对"有资质"的年轻人的知识或美德的"助产术"（《泰阿泰德》150c）。这种"助产术"的特点在于，他并不给出任何智慧的现成答案，或是让"被助产者"获得哲思的某种"助产物"，而是通过呈现"意见"的矛盾和抵牾，让年轻人通过"反思"和"追问"，不断寻找和接近真相，从而唤起他们追求智慧的爱欲，获得更高层次的美德。在这个意义上，对城邦年轻人的教育乃是一种"自由灵魂的教育"②，它向"无知之知"的哲学最高层次开放，将人们引导向思之"爱欲"的纯粹。在这个意义上，苏格拉底实际在雅典民主政治中通过引入一种新的教育模式，从而在民主化欲求泛滥的文明状态中，培养了一批真正自由而高贵的灵魂③，正如后世托克维尔先知式的民主预言，我们也可以认为：苏格拉底通过为民主时代培养"伟大的灵魂"正是试图挽救雅典文明的衰落。

第二，"无知之知"的政治哲学含义还在于，苏格拉底通过揭露智术师智慧的虚假性，从而将城邦从这种民主时代的"新智慧"中拯救出来。正是在这种"智慧净化"的意义上，苏格拉底认为自己的一生都在"净化"他人的偏见，因为公正的城邦和公民需要批驳（《智术师》230e），需要牛虻（《申辩》31a），需要苏格拉底式的不断地"叮咬"。但问题在于：如果说智术师所传递给大众的是虚假智慧，那么在"少部分人"所信靠的哲学外，作为"普通公

---

① 在《巴门尼德》中，柏拉图就曾为我们暗示了理性"辩证法的危险"：道德中立而且制造矛盾；考卡维奇（P. Kalkavage）也提醒我们，在该对话中对"一"的逻辑处理，爱利亚人的回答是名为"亚里士多德"的一位未来僭主（137b—c），转引自考卡维奇，等.鸿蒙中的歌声：柏拉图《蒂迈欧》疏证［M］.上海：华东师范大学出版社，2008：63.。这暗示了我们辩证法和僭主心性之间隐秘的关联，因此智慧的节制（moderation）和审慎（prudence）就显得尤其重要。

② 参考施特劳斯.什么是自由教育［M］∥刘小枫，陈少明.古典传统与自由教育.北京：华夏出版社，2005：2-8.

③ 参考施特劳斯.教养教育与自由民主的危机［M］∥刘小枫，陈少明.古典传统与自由教育.北京：华夏出版社，2005：25-37.

民"信靠的城邦究竟该保有何种类型的智慧?

我们知道"智术师"通常都是"无国界者"或当时的"世界公民",他们走到哪里,其政治相对主义的逻辑就会首先挑战哪里的传统礼法(nomos)。如波考克(J. G. A. Pocock)在后世英国习惯法中所发现的:传统礼法的"权威"来自古老立法的"不可追溯性"。而柏拉图《法篇》开篇,克里特人承认克里特和斯巴达既有的法律来自"神谕",不可挑战。对"礼法"的遵守来自"非理性"的"信和望",这是礼法的强大也是它本性的脆弱。如安提戈涅用兄妹之情挑战底比斯的律法一样,人类理性往往戴着"自然"的面纱,诉诸人类天性中的基本情欲和欲求,对礼法构成挑战。这种"自然"又容易汇聚到智术师的作为"人是万物尺度"的个人主义的旗帜下,用"人为"质疑礼法本身的"约定性"和其中的矛盾。我们知道,任何城邦的礼法都包含作为习俗的"自然"和立法者的"人为"两种因素,正如"雅典陌生人"的立法始终是在"古老礼法"和"理性立法"之间寻求中间道路。因此,"自然"和"人为"的抵牾本身就包含在礼法当中,成为礼法本性中"不可调和"的面向。在这个意义上,城邦的礼法容易受到来自"自然"或"理性"任何一方的单方面挑战,任何一方的"纯粹逻辑"都会轻易攻破这个本来熔铸而成的"混合物"。

在苏格拉底时代,如本文第三部分所揭示的,其时雅典的礼法正处于传统部族礼法和民主立法之间,属于两者的某种中道的结合,一种温和的民主制度。正如苏格拉底生平所揭示的,雅典政制风习的现状实际是历史妥协的产物。在经历了雅典帝国民主的兴起和衰落,各种僭主、寡头、激进民主"你方唱罢我登场"的跌宕沉浮后 ①,雅典民主制无论在外观或立法内核上都已

---

① 跟随 A. E. 泰勒的指引,我们简要地叙述一下苏格拉底生平所遭遇的雅典大事件。苏格拉底生于公元前 470 年左右,此时,提洛同盟建立已有十年之久。而当雅典与斯巴达签订三十年和议的时候,苏格拉底已经成年,25 岁左右,这个协定以雅典放弃支配陆地的抱负而转向自由发展海洋帝国为转折,奠定了雅典未来海上霸主的基础。而他 40 岁左右时,伯罗奔尼撒战争爆发,之后他亲历了战争的全过程,以及战后寡头派的崛起、民主派的胜利,这之后雅典迎来了九年的短暂和平,而在和平的第三年他被控告并被判处死刑。参见 A. E. 泰勒. 苏格拉底传 [M]. 赵继铨,李真,译. 北京:商务印书馆,1999.。可是苏格拉底的生平也许并不能作为《申辩》中的苏格拉底论战的背景,因为如果我们考虑到历史上的"苏格拉底"是柏拉图和色诺芬等人"笔下"的苏格拉底,此外还包括阿里斯托芬笔下戏剧丑化的苏格拉底,那么"真实"的苏格拉底所面对的敌人就不仅仅是公元前 403 年之后雅典民主制复兴时的敌人,也应当包括科林斯战争后处于马其顿和迦太基威胁下的希腊爱琴海地域的敌人,甚至是为抵御"亚细亚"的波斯入侵的整个"欧罗巴"文明的敌人。

远离了"建国时期"的纯粹立法，成为一种历史解决方案：一方面人民对民主早已形成精神向度的依赖，另一方面是大众又对帝国民主的动荡不安心存疑惧。因此，面对任何单纯的"自然"和"理性"的挑衅，这时候的雅典礼法无疑都是脆弱的。我们可以看到，苏格拉底用其死亡的"四联剧"为我们展示的，除了"哲学"来生的感召外，最重要的"遗产"就是用"行动"提醒后人，对既有礼法应如何尊重，如何呵护。

在《克里同》篇结尾处，为坚守雅典律法，苏格拉底的内心被克鲁特班狂暴的笛声所充满，再也听不见克里同任何出于"自我保存"的劝诱①，苏格拉底用"死亡的迷狂"带给后人的正是这样一种悲剧顶峰式的劝谕：礼法是每一个城邦各自的命运，它产生自神义，唯赖于信仰。②

五、结 语

考卡维奇（P. Kalkavage）曾提示我们："柏拉图不断提醒我们留意各种危险：我们对最重要的事情不知道自己无知的危险，我们激情的危险，唯智论（intellectualism）的危险，甚至辩证术本身也存在着危险。在某种意义上，危险和安全是柏拉图戏剧中最为核心的术语。"③而在苏格拉底审判的年月里，民主制度的稳固性已岌岌可危，伯里克利时代兴起的智术师运动搅乱了雅典民主所内含的农业文明的古老习俗，甚至试图将城邦投入永恒激荡的赫拉克利特的命运之流中。

而苏格拉底，或者"柏拉图笔下"的苏格拉底，捕捉到了这种危险的来

---

① 参见柏拉图《克里同》54e，罗晓颖教授译本，未刊稿。

② 在《斐德若》中苏格拉底有一段对"克鲁特班的狂暴"进一步的发挥："实际上，最大的赐福也是通过迷狂的方式降临的，迷狂确实是上苍的恩赐。德尔菲的女预言家和多多那圣地的女祭司在迷狂的时候为希腊城邦和个人获取了那么多福泽，我们对她们感恩，但若她们处于清醒状态，那么她们就会所获甚少或一无所获。还有西彼尔（Sibyl）和其他神灵俯身的人，他们经常在神灵的感召下正确预见未来，这些显而易见的事情我就不多说了。然而，我们要指出这样一个事实，那些为事物命名的古人并不把迷狂视为羞耻和丢脸，否则的话他们就不会把这种预见未来的伟大技艺与'迷狂'这个词联系在一起，并把这种技艺称为迷狂术（manic）了。"（《斐德若》244c）对苏格拉底而言，迷狂的状态也是人类在朝向未来和真理的途中所能达到的顶峰状态。对克鲁特班笛声的研究可参考 LVAN M L. The Corybantic Rites in Plato［J］. American Journal of Archaeology, 1946, 50（10-11）：497.

③ 考卡维奇，等. 鸿蒙中的歌声：柏拉图《蒂迈欧》疏证［M］. 上海：华东师范大学出版社，2008：63.

源：雅典政治根基的动荡和混乱首先表现为"知识的混乱"。正如《智术师》中那位被派来监察人类有序和混乱的异域之神的"客人"那样，苏格拉底也在"神谕的感召"下孑然肩负起净化雅典城邦知识混乱、维护既有礼法秩序的重任。通过对"无知之知"的检审，苏格拉底将城邦从智术师的威胁中解救下来并交还给传统习俗和神义的护佑，交还给公元前 400 年左右主宰雅典政治的那种古老部落礼法和帝国民主的混合制度的护佑。这种制度曾交织着雅典帝国梦想的辉煌和记忆，交织着雅典人民"血和泪"的憧憬和创伤。在苏格拉底身后，这种混合的礼法制度还将护卫着"衰落时期"的雅典走完未来的百年征程，在这个意义上，苏格拉底用"生命"所捍卫的正是雅典文明未来的"道统"。

我们应当记住《蒂迈欧》开篇所揭示的，良好政治的对话者应当如是：拥有财产、来自法律健全的城邦、担任过重要的城邦职务（《蒂迈欧》20）。城邦乃死生之大事，不能仅仅将它交给拥抱智慧的哲人，甚至智术师那样"兜售智慧之技艺"的人，而应当交给那些遵循习俗和礼法，勇于担当的人。如果说作为智慧顶峰的"启示"是哲人内心的守护神，那么"习俗和礼法"就是整个城邦的守护神。

《申辩》开篇部分（17a—24b）结束后，当苏格拉底反驳完第一拨控告者的指控时，他将面临另一拨更致命的控告：不敬神或引入新神。苏格拉底坦言，整个辩护的过程中，他的守护神始终没有出现过，而这一点是从来没有过的（《申辩》40c）。我们也将注意到，苏格拉底的言辞不时在城邦礼法代表的"诸神"和他口中的"唯一之神"之间徘徊，让我们难以辨认此时的他究竟被"哪一类神"所左右——或许就是如此，在这城邦和哲人命运攸关的时刻，基于诸神的"秩序的正义"，终于让苏格拉底的"哲学之神"感到了"决定时刻"的颤抖。

参考文献

一、中文文献

［1］米南德.古希腊悲剧喜剧全集：米南德喜剧［M］.王焕生，译.南京：
译林出版社，2015.

［2］阿里斯托芬.古希腊悲剧喜剧全集：阿里斯托芬喜剧（上）［M］.张竹明，
王焕生，译.南京：译林出版社，2015.

［3］阿里斯托芬.古希腊悲剧喜剧全集：阿里斯托芬喜剧（下）［M］.张竹明，
王焕生，译.南京：译林出版社，2015.

［4］希罗多德.历史：上册［M］.王以铸，译.北京：商务印书馆，2022.

［5］亚里士多德.诗学［M］.陈中梅，译.北京：商务印书馆，1996.

［6］亚里士多德.尼各马可伦理学［M］.廖申白，译.北京：商务印书馆，2003.

［7］亚里士多德.政治学［M］.吴寿彭，译.北京：商务印书馆，2009.

［8］古希腊散文选［M］.水建馥，译.北京：人民文学出版社，2000.

［9］亚理斯多德.亚理斯多德《诗学》《修辞学》［M］.罗念生，译.上海：上
海人民出版社，2016.

［10］柏拉图.理想国［M］.郭斌和，张竹明，译.北京：商务印书馆，1986.

［11］柏拉图.蒂迈欧篇［M］.谢文郁，译.北京：人民出版社，2005.

［12］亚里士多德.雅典政制［M］.冯金朋，译.长春：吉林出版集团股份有限
责任公司，2013.

［13］笛卡尔.第一哲学沉思集［M］.庞景仁，译.北京：商务印书馆，1986.

［14］拉尔修.名哲言行录［M］.徐开来，溥林，译.桂林：广西师范大学出版
社，2010.

［15］石敏敏，章雪富．斯多亚主义（Ⅱ）［M］．北京：中国社会科学出版社，2009．

［16］彼得·索恩曼．希腊化时期［M］．陈恒，李腊，译．南京：译林出版社，2021．

［17］居代·德拉孔波，等．赫西俄德：神话之艺［M］．吴雅凌，译．北京：华夏出版社，2004．

［18］恩斯特·卡西尔．国家的神话［M］．范进，杨君游，柯锦华，译．北京：华夏出版社,1999．

［19］伊夫-夏尔·扎卡．霍布斯的形而上学决断：政治学的条件［M］．董皓，谢清露，王茜茜，译．北京：生活·读书·新知三联书店，2020．

［20］沃格林．政治观念史稿卷一：希腊化、罗马和早期基督教［M］．谢华育，译．上海：华东师范大学出版社，2007．

［21］沃格林．秩序与历史卷一：以色列与启示［M］．霍伟岸，叶颖，译．南京：译林出版社，2010．

［22］沃格林．秩序与历史卷二：城邦的世界［M］．陈周旺，译．南京：译林出版社，2009．

［23］刘秉正．非线性动力学与混沌基础［M］．长春：东北师范大学出版社，1994．

［24］米歇尔·沃尔德罗普．复杂：诞生于秩序与混沌边缘的科学［M］．陈玲，译．北京：生活·读书·新知三联书店，1997．

［25］吴彦．心智与政治秩序［M］．北京：商务印书馆，2023．

［26］克里斯托弗·希尔兹．古代哲学导论［M］．马明宇，译．北京：北京大学出版社，2020．

［27］多罗西娅·弗雷德．柏拉图的《蒂迈欧》：宇宙论、理性与政治［M］．刘佳琪，译．北京：北京大学出版社，2014．

［28］雷蒙·威廉斯．现代悲剧［M］．丁尔苏，译．南京：译林出版社，2017．

［29］奥斯卡·G.布罗凯特，弗兰克林·J.希尔蒂．世界戏剧史：上册［M］．周靖波，译．上海：上海三联书店，2015．

［30］斯特伦斯基．二十世纪的四种神话理论：卡西尔、伊利亚德、列维-施特

劳斯与马林诺夫斯基［M］.李创同，张经纬，译.北京：生活·读书·新知三联书店，2012.

［31］保罗·韦纳.古希腊人是否相信他们的神话［M］.张竝，译.上海：华东师范大学出版社，2014.

［32］芬利.奥德修斯的世界［M］.刘淳，曾毅，译.北京：北京大学出版社，2019.

［33］麦金太尔.伦理学简史［M］.龚群，译.北京：商务印书馆，2003.

［34］刘小枫，陈少明.荷马笔下的伦理［M］.北京：华夏出版社，2010.

［35］安东尼·朗.心灵与自我的希腊模式［M］.何博超，译.北京：北京大学出版社，2015.

［36］吴雅凌.神谱笺释［M］.北京：华夏出版社，2010.

［37］吴雅凌.劳作与时日笺释［M］.北京：华夏出版社，2015.

［38］刘小枫，陈少明.经典与解释（第3辑）：康德与启蒙［M］.北京：华夏出版社，2004.

［39］李猛.自然社会［M］.北京：生活·读书·新知三联书店，2015.

［40］库朗热.古代城邦——古希腊罗马祭祀、权利和政制研究［M］.谭立铸，等，译.上海：华东师范大学出版社，2006.

［41］格兰·莫斯特.从荷马到古希腊抒情诗：格兰·莫斯特古典学论文选［M］.高峰枫，刘淳，等，译.北京：北京大学出版社，2021.

［42］菲利普·内莫.民主与城邦的衰落［M］.张竝，译.上海：华东师范大学出版社，2011.

［43］N. G. L. 哈蒙德.希腊史：迄至公元前322年［M］.朱龙华，译.北京：商务印书馆，2016.

［44］罗梅耶–德贝尔.论智者［M］.李成季，译.北京：人民出版社，2013.

［45］安德鲁斯.希腊僭主［M］.钟嵩，译.北京：商务印书馆，1997.

［46］奥斯温·默里.早期希腊［M］.晏绍祥，译.上海：上海人民出版社，2008.

［47］弗格森.希腊帝国主义［M］.晏绍祥，译.上海：上海三联书店，2005.

［48］芬利.古代世界的政治［M］.晏绍祥，黄洋，译.北京：商务印书馆，

2013.

[49] 杨宽.战国史 [M].上海:上海人民出版社,1998.

[50] 黄洋.古代希腊土地制度研究 [M].上海:复旦大学出版社,1999.

[51] 黄洋.古代希腊政治与社会初探 [M].北京:北京大学出版社,2014.

[52] 汉森.德摩斯提尼时代的雅典民主 [M].何世健,欧阳旭东,译.上海:华东师范大学出版社,2014.

[53] 芬纳.统治史:第一卷 [M].王震,马百亮,译.上海:华东师范大学出版社,2010.

[54] 唐纳德·卡根.伯罗奔尼撒战争的爆发 [M].曾德华,译.上海:华东师范大学出版社,2014.

[55] 安德列耶夫,等.古代世界的城邦 [M].张竹明,等,译.上海:华东师范大学出版社,2011.

[56] 雅克琳娜·德·罗米伊.希腊民主的问题 [M].高煜,译.南京:译林出版社,2015.

[57] J.B.伯里.希腊史:第二卷 [M].陈思伟,译.长春:吉林出版集团股份有限责任公司,2016.

[58] 策勒.古希腊哲学史:第三卷 [M].詹文杰,译.北京:人民出版社,2020.

[59] 策勒.古希腊哲学史:第五卷 [M].余友辉,译.北京:人民出版社,2020.

[60] 詹姆斯·尼古拉斯.伊壁鸠鲁主义的政治哲学 [M].溥林,译.北京:华夏出版社,2004.

[61] 彼得·格林.马其顿的亚历山大 [M].詹瑜松,译.北京:民主与建设出版社,2018.

[62] 安东尼·朗.希腊化哲学:斯多亚学派、伊壁鸠鲁学派和怀疑派 [M].刘玮,王芷若,译.北京:北京大学出版社,2021.

[63] 罗晓颖.菜园哲人伊壁鸠鲁 [M].北京:华夏出版社,2010.

[64] 陈彦.置身古代的现代人——格林《马其顿的亚历山大》简评 [M]//娄林.亚历山大与西方的大一统.北京:华夏出版社,2020.

［65］冯金朋."老寡头"的民主观——论伪色诺芬《雅典政制》的写作意图［J］.政治思想史，2019（3）.

［66］徐松岩.塞拉麦涅斯与公元前5世纪末的雅典政治［J］.世界历史，2015（2）.

［67］陈恒.亚历山大史料的五种传统［J］.史学理论研究，2007（2）.

［68］于江霞.自爱与他爱是一：论斯多亚学派oikeiōsis观念的内在一致性［J］.清华西方哲学研究，2018（2）.

［69］丁福宁.斯多噶学派的视为己有（oikeiōsis）［J］."国立台湾大学哲学论评"，2013（46）.

［70］董波.亚里士多德论民主［J］.世界哲学，2019（6）.

［71］董波.德性与平等——论亚里士多德最佳政体的性质［J］.世界哲学，2017（4）.

［72］朱海.亚里士多德戏剧理论研究［D］.上海：复旦大学，2009.

二、外文文献

［1］ARNOTT W G. Menander Vol. 1［M］. Loeb Classical Library, Cambridge: Harvard University Press, 2006.

［2］MENANDER. The Principal Fragments［M］. with an English translation by Francis G. Allinson, The Loeb Classical Library, London: William Heinemann Ltd, 1921.

［3］STOREY I C, ALLAN A. A Guide to Ancient Greek Drama［M］. Oxford: Blackwell Publishing Ltd, 2005.

［4］SCAFURO A. The Forensic Stage: Settling Disputes in Graeco-Roman New Comedy［M］. Cambridge: Cambridge University Press, 1997.

［5］LAPE S. Reproducing Athens: Menander's Comedy, Democratic Culture and the Hellenistic City［M］. Princeton: Princeton University Press, 2004.

［6］BASSET S. The Late Antique Image of Menander［J］. Byzantine Studies, 2008（48）.

［7］NERVEGNA S. Menander in Antiquity, The Contexts of Reception［M］.

Cambridge: Cambridge University Press, 2013.

［8］HENRY M M. Menander's Courtesans and the Greek Comic Tradition［M］. Berlin: Peter Lang Gmb H, 1985.

［9］ROSIVACH V J. When a Young Man Falls in Love: The Sexual Exploitation of Women in New Comedy［M］. London: Routledge, 1998.

［10］KONSTAN D. The Emotions［M］. London: Routledge, 1998.

［11］GREEN P. Alexander to Actium: The Historical Evolution of the Hellenistic Age［M］. Berkeley: University of California Press, 1990.

［12］MUNTEANU D. Emotion, Genre and Gender in Classical Antiquity［M］. London: Bristol Classical Press, 2011.

［13］SANDER E. Envy and Jealousy in Classical Athens［M］. Oxford: Oxford University Press, 2014.

［14］COOPER L. An Aristotelian Theory of Comedy: With an Adaption of the Poetics and a Translation of the Tractrtus Coislinianus［M］. New York: Harcourt, Brace and Conpany, 1922.

［15］WATSON W. The Lost Second Book of Aristotle's "Poetics"［M］. Chicago: University of Chicago Press, 2012.

［16］RUSTEN J. Theophrastus Characters［M］. Cambridge: Harvard University Press, 2002.

［17］DIGGLE J. Theophrastus Characters［M］. Cambridge: Cambridge University Press, 2004.

［18］WILAMOWITZ-MOELLENDORFF U. Der Glaube der Hellenen.［M］. Berlin: Wissenschaftliche Buchgesellschaft, 1994.

［19］CINAGLIA V. Aristotle and Menander on the Ethics of Understanding［M］. Leiden: Brill, 2014.

［20］ARISTOTLE. Politics［M］. Cambridge: Harvard University Press, 1932.

［21］RIETH O.Die Kunst Menanders in den "Adelphen" des Terenz［M］. Hildesheim: Olms, I964.

［22］LONERGAN B. Verbum: Word and Idea in Aquinas［M］. Toronto:

University of Toronto Press, 2014.

[23] LORIMER H L. Homer and the Monuments [M] . London: Macmilan, 1950.

[24] LARSON J. Ancient Greek Cults: A Guide [M] . London: Routledge, 2007.

[25] BLOOM H. Genius: A Mosaic of One Hundred Exemplary Creative Minds[M]. New York: Warner Books, 2002.

[26] KITTS M. Sanctified Violence in Homeric Society [M] . Cambridge: Cambridge University Press, 2005.

[27] GAGARIN M, WOODRFF P. Early Greek Political Thought from Homer to the Sophists [M] .影印本.北京：中国政法大学出版社, 2003.

[28] ADKINS A W H. Moral Values and Political Behaviour in Ancient Greece: From Homer to the End of the Fifth Century [M] . London: Chatto and Windus, 1972.

[29] HAMMER D. The Iliad as Politics: The Performance of Political Thought[M]. Norman: University of Oklahoma Press, 2002.

[30] FRISCH H. Might and Right in Antiquity. From Homer to the Persian Wars[M]. New York: Ayer Co Pub, 1976.

[31] ROHDE E. Psyche: The Cult of Souls and Belief in Immortality Among the Greeks [M] . London: Routledge, 1925.

[32] MACDONALD P. History of the Concept of Mind: Speculations about Soul, Mind and Spirit from Homer to Hume [M] . London: Routledge, 2017.

[33] PADEL RUTH. In and Out of the Mind:Greek Images of the Tragic Self [M] . Princeton: Princeton University Press, 1992.

[34] SCULLY S. Hesiod's Theogony:From Near Eastern Creation Myths to Paradise Lost [M] . Oxford: Oxford University Press, 2015.

[35] CLAY D. The World of Hesiod [J] . Ramus, Volume 21, Issue 2, 1992.

[36] CAMPBELL D A. Greek Lyric: Sappho and Alcaeus [M] . Cambridge: Harvard University Press, 1982.

[37] HUTCHINSON G O. Greek Lyric Poetry: A Commentary on Selected Larger

Pieces［M］. Oxford: Oxford University Press, 2001.

［38］BARRETT W S, WEST M L. Greek Lyric, Tragedy, and Textual Criticism: Collected Papers［M］. Oxford: Oxford University Press, 2007.

［39］GERBER D E. A Companion to The Greek Lyric Poets［M］. Leiden: Brill, 1997.

［40］PAGE D L. Poetae Melici Graeci［M］. Oxford: Oxford University Press, 1962.

［41］CAMPBELL D A. Greek Lyric Poetry［M］. New York: St. Martin's Press, 1967.

［42］ROMNEY J M. Lyric Poetry and Social Identity in Archaic Greece［M］. Ann Arbor: University of Michigan Press, 2020.

［43］BUDELMANN F. The Cambridge Companion to Greek Lyric［M］. Cambridge: Cambridge University Press, 2009.

［44］ROBERTS J W. the City of Socrates［M］. London: Routledge, 1984.

［45］SANDYS J E. Aristotle's Constitution of the Athenians［M］. London: Macmillan, 1893.

［46］MORROW G R. Plato's Cretan City: A Historical Interpretation of the Laws［M］. Princeton: Princeton University Press, 1993.

［47］NAVIA L E. Classical Cynicism: A Critical Study［M］. London: Green Wood Press, 1996.

［48］HARD R. Diogenes the Cynic: Saying and Anecdotes with Other Popular Moralists［M］. Oxford: Oxford University Press, 2012.

［49］GIANNANTONI. Socratis et Socraticorum Reliquiae［M］. Nápoles: Bibliópolis, 1990.

［50］BRANHAM R B, GOULET-CAZE M. The Cynics: The Cynic Movement in Antiquity and Its Legacy［M］. Berkeley: Unversity of California Press, 2000.

［51］ANNAS J. The Morality of Happiness［M］. Oxford: Oxford University Press, 1995.

［52］DESLAURIERS M, DESTREE P. The Cambridge Companion to Aristotle's Politics［M］. Cambridge: Cambridge University Press, 2013.

［53］BATES C A. Aristotle's "Best Regime": Kingship, Democracy, and the Rule of Law［M］. Baton Rouge: Louisiana State University Press, 2003.

［54］WALZE R. Zum Hautontimorumenos des Terenz［J］. Hermes, 1935（70）.

［55］FOX L. Theophrastus' Characters and the Historian［J］. Cambridge Philological Society, 1997（1）.

［56］KANTZIOS I. "Old" Pan and "New" Pan in Menander's Dyskolos［J］. The Classical Journal, 2010（10-11）.

［57］GOLDBERG S M. The Style and Function of Menander's Dyskolos Prologue［J］. Symbolae Osloenses, 1978.

［58］RAMAGE E S. City and Country in Menander's"Dyskolos"［J］. Philologus, 1966.

［59］BELARDINELLI A M. Filosofia e Scienza Nella Commedia Nuova［J］. Seminari Romani di cultura greca, 2008.

［60］CINAGLIA V. Aristotle and Menander on How People Go Wrong［J］. The Classical Quarterly, 2012（2）.

［61］MAJOR W E. Menander in a Macedonian World［J］. Roman and Byzantine Studies, 1997（Spring）.

［62］SOMMERSTEIN A. The Politics of Greek Comedy［M］//REVERMANN M. The Cambridge Companion to Greek Comedy. Cambridge: Cambridge University Press, 2014.

［63］ARNOTT W G. From Aristophanes to Menander［J］. Greece & Rome, 1972（4）.

［64］FONTAINE M. The Reception of Greek Comedy in Rome［M］//REVERMANN M. The Cambridge Companion to Greek Comedy. Cambridge: Cambridge University Press, 2014.

［65］RECKFORD K. The Dyskolos of Menander［J］. Studies in Philology, 1961（1）.

［66］PHOTIADES P J. Pan's Prologue to the Dyskolos of Menander［J］. G&R, 1958（5）.

［67］LORD C. Aristotle, Menander and the Adelphoe of Terence［J］. Transactions of the American Philological Association , 1977.

［68］TIERNEY M. Aristotle and Menander［J］. History, Linguistics, Literature, 1935 -1937.

［69］GOLDEN L. Catharsis［J］. Transactions and Proceedings of the American Philological Association, 1963.

［70］GOLDEN L. The Purgation Theory of Catharsis［J］. The Journal of Aesthetics and Art Criticism, 1973.

［71］RUTHERFORD I. Hesiod and the Literary Traditions of the Near East［M］. //MONTANARI F,RENGAKOS A, TSAGALIS C. Brill's Companion to Hesiod, 2009.

［72］ULF C. The World of Homer and Hesiod［M］//RAAFLAUB K A,VAN WEES H. A Companion to Archaic Greece, 2009.

［73］WEST M L. The Contest of Homer and Hesiod［M］//RAAFLAUB K A, VAN WEES H. The Classical Quarterly, 1967.

［74］RICHARDSON N J. The Contest of Homer and Hesiod and Alcidamas' Mouseion［J］. The Classical Quarterly, 1981.

［75］CINGANO E. The Hesiodic Corpus［M］//MONTANARI F, RENGAKOS A, TSAGALIS C. Brill's Companion to Hesiod, 2009.

［76］YASUMURA N. Cosmogonic Fragment of Alcman (Oxyrhynchus Papyri XXIV)［J］. 西洋古典论集 , 2001.

［77］MOST G W. Alcman's "Cosmogonic' Fragment(Fr. 5 Page, 81 Calame)"［J］. Classical Quarterly 37, 1987.

［78］HORNBLOWER S. Greek Lyric and the Politics and Sociologies of Archaic and Classical Greek Communities［J］. The Cambridge Companion to Greek Lyric, 2009.

［79］SICKING C M J. The General Purport of Pericles' Funeral Oration and Last

Speech [J] . Hermes, 123. Bd. , 1995.

[80] HARDING P. The Theramenes Myth [J] . Phoenix, Vol. 28, 1974 (Spring) .

[81] VAN BEKKUM W J. Alexander the Great in Medieval Hebrew Literature[J]. Journal of the Warburg and Courtauld Institutes, 1986.

[82] HARD R. Note on the Ancient Sources [J] . Diogenes the Cynic: Saying and Anecdotes with Other Popular Moralists, Oxford University Press, 2012.

[83] LONG A A. The Socratic Tradition: Diogenes, Crates, and Hellenistic Ethics [J] . The Cynics: The Cynic Movement in Antiquity and Its Legacy, 2000.

[84] INWOOD B. Comments on Professor Gorgemanns' Paper:The Two Forms of Oikeiosis in Arius and the Stoa [J] . Fortenbaugh , 1983.

[85] BRANDT R. Self-consciousness and Self-care: On The Tradition of Oikeiosis in The Modern Age [J] . Grotius and the Stoa, 2004.

[86] MULGAN R. Aristotle's Analysis of Oligarchy and Democracy [J] . A Companion to Aristotle's Politics, Basil Blackwell, 1991.

[87] CHERRY K M. The Problem of Polity: Political Participation and Aristotle's Best Regime [J] . The Journal of Politics, 2009 (10) .

[88] WAERDT P A V. Kingship and Philosophy in Aristotle's Best Regime [J] . Phronesis, 1985 (1) .

[89] BARTLETT R C. Aristotle's Science of the Best Regime [J] . The American Political Science Review, 1994 (88) .

[90] HAEGEMANS K. Character Drawing in Menander's "Dyskolos": Misanthropy and Philanthropy [J] . Mnemosyne, 2001 (12) .